学位论文资源建设与服务研究

主编：姚　蓉

著者：姚　蓉　方　怡　蒋宇弘　孙　迪

國家圖書館出版社

图书在版编目(CIP)数据

学位论文资源建设与服务研究/姚蓉主编. —北京:国家图书馆出版社,2012.9

ISBN 978 -7 -5013 -4873 -2

Ⅰ.①学…　Ⅱ.①姚…　Ⅲ.①学位论文—资源管理—研究　Ⅳ.①G643.8

中国版本图书馆 CIP 数据核字（2012）第 224062 号

责任编辑：杨璇

书名　学位论文资源建设与服务研究

著者　姚蓉　主编

出版　国家图书馆出版社(100034 北京市西城区文津街 7 号)

(原北京图书馆出版社)

发行　010 -66114536　66126153　66151313　66175620

66121706(传真)　66126156（门市部）

E - mail　btsfxb@ nlc. gov. cn（邮购）

Website　www. nlcpress. com→投稿中心

经销　新华书店

印刷　北京汉玉印刷有限公司

开本　710 ×1000(毫米)　1/16

印张　17.5

版次　2012 年 9 月第 1 版　2012 年 9 月第 1 次印刷

字数　300(千字)

书号　ISBN 978 -7 -5013 -4873 -2

定价　59.00 元

《网络环境下博硕士论文资源建设与服务研究》课题

课题负责人：

姚　蓉

课题研究人员：

姚　蓉　蒋宇弘　方　怡　王秀青　张　芳

孙　迪　辛　欣　龙利方　田鹭璐　廖永霞

章　遥　王永富　郭建平　王　磊　李欣悦

尹岚宁　刘康宁

前　　言

学位论文资源建设与服务是图书馆工作的重要组成部分。经过图书馆人几十年的不懈努力，我国学位论文资源建设与服务形成了一定的规模，积累了丰富的经验，取得了良好的阶段性成果。然而，必须看到的是，同发达国家相比，我国在学位论文资源的标准化建设、加工深度、共享效率、服务内容与方式等方面仍然存在较大的差距。

有鉴于此，我们不揣浅陋，从学位制度与学位论文概说、国外学位论文收藏与服务及机构举要、我国学位论文资源建设与服务，以及学位论文资源的采集、编目与读者服务工作等几个方面进行了研究与探讨，旨在：(1)向公众宣传、推广学位论文文献学及其相关服务的知识，促进我国学位论文资源建设与服务制度的建设与发展；(2)对发达国家学位论文资源建设与服务的历史和现状进行较为系统的梳理，力争早日在该领域与世界接轨；(3)客观反映我国学位论文资源建设与服务的现状，分析其经验与不足，提出发展对策与设想，促进我国学位论文资源建设体制的改革与完善；(4)从理论与实践的角度对学位论文采集、编目与读者服务工作进行比较详尽的论述，为图书馆及信息机构开展学位论文管理与服务提供参考。

本书系在国家图书馆2011年度优秀课题《网络环境下博硕士论文资源建设与服务研究》的基础上经过扩充和修改重新编撰而成。全书由姚蓉策划、主持并统稿，姚蓉、方怡、蒋宇弘、孙迪共同撰写；王秀青、辛欣、龙利方、田鹭璐、章遥、王永富、刘康宁、尹岚宁参与了部分章节的先期调研。就我们所知，全面讨论学位论文资源建设与服务工作，在我国学术界尚属首次，因此，尽管著者均是国家图书馆长期从事学位论文采编阅的工作人员，由于我们水平所限，书中定有疏漏、不妥乃至错误之处，敬请专家学者和同行批评指正，以便今后做进一步修订与充实。

在本书编纂过程中，广东省中山图书馆黄俊贵先生、北京大学李超杰先生自始至终给予了充分支持与热情鼓励，并提出了许多宝贵修改意见，为本书增色不少。在此，对他们表示真诚的感谢。

本书的出版得到了国家图书馆出版社的大力支持与帮助，在此表示深深的谢意。

著者

2012年5月

目　　录

1 学位制度与学位论文概说

在当今知识经济与信息社会中，学位论文作为一种特殊的文献，已成为各国国家图书馆、大学图书馆和各类信息机构的重要信息资源。尤其是近30年来，随着数字技术、网络技术的迅速发展和普及应用，学位论文的价值越来越受到学术界、科学教育研究机构的广泛关注。可以这样说，学位论文的产出数量和质量已成为衡量一个国家政治、经济、社会教育、文化和社会进步的重要标志。这里主要通过对学位与学位制度的历史、学位论文的概念与类分、学位论文的基本特征，以及学位论文的情报价值与社会价值等进行简略的叙述，使人们比较全面地了解学位论文资源的特点和作用。

1.1 学位与学位制度的定义

学位论文是学位与学位制度的产物，它伴随学位与学位制度的发展而完善，为了更好地阐明学位论文的概念与类分，我们有必要对什么是学位、学位制度以及学位制度的历史沿革进行探讨。

1.1.1 学位

关于学位的含义在西方国家和我国的辞典中有以下的阐释。

《简明不列颠百科全书》(*Britannica Concise Encyclopaedia*)认为学位是："在教育中学院和大学为了表示学者学术成就的水平而授予的头衔。"①

《大美百科全书》(*Encyclopedia Americana*)认为学位是："由学院或大学所颁发的头衔，表示某学术的某阶段学习研究已经完成。学士学位的颁发，表示完成大学教育，硕士和博士学位的颁发，表示完成研究生教育。有些学位则表示具备某项专

① 中国大百科全书出版社《简明不列颠百科全书》编辑部. 简明不列颠百科全书. 第8卷[M]. 北京：中国大百科全书出版社，1986

业技术之资格,例如医学博士。”①

我国的《教育大辞典》认为学位是:“授予个人的一种终身称号,表明称号获得者曾受教育的水平,或已达到的学力水平。由国家授权的根据某种公认的办法认可的高等学校、科学研究机构或其他学术机构授予,或由国家的有关考试、审定机构授予。”②

《中国大百科全书·教育卷》认为:“学位是评价学术水平的一种尺度。学位的授予建立在严格的科学训练和考核的基础之上。获得学位,不仅是国家给予获得者的一种荣誉和鼓励,而且是获得者学习成绩和学术水平的客观标志。”授予学位“是国家或高等学校以学术水平为衡量标准,通过授予一定称号来表明专门人才知识能力等级的制度”。③

《学位与研究生教育大辞典》定义为:“学位(Degrees, Academic Degrees)授予个人的一种学术称号或学术性荣誉称号,表示其受教育的程度或在某一学科领域里已经达到的水平,或是表彰其在某一领域中所做出的杰出贡献。由具备授予资格的高等学校、科学研究机构或国家授权的其他学术机构、审定机构授予……学位称号是终身的和国际通用的,一般不因学位获得者获得学位后出现的情况变化而影响其持有和使用。”④

从以上中外重要工具书的表述可以看出,世界各国对学位的涵义在定义的表述上略有不同,但有几个方面是一致的:一是标志着个人完成了某一阶段的高等教育;二是对个人学术水平和学术成就的认可;三是学位是国家授权的高等学校或学术机构授予个人的学术称号。我们认为,学位是授予个人的一种学术称号,是表明学位获得者受过系统的高等教育而具备一定的学术水平的标志。学位也是一种评价标准,作为评价与衡量学位获得者学术水平或专业技术水平、受教育程度及学习质量、知识能力等级的一种尺度。

1.1.2 学位制度

《学位与研究生教育大辞典》把学位制度表述为“学位制度与研究生教育制

---

① 外文出版社大美百科全书编辑部,光复书局大美百科全书编辑部. 大美百科全书. 第8卷[M]. 北京:外文出版社; 台湾:光复书局,1994

② 顾明远. 教育大辞典:增订合编本(下)[M]. 上海:上海教育出版社,1998

③ 中国大百科全书总编辑委员会《教育》编辑委员会,中国大百科全书出版社编辑部. 中国大百科全书·教育[M]. 北京:中国大百科全书出版社,1985

④ 秦惠民. 学位与研究生教育大辞典[M]. 北京:北京理工大学出版社,1994

度、学位工作与研究生教育工作或学位授予与研究生教育事业的简称”。其含义包括:“学位和研究生教育有关内容的总称;表示学位与研究生教育的联系;研究生教育和学位制度、学位工作和研究生教育工作作为既有区别又相联系的工作对象、活动范围、事业发展或研究领域时的习惯称谓。”①

骆四铭在《中国特色学位制度构建略论》一文中认为:“学位制度是国家或高等教育机构为保证学位授予质量,对学位工作实施有效管理所制定的有关法律、规章和政策文件的总称。”②

冒澄在《欧美发达国家学位制度的特点及启示》一文中认为:“学位制度是关于各级学位构成、学位代表的学历以及学位授予资格的系统规定。”③

杨汉清等在《比较高等教育概论》一书中认为:“学位制度是关于各种学位的构成,各级学位代表的学力以及学位授予资格的系统规定。”④

综上所述,学位制度是国家或高等教育机构针对学位授予的级别、学位获得者的资格、学位评定、学位管理所制定的高等教育制度。学位制度是一个国家高等教育体系的重要组成部分,是衡量一个国家高等教育质量和学术水平的重要标准,也是顶尖人才选拔的参考依据。学位制度对于促进文化教育事业与社会发展有至关重要的意义。

1.2 学位等级与类型

1.2.1 学位等级

所谓学位等级(Academic Degree Grades)就是学位划分的不同层次,旨在表明学位获得者学术水平的差异。由于不同国家文化传统和授予学位历史的不同,对学位等级的划分也不尽相同。目前多数国家将学位划分为学士、硕士、博士三级。这三级学位制被广泛应用于英国、美国、德国、加拿大、澳大利亚和新西兰等发达国家,其间各国又略有区别。如美国的学位分为副学士学位、学士学位、硕士学位和博士学位四个等级;德国的学位分为两级,第一级为硕士学位,第二级为博士学位;俄罗斯设有科学博士和副博士两级学位;日本实行准学士(专门士)、学士、硕士、博士四级学位制;韩国实行四级学位制:专门学士学位、学士学位、硕士学位、博士学位。

---

① 秦惠民.学位与研究生教育大辞典[M].北京:北京理工大学出版社,1994

② 骆四铭.中国特色学位制度构建略论[J].江苏高教,2009(4)

③ 冒澄.欧美发达国家学位制度的特点及启示[J].高校教育管理,2007,1(6)

④ 杨汉清,韩骅.比较高等教育概论[M].北京:人民教育出版社,1997

1.2.2 学位类型

学位类型指各种学位不同特点所形成的学位种类。每一种类型的学位都有其自身的标准与要求,这种要求主要体现在对学位获得者具有的知识结构和能力水平的不同上,反映了社会对各种类型、各种层次人才培养的不同需求。学位类型的设置,有利于有针对性地培养专门人才。由于各国的学位制度不同,对学位的类分也不尽相同。例如,哲学博士学位,世界上许多国家都可以将此学位授予任何学科领域内达到其学术要求的申请者,而不仅限于哲学学科。在中国则不然,哲学博士学位只能授予哲学学科门类中达到其相应学术要求的申请者。学位类别一般分为学术学位、专业学位和名誉学位三种。

(1)学术学位(Academic Degrees)。学术学位亦称科学学位(Scientific Degrees)或研究性学位。按授予学位的学术性质和特点划分为某种学位类型。哲学学位是欧美一些国家学术学位的主要称谓。授予学术学位的要求一般侧重于理论水平和科学研究能力,例如,具备开展创造性学术活动和较高水平科学研究工作的能力,对某门学科掌握扎实而广博的基础理论等。学术学位主要面向学科专业需求,培养高等院校和科研机构从事教学和研究的专业人才。其目的重在学术创新,培养独立思考与原创精神,具有较高学术水平的研究型人才。

(2)专业学位(Professional Degrees)。专业学位亦称职业学位或应用性学位。专业学位系现代高等教育改革发展的产物,它和学术学位处于同一层次,培养规格各有侧重。专业学位和学术学位一起构成现代高等教育学位体系不可缺少的两大组成部分。

专业学位一般授予通过高水平的专业学习与训练而达到一定水平、具有从事特定职业工作能力并掌握相应基础理论与专门知识的申请者。1921 年,美国哈佛大学授予美国的第一个专业博士学位——教育博士。到 1991 年,美国专业博士种类已达 50 种,从而使美国形成哲学博士和专业博士两种类型的博士学位系统。这一具有特色、为各门学科设立专业博士学位的举措,逐步为一些发达国家效法。例如,澳大利亚于 1990 年建立了专业博士学习计划;英国 1998 年可以授予专业博士的学科有 22 个,1999 年又增加了 11 个,发展相当迅速,从设立专业博士学位的学科看,以教育专业博士学位的发展时间较早,且能授予专业学位的学校比其他国家都多。例如,截止到 1996 年,澳大利亚 38 所大学中有一半设立教育专业博士(EdD);1998 年英国 24 所大学有 29 个教育专业博士计划,远远多于其他学科。高等教育重在提升知识、技术的应用能力,培养具有较好职业道德、专业能力和素养的特定社会职业的专门人才。专业学位教育任务的确定，一般根据社会特定职业或岗位的需要，培养以适应各类职业或岗位实际工作需要的应用性、复合型高层次人才。许多国家将专业学位作为从事某种职业必备的条件或任职资格，如工程师、医师、教师、律师等。

我国自1990年开始有专业学位，目前，基本形成了以硕士学位为主，博士、硕士、学士三个学位层次并存的专业学位教育体系。硕士层次专业学位有金融硕士等39种，博士层次专业学位有口腔医学等5种，学士层次专业学位有建筑学1种。

学位类型多样化日益成为一个不以人的意志为转移的客观趋势，为了适应更广泛的社会需求，各种专业学位显示出了强大的生命力。然而专业学位和学术性学位既相互联系，又有区别，二者都建立在一定的学科基础之上，又都适应经济社会发展对专门人才的不同需要，具有特定的针对性，有一定的交叉，但各有侧重，不可替代。两者的本质区别在于人才培养目标、知识结构、培养模式及人才质量标准不同。

(3)名誉学位(Honorary Degrees)。名誉学位是根据专业成就或国家和社会的需要授予的荣誉性学位类型，通常不需要学术成果或学术经历。多数国家的荣誉性学位只有一种，荣誉博士学位。在授予对象和条件上，各国要求不一，但都是荣誉性的。一般授予在某些领域或某方面有突出贡献和影响较大的社会知名人士。我国从1983年开始对国内外知名人士授予名誉博士学位，是经国务院学位委员会批准、由博士学位授予单位授予的一种国家级荣誉称号。名誉博士学位主要包括两类人士：一类是学术造诣高深，在科学界享有盛誉，曾在某一学科领域取得重大成就，能以自己的科学成就或学术活动促进我国学术水平提高，以及为发展我国经济、教育、科学、文化和卫生事业等方面作出贡献的国内外著名学者、科学家；一类是在国际交往、社会活动中，为维护世界和平和人类进步事业或对维护我国在国际上的合法权益、扩大我国在国际上影响等方面作出过特殊贡献的国内外著名的政治家和社会活动家。

我国授予的荣誉博士学位不分学科门类，统称为名誉博士。根据中国学位与研究生教育信息网显示，在1983年至2010年期间，我国共授予国外和我国港澳台地区名誉博士241人。[①] 其中包括一些诺贝尔奖获得者在内的世界著名科学家、友好国家的元首以及对推动中国的国际交流与中国的发展有重要贡献的政治家、社会活动家和企业家。

---

① 数据来源：http://www.cdgdc.edu.cn/xwyyjsjyxx/dwjl/mybs。

1.3 学位制度与学位论文的历史

众所周知,学位论文是现代学位制度的产物,学位及学位制度的发展直接反映学位论文的成长过程。下面我们分别对西方和中国的学位制度发展历史作一简要回顾。

1.3.1 西方学位制度的发展历史

(1)中世纪学位制度的产生

根据国内外一些学者的考证,早在公元前387年左右,古希腊著名哲学家、教育家柏拉图(Plato,公元前427—前347)创办的学园(Academy)就出现授予学位的雏形。而大家公认的、比较正规的学位授予制度则起始于中世纪,最初(大约公元970年)由埃及的爱资哈尔大学(Al-Azhar University)向毕业生颁发Ijazah(早期伊斯兰世界中的任教资格证明)这一形式逐渐演变而来。据史蒂芬·斯伯尔(Stephen Spurr)著《学位结构创新方法》(*Academic Degree Structures: Innovative Approaches; Principles of Reform in Degree Structures in the United States*)一书中介绍,在中世纪欧洲大学里,教师们为了保障行业水平和声誉,仿效商人和手工业者的形式组织同业工会,将成员分为艺徒、会员和师傅等三级形式,并规定其会员标准。这样,授予中世纪学者的学位就类似于给一个满师的艺徒发放的营业许可证。

由此可见,学位的前身是从业资格证书或许可证,而硕士学位最早则是进入教师行会的标志。硕士(master)一词,原意即是"师傅"、"熟练者"。在当时获得硕士(master)称号者即表示他和其他同业者一样具有开业、从教的资格。从学生到师傅,要经过一定时期的学习和通过复杂的考试,再经由复杂的带有宗教色彩的仪式才能通过。因此,中世纪硕士(master)、博士(doctor)、教授(professor)最初都是称谓教师的头衔(title)。研究中世纪大学的权威学者拉什多尔(Hastings Rushdall)曾说过:"硕士、博士、教授这三头衔在中世纪完全是同义语。"三者仅是称呼不同,并无高低之分,可以互用。最早在巴黎,随后在牛津和剑桥,大学教师也用教授这一称号,但是硕士是其主要称号,而在意大利的博洛尼亚则主要用博士这一称号。有的大学教师称为博士,有的称为硕士,事实上只有学校的差别,博士和硕士并没有学位等级上的区别。公元1150年,巴黎大学授予了第一批神学博士学位,而语法、法学、哲学、医学等学科的博士学位直至13世纪中期才逐渐出现。由于这类学位考试极其严格,因而在当时的社会里享有极高威望与待遇,极具权威性。15世纪,博士与硕士称号出现了程度上的分化，博士称号专门指教师，而硕士也可以指一个从事同业工会工作或某一职业的人，即师傅。15世纪末，语法、艺术的毕业生一般称硕士，而神学、法学和医学的毕业生则授予博士称号，使博士和硕士之间有了高低不同，并出现了层次更低的学士学位。由此，学位等级制度基本形成。不过，那时的博士、硕士、学士如同中国古代就有的称呼一样，只是一种学衔或荣誉称号，而不是真正学术水平的标志，更不具有现代学位制度的内涵。因此，作为学位制度组成部分的学位论文并没有因此而诞生。

(2)现代学位制度发展及其对学位论文的催生

这里所说的"现代学位制度"是指具有现代意义的学位授予制度(现代并非完全的时间概念)，这一制度起源于19世纪初的德国。1810年，德国著名学者威廉·冯·洪堡(Wilhelm von Humboldt，1767—1835)按照新人文主义的思想创建了柏林大学，他提出了"大学自由"、"学术自由"和"教学与科研统一"的办学指导思想，强调大学将着眼于专门知识的研究和科学学术水平的提高。同时，凡要获得博士学位者，不仅要接受正规的学术性高等教育，而且还要从事科研工作，并提交一篇对科学发展有所贡献的学位论文作为获得学位的必要条件。这不仅使博士生教育成为名副其实的高等教育，而且促进了现代学位制度的形成。在他的思想指导下，柏林大学培养出西方第一批现代型哲学博士，开创了现代学位制度的先河。从这个意义上可以推测，伴随现代学位制度的产生，学位论文最早应该产生于19世纪初的柏林大学(由于资料的不足，我们目前无法查到柏林大学第一批博士学位论文产生的具体情况。据符娟明、迟恩莲主编的《国外研究生教育》载："1829年波恩大学法学博士学位获得者回忆，当时要获得法学博士学位必须首先完成一篇博士论文，然后参加由系所组织的答辩……"，这段文字是我们目前所能看到的有关现代德国大学博士学位论文情况的最早记录)。到19世纪中后叶，德国经过短短几十年的学位与研究生教育，自然科学和社会科学实现了前所未有的发展，使德国迅速蹿升为世界科技中心，是当时世界上拥有科学家最多、经济发展最快的国家。一直到纳粹专制以前，德国学位与研究生教育一直处于世界前列，不仅吸引了世界各地的学生前来留学，而且还成为英国、法国、加拿大、美国、日本等争相学习与效法的榜样。纵观法国历史上的大学研究班、美国大学的研究生院、日本的技术学校，无不打上了"德国制造"的印记。

第二次世界大战以后，研究生教育与学位制度在美国走向成熟。美国的研究生教育起源于19世纪，从1826年哈佛学院首次开设研究生课程，到1861年耶鲁学院第一次授予博士学位，再到1876年美国霍普金斯大学率先建立了世界第一所研究生院，标志着研究生教育与现代学位授予制度逐渐走向成熟。美国的学位制度并非照搬照抄，而是将德国的经验与美国的政治、经济和历史、文化相结合，加以改革与创新，使得现代学位制度走向了标准化、规范化、多样化的发展之路，为20世纪美国成为世界第一强国发挥了巨大作用。

1.3.2 中国学位制度的发展历程

(1)中国古代"博士"、"硕士"、"学士"名称的缘起，及其与现代学位制度的区别

我国古代没有"学位"(academic degree)这一概念，它是由西方翻译过来的。但据有些学者考证，我国古代也有类似于学位制度的制度，如古代的选士制度和科举制度以及书院制度，在选拔专门人才的意义上，已经具有了现代学位制度的性质，而且我国古代就有学士、硕士、博士之说。特别是中国古代科举取士，有秀才、举人、进士等不同等级，从参加科举考试必须先经过一段时间学习，然后通过严格的考试这些方面看，似乎与现代学位制度有些相似。因此，不少外国人在介绍中国的科举制度时，就认为我国清末以前科举制度所授予的"科举名位"就与西方学位制度类似。例如，在"西学东渐"时期，意大利传教士利玛窦(Matteo Ricci，1552—1610)大量翻译西方科学著作，曾将中国的科举功名视同于西方的学位制度。在《利玛窦中国札记》中他以中国科举制度的三种功名：秀才、举人、进士视同于西方的三种学位，即学士、硕士、博士。现今看来，其认识虽存在诸多偏颇，但也不无道理。

博士，在古代是一种官职，最早出现在战国时期。《史记·循吏列传》："公仪休者，鲁博士也，以高弟为鲁相。"秦始皇时，有博士70人。《汉书·百官公卿表》："博士，秦官，掌通古今。"这说明博士在那时是一种官职，要求担任这一职务的人"博古通今"、有渊博知识。汉代杰出的政治家、思想家、文学家贾谊，18岁能诵《诗》《书》，20岁博通诸子百家之言，被汉文帝举为博士。汉朝大儒董仲舒，从小勤奋读书，有"三年不窥(花)园"的美谈，由于学识渊博，被汉景帝举为博士。

那时，博士的职责有三：第一，侍奉朝廷，备皇帝顾问，还可以劝谏上书，参与朝政和有关重大国策的决定。如汉武帝实行"罢黜百家，独尊儒术"的政策，就是根据博士董仲舒的建议做出的。第二，负责保管朝廷的文献档案，从事编纂著述。如秦始皇下令焚书，规定"非博士官所职，天下敢有藏《诗》、《书》、百家语者，悉诣守、尉杂烧之"。又如汉宣帝时的博士诸少孙，就曾为司马迁《史记》亡佚的10余篇做了补写工作。第三，传授学问，培养人才。秦始皇时，博士只作政治顾问。汉代以

后，博士开始任学官，担任教学工作，而且逐渐成了主要的职责，如精通《诗经》的《诗》博士、精通《尚书》的《书》博士、传授经学为主的国子博士等。这些专通一经的博士，实际上就是太学里的专业学科的教员。

不仅中央设博士，地方各府、郡、州、县也设博士为学官，称府博士、郡博士、州博士、县博士。

除学官外，博士还授予一些有专门技艺、专门学问的职官。如魏晋以后，常任用精于礼仪的人为太常博士，掌宫廷礼仪；任用精晓音律的人为太乐博士，掌宫廷祭祀享宴作乐歌舞；任用精通医术的人为太医博士、医药博士等。

硕士，我国五代时期就有。《五代史》载："前后左右者日益亲，则忠臣硕士日益疏。"宋代著名散文家曾巩在《与杜相公书》中说："当今内自京师，外至岩野，宿师硕士，杰立相望。"可见，硕士在古代通常是对品节高尚、德高望重、博学广闻之人的一种尊称，既非官衔，更非学位。

学士，最早出现于周代。指那些在学读书的贵族子弟，后来逐渐变成官名和有学问的人以及文人学者的泛称。《周礼·春官》载："诏及彻，帅学士而歌彻。"《史记·儒林传序》："天下之学士靡然乡风矣。"唐代著名学者孔颖达在《仪礼》注中说："学士谓乡庠、序及国之大学、小学之学士。"庠序以及大学、小学，均为古代贵族子弟读书场所，相当汉以后的太学，西晋以后的国子学。

魏晋以后，学士才正式成了以文学、技艺供奉朝廷的官吏，职务、地位也不高。唐朝学士地位有很大提高，学士甚至可以参与朝政。如唐太宗时设文学馆，以名儒房玄龄、魏征等 18 人为学士，共议天下大事。玄宗、德宗时，设翰林院、学士院。翰林院内置翰林学士、侍读学士、侍讲学士等。翰林学士为众学士之首，常以博学多才、有极高文学素养的文人学者充任。如著名诗人李白就曾做过翰林学士，白居易、欧阳修、苏轼、司马光、沈括、宋濂等也都曾是翰林学士。翰林学士掌起草皇帝诏命，凡任免将相、册立太子、宣布征伐、大赦，均由其承命撰写，实际上是皇帝的顾问和秘书官，因而常被称为"内相"。到了宋代，翰林学士地位更加荣贵，一经授翰林学士，即有当宰相的希望。直至明、清，凡拜相者，必是翰林学士出身。清朝的大学士，官阶正一品，位居文官之首。

必须明确，我国古代的"博士"、"硕士"、"学士"，其特点都是有学问者或专精一门学问的人才能担任，这与现代学位制度是以学术水平为衡量标准选拔专门人才的制度有共同之处。然而，就其本质而言，清末以前的科举制度是帝王"选官制"，虽也分秀才、举人、进士等级，但只是当官任职的阶梯，与现代学位制度培养具有创造力的人才的"选才制"大相径庭，不可与当今的学位制度相提并论。

(2)中国学位制度的初创时期

我国学位制度的起源,可以追溯到1862年京师同文馆的创立。当时王国维主编的《教育世界》刊登了十余篇有关西方学位制度的文章,一些游历西方的学者通过考察西方教育,陆续出版了一系列介绍西方学位制度的书籍,为西方现代学位制度在中国的建立提供了理论基础。清政府在借鉴西方建立新型高等教育的同时,也尝试建立学位制度。1902年,清政府颁布《钦定学堂章程》规定:小学卒业(毕业),奖给附生;中学卒业,奖给贡生;大学分科卒业,奖给进士。即以奖励的形式,对不同程度、不同水平的知识分子授予相应的称号,这可能就是我国学位制度的早期形式。不过,严格地讲,这与真正意义上的现代学位制度相距甚远。

民国初年,北京大学(1918年)和清华大学(1925年)开始进行研究生教育。1935年(民国二十四年)4月,当时的国民政府仿效英美国家高等教育体制和模式,制定和颁布了《学位授予法》,选择汉语中原有的"博士"、"硕士"、"学士"三个名词对应欧美学位制度中的Doctor、Master、Bachelor作为学位的三个级别(degree)。这样,学士、硕士和博士的名称在中国才同现代学位制度挂上钩。同时,对学科门类、学位获得者的资格和各级学位的学术标准及评定办法等亦作出详尽规定。同年(民国二十四年)6月,公布了《硕士学位考试细则》。1939年(民国二十八年)7月,颁发了硕士学位证书式样。1940年(民国二十九年)秋,还公布了《博士学位评定会组织法》和《博士学位考试细则》。至此中国现代学位制度得以创立。

然而,由于旧中国的教育、科学落后,再加上战乱,《学位授予法》未能全部实施。从1935年到1949年中华人民共和国成立前的14年间,只授予过学士学位和为数不多(200多名)的硕士学位。博士学位之授予,一直是空白。

(3)新中国学位制度的确立

1949年新中国成立之后,我国政府十分重视研究生教育,中央政府在改造和发展高等教育的同时,积极探索培养研究生的方式和建立学位制度,先后于20世纪50年代和60年代两度筹划颁布《中华人民共和国学位条例》(草案),并几度进行研究生的招生和培养工作,1966年在校研究生数量曾达到4500人以上。但是,由于"左"的思潮的干扰与破坏,《中华人民共和国学位条例》(草案)未能正式通过,致使我国学位制度和研究生教育制度胎死腹中。

自党的十一届三中全会以来,在邓小平同志亲自倡导、关怀和支持下,我国恢复了研究生教育制度,逐步建立并完善了有中国特色的学位制度。1980年2月12日,第五届全国人民代表大会常务委员会第十三次会议正式通过了《中华人民共和国学位条例》,明确规定我国实行世界上大多数国家推行的三级学位制,并从1981

年 1 月 1 日起开始施行。这是新中国成立以来颁布的教育与科学事业发展的一项重要立法，是新中国教育史上的开先河之作。它标志着中国学位制度的正式确立与恢复，也是我国研究生教育走向正规化和现代化的开端。1983 年 5 月 27 日，中国，这个在当时拥有 10 亿人口的大国，以自己的最高礼遇，在北京人民大会堂隆重举行首批博士和硕士学位授予大会，会上宣告首批 18 位博士产生，至此，中国告别了没有学位制度和博士学位的历史，高级专门人才培养立足国内已成为事实。30 年来，我国学位制度从无到有、从小到大，研究生培养能力从弱到强，取得了令人瞩目的成就。基本形成了中国特色的学位制度，基本建立了学科门类与类型齐全、结构布局合理的学位授权体系；实现了立足国内培养高层次人才的战略目标。为我国经济社会的发展培养了大批优秀的高级专门人才，对我国科技进步与社会发展作出了历史性的贡献，有力地推动了国家的发展、进步和创新。目前，我国已经步入了学位与研究生教育大国的行列。截至 2011 年，累积授予了439 969名博士、3 698 859名硕士、24 240 532名学士[①]（见表 1－1）。

① 数据来源：国务院学位委员会办公室。

表 1－1　1982 年－2011 年大陆地区授予学位统计一览表①

授予博士学位人员情况

	合计	哲学	经济学	法学	教育学	文学	历史学	理学	工学	农学	医学	军事学	管理学	艺术学	专业学位
总计	439969	6304	21804	17977	6719	18272	7858	91714	153529	17503	56385	3324	26851	1	11728
1982 年	13							12	1						
1983 年	19						2	12	4		1				
1984 年	91				1	2		31	39	1	17				
1985 年	234	5				6	10	94	87		32				
1986 年	307	7	3	1	1	10	7	119	122	2	35				
1987 年	622	6	11	6	2	11	14	201	258	22	91				
1988 年	1682	39	51	24	18	37	80	510	704	62	157				
1989 年	1904	32	48	20	10	39	36	576	824	48	271				
1990 年	2127	29	137	34	16	45	36	590	828	88	324				
1991 年	2556	36	86	49	25	65	66	663	1011	87	468				
1992 年	2540	46	86	50	17	53	66	697	1049	80	396				
1993 年	2114	32	101	44	26	47	42	584	756	76	406				
1994 年	3590	53	170	98	43	92	68	918	1389	125	634				
1995 年	4364	60	198	102	52	116	76	1191	1659	182	728				

① 数据来源:国务院学位委员会办公室。

续表

	合计	哲学	经济学	法学	教育学	文学	历史学	理学	工学	农学	医学	军事学	管理学	艺术学	专业学位
1996 年	5578	78	234	135	49	143	117	1479	2195	256	892				
1997 年	6793	95	325	198	75	200	146	1678	2643	328	1093	12			
1998 年	8518	113	446	245	109	243	190	2246	3250	416	1240	20			
1999 年	10160	148	513	290	145	349	198	2223	3843	397	1612	62	331		49
2000 年	11383	199	514	330	144	387	261	2306	4484	462	1758	65	410		63
2001 年	12465	218	621	448	172	491	272	2655	4341	536	2100	61	481		69
2002 年	14706	263	855	615	197	648	311	2813	4968	648	2444	91	765		88
2003 年	18625	323	1040	683	276	829	428	3580	6242	742	3073	98	1095		216
2004 年	22936	370	1266	917	360	995	467	4293	7886	899	3714	161	1434		174
2005 年	28318	439	1508	1122	437	1162	527	5269	9792	1102	4583	228	1843		306
2006 年	35628	516	2030	1624	596	1590	562	6667	11692	1367	5825	267	2501		391
2007 年	43047	565	2115	1857	735	1900	724	8553	14814	1791	4667	376	3207		1743
2008 年	45745	568	2282	1956	739	2046	765	9712	15644	1851	4645	407	3395		1735
2009 年	49698	658	2352	2223	805	2173	778	10401	17208	1946	4729	420	3763		2242
2010 年	50735	661	2333	2358	791	2200	800	10593	17535	1900	5014	492	3737		2321
2011 年	53471	745	2479	2548	878	2393	809	11048	18261	2089	5436	564	3889	1	2331

表 1-1　1982 年-2011 年大陆地区授予学位统计一览表

授予硕士学位人员情况

	合计	哲学	经济学	法学	教育学	文学	历史学	理学	工学	农学	医学	军事学	管理学	艺术学	专业学位
总计	3698859	38835	197438	204861	102231	261313	43014	353094	1088266	98555	284253	32567	226660	598	767174
1982 年	8665	178	163	56	21	530	209	2387	3949	198	974				
1983 年	5773	208	254	106	29	525	216	1078	1817	186	1354				
1984 年	3548	36	66	105	67	190	97	658	1426	145	758				
1985 年	7789	168	256	204	81	495	239	1785	3691	391	479				
1986 年	12618	207	575	336	158	648	390	3204	5188	834	1078				
1987 年	14938	260	654	607	133	611	316	3104	6609	798	1846				
1988 年	20831	333	1021	673	291	967	458	4192	9717	1122	2057				
1989 年	36501	777	1879	1109	511	1743	838	7138	16930	1962	3614				
1990 年	35442	629	1708	1132	640	1633	809	6682	16682	1578	3949				
1991 年	32557	686	1850	1165	585	1374	793	6157	14396	1406	4093	52			
1992 年	30675	576	1665	1246	561	1534	542	5890	13685	1128	3710	138			
1993 年	25276	433	1628	1132	529	1327	403	4605	11318	821	2924	156			
1994 年	24129	388	1781	1119	496	1376	423	4402	10865	759	2442	78			
1995 年	26166	418	2024	1321	517	1477	437	4592	11672	884	2689	135			
1996 年	28125	384	2207	1390	574	1484	499	4653	13174	903	2723	134			
1997 年	36305	525	3824	1745	763	2062	546	5190	16590	1234	3658	168			

续表

	合计	哲学	经济学	法学	教育学	文学	历史学	理学	工学	农学	医学	军事学	管理学	艺术学	专业学位
1998 年	39950	502	4777	2276	788	2376	710	5634	16991	1434	4253	209			
1999 年	40657	497	4601	2543	813	2629	689	5500	17837	1292	3983	273			
2000 年	60081	767	5038	3665	1276	4023	835	5450	20563	1650	5970	646	5644		4554
2001 年	73278	982	5184	4381	1743	4997	1012	7167	22143	1766	7988	761	5684		9470
2002 年	88799	979	6067	5065	1851	5636	1097	7037	27845	2289	9571	1151	6473		13738
2003 年	120186	1379	6976	7170	2845	7715	1467	9782	39813	3137	12347	1553	8435		17567
2004 年	168458	1536	9171	10216	3698	11087	1819	12627	51950	4096	15652	2624	12287		31695
2005 年	219946	1937	11430	12458	5526	13721	2150	17026	66984	5054	18687	3119	14623		47231
2006 年	291366	3192	16233	18230	8273	20668	3100	21886	84862	6868	23328	3092	21485		60149
2007 年	371495	3598	19855	21072	11705	27123	3970	30448	104101	9530	23942	3601	27506		85044
2008 年	413433	4093	20377	22517	13329	30909	4745	36002	111025	10937	26824	3765	29012		99898
2009 年	443431	4190	19638	22646	14322	33834	4571	38258	115858	11776	26426	3697	28943		119272
2010 年	456051	4082	20098	26953	14125	36428	4306	40963	112867	12815	28803	3432	29133		122046
2011 年	510144	4320	20725	28865	15072	39018	4576	44169	118215	10438	32501	3091	32046	598	156510

表 1－1　1982 年－2011 年大陆地区授予学位统计一览表

授予学士学位人员情况

	合计	哲学	经济学	法学	教育学	文学	历史学	理学	工学	农学	医学	军事学	管理学	艺术学	专业学位
总计	24240532	62552	1706839	1201294	754144	3769843	216046	2782711	8296912	664371	1651692	71754	3023040	24759	14575
1982 年	89548	1328	2473	1685	2256	11218	1683	17316	41743	8086	1760				
1983 年	244468	3687	8185	3194	7075	24014	4339	44047	112811	14160	22956				
1984 年	181686	2164	7628	3181	4545	16205	3834	29590	75201	11020	28318				
1985 年	172187	2093	8976	3892	3884	15491	2969	28240	74370	11277	20995				
1986 年	175324	2040	9205	4828	4018	15600	3338	29676	74322	11481	20816				
1987 年	198943	2507	11202	5887	5497	19209	4326	32241	85048	13016	19769	241			
1988 年	227901	3115	13862	8351	6032	21902	5279	35916	97073	15105	20954	312			
1989 年	239499	3034	15336	8799	6731	23079	5536	37596	100434	14105	24517	332			
1990 年	276582	3076	20437	9436	7399	24530	5470	41008	129473	14279	21355	119			
1991 年	260483	2991	19199	10246	6586	24155	6394	42558	109862	13789	24640	63			
1992 年	288695	1753	24907	9639	14555	25291	6154	41542	118427	18142	28176	109			
1993 年	284620	1350	28620	10368	1535	27089	5990	42920	121217	17417	28114				
1994 年	267356	757	26926	7621	13196	24442	4924	32624	111494	14881	30491				
1995 年	272988	1320	25811	7665	11806	25389	6046	32624	121133	13878	27316				

续表

	合计	哲学	经济学	法学	教育学	文学	历史学	理学	工学	农学	医学	军事学	管理学	艺术学	专业学位
1996 年	286284	1168	28727	8566	12738	27263	5986	33563	127384	14263	26626				
1997 年	301465	1056	31641	9426	12005	28530	5648	33547	137434	14933	27245				
1998 年	325514	636	43070	10833	11575	31586	4921	33013	147730	13708	28442				
1999 年	346762	716	50736	13215	12375	34250	5250	33652	153180	13470	29918				
2000 年	424102	728	68822	18135	15330	47653	6040	41646	179049	14943	31756				
2001 年	494032	805	31804	27877	15434	57361	5558	54632	186074	15306	37239		61942		
2002 年	567111	776	34403	33071	19760	70860	6455	62204	209629	18493	42004		69456		
2003 年	814759	1065	44555	48214	27017	115133	7837	89775	298261	25163	51257		106482		
2004 年	1050952	1155	55630	57100	35708	151224	9107	117011	380974	29332	73510		140201		
2005 年	1309692	1218	73582	69535	45858	206082	9911	145324	454507	31426	85763		186486		
2006 年	1565549	1260	95646	81128	56920	260082	9808	176775	519135	33845	94615		236335		
2007 年	2144717	11186	137619	131993	66505	369079	12469	243571	640240	43042	139286	12798	334879		2050
2008 年	2423970	2599	159160	144291	69689	437500	12909	275057	721484	44882	146185	14387	393110		2717
2009 年	2701908	1873	174664	145551	77093	502264	13686	297502	809062	46590	158100	17120	455444		2959
2010 年	2836996	2038	185523	144176	80914	531373	13985	305162	856867	48625	164360	12300	488428		3245
2011 年	3087155	2233	208384	148585	86805	561928	14547	315844	939391	51823	165002	13973	550277	24759	3604

随着中国学位制度的产生与完善，学位论文作为学位制度的重要组成部分，其数量与质量也产生了巨大的飞跃。目前我国每年产出的研究生学位论文达数十万种，已经赶上或超过西方发达国家。这些学位论文不仅全面展示了我国实施学位制度以来所取得的丰硕成果、促进了我国社会主义建设与可持续发展，而且还是图书馆高层次读者最为青睐的文献资源。

1.3.3 中国学位制度的结构与标准

(1)学位分级与标准

中国学位分级采用多数国家通行的做法，与高等教育的不同阶段相联系，设学士、硕士、博士三级学位。即大学本科毕业可被授予学士学位，攻读硕士学位的研究生毕业可被授予硕士学位，攻读博士学位的研究生毕业可被授予博士学位。中国授予学位的学术水平与国际公认的水平大体相当，其中硕士学位是作为独立的一级学位，在学习年限和论文质量上比一般国家要求要严格。《中华人民共和国学位条例》对各级学位的授予标准做出了明确的规定，分别规定了各级学位获得者应具备的学术水平。

A. 学士学位标准

学士，初级学位。学士学位由国务院学位委员会授权的高等学校授予。高等院校本科学制一般为4年，少数工科院校的少数专业为5年，医学院校一般为5年。凡完成教学计划的各项要求，课程学习和毕业论文(设计)合格，通过毕业鉴定的本科毕业生，即可以授予学士学位。《中华人民共和国学位条例》第四条规定："高等学校本科毕业生，成绩优良，达到下述学术水平者，授予学士学位：(一)较好地掌握本门学科的基础理论、专门知识和基本技能；(二)具有从事科学研究工作或担负专门技术工作的初步能力。"

B. 硕士学位标准

硕士，第二级学位。通常在获得学士学位后，再修读2—3年，方可获得。中国学位条例把硕士列为独立的一级学位，要求修满课程，并完成硕士学位论文。《中华人民共和国学位条例》第五条规定："高等学校和科学研究机构的研究生，或具有研究生毕业同等学力的人员，通过硕士学位的课程考试和论文答辩，成绩合格，达到下述学术水平者，授予硕士学位：(一)在本门学科上掌握坚实的基础理论和系统的专门知识；(二)具有从事科学研究工作或独立担负专门技术工作的能力。"

C. 博士学位标准

博士，最高一级学位。《中华人民共和国学位条例》第六条规定："高等学校和科学研究机构的研究生，或具有研究生毕业同等学力的人员，通过博士学位的课程考试和论文答辩，成绩合格，达到下述学术水平者，授予博士学位：（一）在本门学科上掌握坚实宽广的基础理论和系统深入的专门知识；（二）具有独立从事科学研究工作的能力；（三）在科学或专门技术上做出创造性的成果。”

（2）学位类型及学科门类划分

我国的学位类型分为学术学位和专业学位。学术性学位又可划分为不同的学科门类。世界上对学位学科门类的划分，大体有两种情况：一种是国家统一规定各级学位授予的学科门类和一级学科，分类一般比较粗，如日本、俄罗斯等；一种是由各学位授予单位自行规定授予的学科门类，国家只是在统计时加以综合分类，一般比较细，如美国、英国等。我国采用的是第一种情况，由国家统一规定学位授予的学科门类和一级学科，将学术性学位分为若干学科门类（见图 1－1），门类下再细分（见图 1－2）。例如，法学门类下除包括法学外，还包括政治学、社会学、民族学等。为了使高等学校各专业的研究生获得相应的学科门类的学位，国务院学位委员会办公室和教育部研究生工作办公室制定了《授予博士、硕士学位和培养研究生的学科、专业目录》（见附录 1），各学位授予单位按此目录中的专业所属的学科门类，授予研究生相应的学位。

为了拓展人才培养的类型和规格，加快培养社会急需的复合型、应用型高层次专门人才，1990 年，国务院学位委员会批准设置了工商管理硕士专业学位（MBA），这是我国第一类专业学位。此后，又相继批准设置了 38 类专业学位。如建筑学专业学位（建筑学学士专业学位和建筑学硕士专业学位）、法律硕士专业学位、教育硕士专业学位、工程硕士专业学位、临床医学硕士和临床医学博士专业学位、行政管理硕士专业学位、兽医专业学位、农业推广硕士专业学位等专业学位（见图 1－3）。这些专业学位虽也分为学士、硕士和博士三级，但一般只设置硕士一级。各级专业学位与对应的我国现行各级学位处于同一层次。专业学位按照专业学位类型授予，专业学位的名称表示为“××（职业领域）硕士（学士、博士）专业学位”。

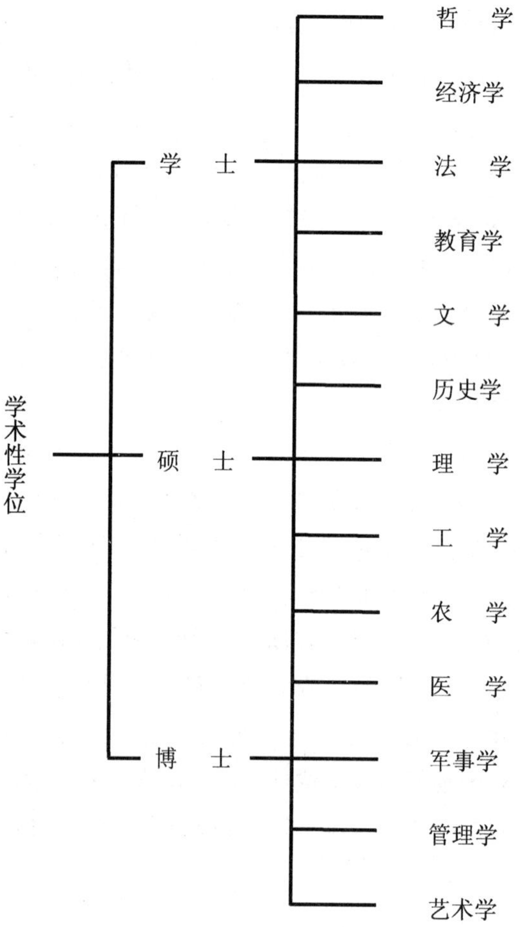

图 1-1　学术性学位类型

- 哲学
  - 哲学
- 经济学
  - 理论经济学
  - 应用经济学
- 法学
  - 法学
  - 马克思主义理论
  - 民族学
  - 社会学
  - 政治学
  - 公安学
- 教育学
  - 教育学
  - 心理学
  - 体育学
- 文学
  - 中国语言文学
  - 外国语言文学
  - 新闻传播学
- 历史学
  - 考古学
  - 中国史
  - 世界史
- 理学
  - 数学
  - 物理学
  - 化学
  - 天文学
  - 地理学
  - 大气科学
  - 海洋科学
  - 地球物理学
  - 地质学
  - 生物学
  - 系统科学
  - 科学技术史
  - 生态学
  - 统计学
- 工学
  - 力学
  - 机械工程
  - 光学工程
  - 仪器科学与技术
  - 材料科学与工程
  - 冶金工程
  - 动力工程及工程热物理
  - 电气工程
  - 电子科学与技术
  - 信息与通信工程
  - 控制科学与工程
  - 计算机科学与技术
  - 建筑学
  - 土木工程
  - 水利工程
  - 测绘科学与技术
  - 化学工程与技术
  - 地质资源与地质工程
  - 矿业工程
  - 石油与天然气工程
  - 纺织科学与工程
  - 轻工技术与工程
  - 交通运输工程
  - 船舶与海洋工程
  - 航空宇航科学与技术
  - 兵器科学与技术
  - 核科学与技术
  - 农业工程
  - 林业工程
  - 环境科学与工程
  - 生物医学工程
  - 食品科学与工程
  - 城乡规划学
  - 风景园林学
  - 软件工程
  - 生物工程
  - 安全科学与工程
  - 公安技术

图 1－2　学术性学位下属学科专业

农 学	作物学	植物保护	林学
	园艺学	畜牧学	水产
	农业资源与环境	兽医学	草学
医 学	基础医学	中医学	特种医学
	临床医学	中西医结合	医学技术
	口腔医学	药学	护理学
	公共卫生与预防医学	中药学	
军事学	军事思想及军事历史	军制学	
	战略学	军队政治工作学	
	战役学	军事后勤学	
	战术学	军事装备学	
	军队指挥学	军事训练学	
管理学	管理科学与工程	农林经济管理	
	图书情报与档案管理	工商管理	
	公共管理		
艺术学	艺术学理论	戏剧与影视学	
	设计学	音乐与舞蹈学	
	美术学		

续图 1－2　学术性学位下属学科专业

专业学位的设置是我国学位制度改革的一项重要内容，它改变了我国学位类型、规格单一的状况，推动了复合型、应用型高层次专门人才的培养工作，丰富和发展了我国的学位制度。经过多年的试点和发展，专业学位教育正在成为我国高层次专业人才成长的重要途径。

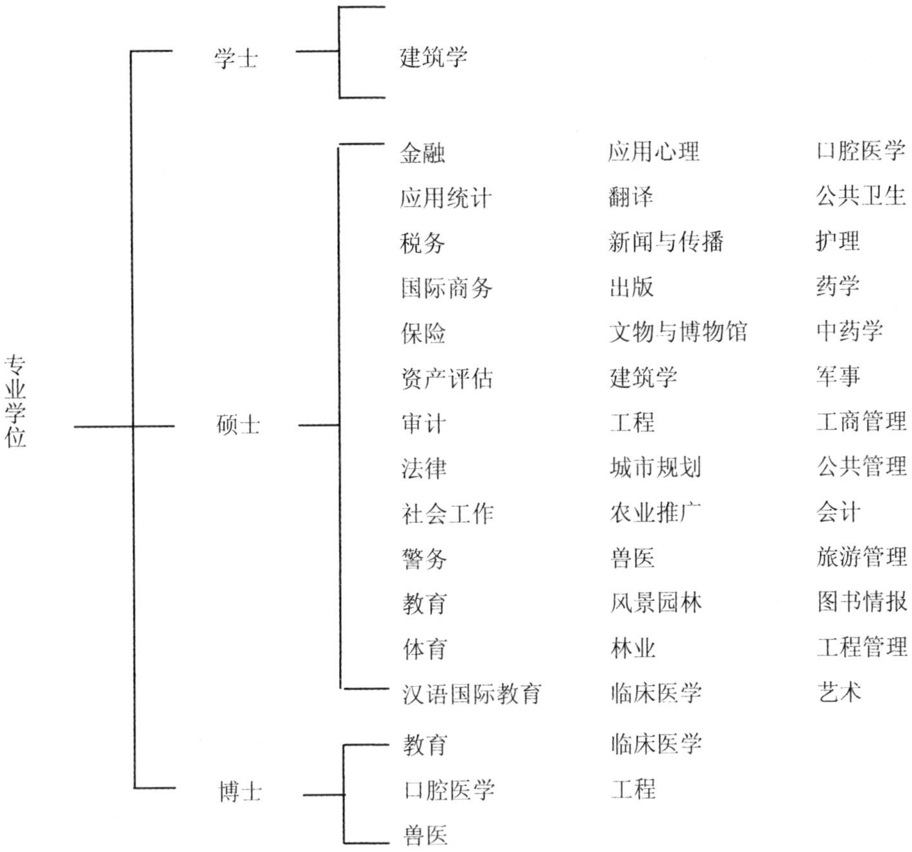

图 1－3　专业学位类型

1.4　学位论文的概念与类分

1.4.1　学位论文的概念

学位论文是现代学位制度的产物，世界发达国家几乎无一例外的都是通过提交学位论文，并达到合格标准，以获取相应学位。英国习惯称之为 Thesis，美国习惯称之为 Dissertation。关于学位论文的定义，学术界虽有多种表述，但实质内容大同小异。ISO 7144—1986 对学位论文的定义作如此表述：学位论文是著者提出其研究和发现，并自荐报请授予学位或专门职位资格的文献。据美国标准学会解释，学位论文是为了获得不同级别学位候选资格、专业资格或其他授奖提出的研究成果或研究结论的书面报告。国家标准 GB 7713—1987《科学技术报告、学位论文和学术论文的编写格式》指出:"学位论文是表明作者从事科学研究取得创造性的结果或有了新的见解,并以此为内容撰写而成、作为提出申请授予相应的学位时评审用的学术论文。"国家标准 GB 7713.1—2006《学位论文编写规则》定义:"作者提交的用于其获得学位的文献。"

笔者认为,学位论文属于学术论文的重要组成部分,是学位候选人将其作为研究成果,提交校方或研究机构以获得学位资格的文献。学位论文既能全面反映出作者掌握基础理论和专业知识的程度,又能反映出作者从事科学研究工作或独立担负专门技术的工作能力,是衡量学位授予质量的重要标志。因学位论文作者具有某一学科坚实的基础理论和系统的专门知识,许多学位论文往往在基础理论或技术研究上属于原创性成果,富有较高的学术研究价值和使用价值。为此,在国内外,学位论文的信息管理和开发利用,已经成为当前的热门课题。

1.4.2 学位论文的类分

学位论文的类分,即学位论文种类的区分,是与学位等级、学位类型相对应而形成的。无论是哪一等级或哪一种类型的学位论文都有着相应的要求与评价水平,主要体现在对学位候选人的知识结构和能力结构的不同要求。学位论文可以依据不同的标准、不同的角度作出如下类分。

(1)按照学位的级别划分。如前所述,世界上大多数国家都实行三级学位制,由此也就相应地产生三个级别的学位论文,即学士学位论文、硕士学位论文、博士学位论文。国际上对学位论文并没有统一的规定,各国的学位制度不同,学位论文的规格与要求也就不同。我国实行的是课程考试与学位论文并举的学位制度,无论哪一级学位都必须提交学位论文或毕业设计,并通过答辩方可获得学位。根据国家标准 GB 7713.1—2006《学位论文编写规则》对学位论文的规定:第一,学士论文表明作者较好地掌握了本门学科的基础理论、专门知识和基础技能,并具有从事科学研究工作或承担专门技术工作的初步能力。第二,硕士论文表明作者在本门学科上掌握了坚实的基础理论和系统的专业知识,对所研究课题有新的见解,并具有从事科学研究工作或独立承担专门技术工作的能力。第三,博士论文表明作者在本门学科上掌握了坚实宽广的基础理论和系统深入的专门知识,在科学和专门技术上做出了创造性的成果,并具有独立从事创新科学研究工作或独立承担专门技术开发工作的能力。

(2)依照学位的类型划分。学位论文可分为学术性学位(亦称科学学位)论文和专业性学位(亦称应用性学位)论文。学术学位论文,主要包括博士学位论文和硕士学位论文。特别是博士学位论文，多数国家都要求作者在本门学科有较高的理论水平和科学研究能力，在已有的研究领域要有所发现、有所贡献、有所创新。专业学位论文既包括硕士学位论文也包括博士学位论文，要求作者具有从事某种专门职业业务工作的能力，掌握相应的基础理论与专门知识并做出创造性成果。这些要求反映出专业学位论文与学术性学位论文的不同。

(3)按照授予学位的学科范围和领域划分。学位论文可分为人文科学、社会科学、自然科学、工程技术等领域。根据国务院学位委员会办公室和教育部研究生工作办公室1997年修订的《授予博士、硕士学位和培养研究生的学科、专业目录》，一级学科89个，二级学科386个。包括哲学、经济学、法学、教育学、文学、历史学、理学、工学、农学，医学、军事学、管理学等多个学科领域。

(4)按学位论文的出版形式划分，可分为正式出版物和非正式出版物，其中既有图书、科技报告，又有期刊论文、专利、标准文献等。

(5)按学位论文载体形态划分。学位论文既有传统的手稿、油印稿、复制稿、打印稿等纸质形式，又有缩微、光盘、机读、多媒体和网络型。其中尤以数据库型最受读者欢迎。学位论文数据库按其揭示的内容层次又可分为全文型数据库、文摘型数据库、目录型数据库、在线型数据库；按其市场化运作方式又可分为商业性学位论文数据库和公益性学位论文数据库。

1.5 学位论文的基本特征与功能

就学位论文的研究方法而论可以大致分为两种：一是调查研究或综述，由作者自行收集数据和资料，进行系统组织与鉴别，对某一课题或领域进行梳理、分析，得出概括性的总结，提出进一步研究或应用的可能性；二是独立进行创造性的科学研究，以前人的成果为条件，而更着重于工作者自身的实验研究和创造性的发明或发现。两者都接受导师指导，以学位候选人自己的知识水平和研究能力为主体。由于各国的教育制度和学位评审工作不同，学位论文的级别也不同。我国和欧美国家的学位制度基本相同，凡为获取学士、硕士和博士学位资格者，均应向校方提交学位论文，以打印、复印稿或电子版呈送并储存于院校图书馆或专门机构，没有广泛进入交流渠道，唯可索取复制品，加以利用和参考。学位论文数量庞大，据日本的一篇调查报告估计，美、英、德、法、日本五国，每年接受理工农医方面的学位论文就达数万篇以上。而我国每年亦有博士、硕士学位论文50余万篇(2011年博士学位论文5.3万余种，硕士学位论文51万余种)。由于学位论文在一定专业领域集聚,可以反映出国家或社会的科学研究趋势,进而对该领域的研究深度和广度作出判断。同时,从学位论文题目或研究专题可以查出作者、指导教师的名字,据此判断一个国家某一时期、某一领域的人才潜力状况。此外,学位论文作者大多数是青年人,他们观察敏锐、思维快捷、富有创新热情和独到见解。因此,教学、科研及领导机关一向把学位论文作为重要的信息源。

学位论文尤其是博士、硕士学位论文作为一种重要的信息资源,在内容价值、出版形式、传播途径等方面均表现出不同于其他文献的特征与功能。

1.5.1 科学性

科学一词来源于古拉丁语 scientia,最初的含义是"知识"或"学问",与我国古代"格物致知"一词的意义相近,即穷究事物的原理而获得知识。科学以客观世界为研究对象,反映客观事物的本质及其规律,其内涵必须具有客观真实性、准确性、可比性和逻辑性,其结论和结果必须具有可检验性和可重复性。学位论文作为学术论文的一种,其显著特征是学术研究的过程与结果的记载,因而具备科学的所有属性。其科学性主要表现在:

(1)真实可靠。学位论文内容真实,资料可靠。其科研设计缜密,并能客观地记述科学研究数据,尊重事实,不凭主观臆断和个人好恶随意取舍客观数据或歪曲结论。

(2)准确鲜明。学位论文的数据、引用的资料准确无误,其结论和评价能恰如其分地反映客观事物及其运动规律。能翔实、精确记录实验数据,用鲜明的观点、精练的文字准确表达学位论文中的研究成果。

(3)可重复引用。学位论文所采用或提出的技术与方法,在相同的条件下,其他人也可以获得与学位论文相同的结果和结论。表明学位论文工作中能真正揭示研究对象的内部联系,并掌握了该对象的变化规律,从而保证学位论文结果和结论的可重复性。有了可重复性的成果,才有推广和应用价值,也才有确定的经济价值和社会价值。

(4)可比较鉴别。学位论文的结果可与其他相同或相近的课题已报道的结果进行比较,以确定其是否具有先进性。

(5)系统清晰。学位论文结构严谨、层次清晰,具有较强的系统性和逻辑性。

以上这些内在要求有效地保证了学位论文的科学性。

1.5.2 学术性

学位论文是从实践中概括出来的对某一事物的理性认识,其标准可以概括为

"新、深、实"三个字。首先,博士、硕士学位候选人是经过严格筛选产生的高级专门人才,以高、精、尖研究见长,他们不仅掌握本学科的基础知识,还熟练掌握一门或两门外国语,能广泛调研和追踪国内外科学研究的最新成果,视野开阔,思想活跃。这就决定了学位论文一般都能站在学科的制高点上,对基础理论和重大前沿问题研究具有新意,甚至获得重大突破。其次,博士、硕士学位论文从选题与论证,到预答辩与答辩,均由以导师为首的学位论文指导小组严格把关,并由部分同行专家学者进行评议。因此,从某种意义上来说,它是一种集体智慧的结晶,从而保证了博士、硕士学位论文的学术性。

1.5.3 实用性

学位论文的选题有很多涉及国民经济和社会发展的重大现实问题。诸如,国家"863"计划、三峡工程、信息技术、生物工程、航天工程、纳米技术等。此外,有资料显示,在我国重大科技研究项目中,约有70%的项目都有研究生参加,尤其博士生,在许多重大科研项目中起到了骨干作用。如"国家科技攻关项目"、"国家自然科学基金项目"、"国家社会科学基金项目"等。在对这些科研项目与重大现实问题的研究中他们都能有针对性地提出新理论、新方法,或采用新材料、新工艺,其中不少博士、硕士学位论文的研究课题填补了国家的空白,具有较强的现实性和实用性。

1.5.4 独创性

独创性是学位论文最鲜明的特点之一,也是学位论文质量的重要评价标准。所谓独创性,也称原创性或初创性,是指某一研究成果不同于其他著作的独到之处和创新程度。学位论文贵在独创,即在前人研究的基础上有所创新。江泽民同志曾在全国科技大会上指出:"创新是一个民族进步的灵魂,是国家兴旺发达的不竭动力。"创新也是博士、硕士学位论文的灵魂与核心。构成学位论文独创性的基本要素主要体现在"新"与"实"上,所谓"新"就是要求学位论文在前人研究的基础上有新的理论、新的规律、新的方法、新的设计、新的试验、新的进展、新的解释、新的现象等。它是在深入研究基础上发展起来的,具有独特性和先进性,而不是科学技术的直接扩散和横向转移。"实"是指学位论文的学术价值、军事价值、社会价值、经济价值等。不具有价值性的"新",不是"实",不能构成独创性成果。"新"是独创性的特征,"实"是独创性的内在体现,只有"新"与"实"有机地结合起来,才能构成研究生学位论文的创造性成果。在美国,许多著名大学都要求学位论文针对一个重要且具有学术价值的主题进行原创性研究，或在新的知识领域作出创新性贡献。在俄国（苏联），规定博士学位论文必须是独立的科学研究著作、能够解决具有相当科学意义的某个科学问题或者能对这一问题作理论性的概括。在英国，规定博士学位论文要有新的发现或自己独到的见解，对某专业领域有卓越贡献并证明其具有独创性。在我国，博硕士学位论文也要求体现创新点或特色之处。《中华人民共和国学位条例暂行实施办法》（见附录2）明确规定：硕士学位论文要求对所研究的课题有新的见解；博士学位论文要求在科学或专门技术上做出创造性的成果。英国的菲利普斯教授把博士学位论文的“独创性贡献”——创新，归纳为15种类型。

（1）第一次用书面文字的形式把新信息的主要部分记录下来，这可以称为“发现”。

（2）继续前人做出的独创性工作。

（3）进行导师设计的独创性工作。

（4）在并非独创性的科研工作中，提出一个独创性的方法、视角或结果。

（5）含有其他研究生提出的独创性的观点、方法和解释。

（6）在证明他人的观点中表现出独创性（方法、途径等）。

（7）进行前人尚未做过的实证性研究工作（对前人提出的假设的实证性研究，或新的实证性方法）。

（8）首次对某一问题进行综合性表述。

（9）使用已有的材料做出新的解释（对前人发现的现象、试验结果做出新的解释）。

（10）在本国首次做出他人曾在其他国家得出的实验结果（被封锁的实验方法、科研成果）。

（11）将某一方法应用于新的研究领域。

（12）为一个老的研究问题提供新证据。

（13）应用不同的方法论，进行交叉学科研究（研究方法的创新）。

（14）着眼于本学科中他人尚未涉及的新的研究领域。

（15）以一种前人没有使用过的方式提供知识。

1.5.5 广泛性

学位论文的研究范围涉及社会科学、人文科学和自然科学各领域。根据国务院学位委员会办公室和教育部研究生工作办公室1997年修订的《授予博士、硕士学位和培养研究生的学科、专业目录》，一级学科 89 个，二级学科 386 个，学科和专业面显著拓宽。特别是近年为了适应我国经济建设与社会发展增设了大量专业性学位，使得学位论文的研究领域更加宽广与现实。截止到 2011 年，我国已有哲学博士 6304 人，经济学博士21 804人，法学博士17 977人，教育学博士 6719 人，文学博士18 272人，历史学博士 7858 人，理学博士91 714人，工学博士153 529人，农学博士17 503人，医学博士56 385人，军事学博士 3324 人，管理学博士26 851人，艺术学 1 人，专业博士11 728人（见表 1－1）。如此广泛的学科专业，决定了学位论文研究内容的全面性和专业性。随着科学技术的发展和创新，大量新学科不断涌现，并相互交叉渗透，将使学位论文的研究领域日趋宽广与专深。

1.5.6 规范性

为了充分体现学位论文的科学内涵，准确表达科学内容，便于信息传播与学术交流，无论国外还是国内都对学位论文的内在外在结构形式的规范化、标准化有着严格规定。在我国，除了相关的国家标准外，各研究生培养单位相继出台了各自的学位论文编写要求，对于提高学位论文的规范性起到了一定作用。学位论文的科学性和逻辑性决定了其必然要用一定的格式、章法，要分层次、分段落来撰写。根据 ISO 7144—1986《文献工作—学位论文和类似文献的编写格式》、GB 7713. 1—2006《学位论文编写规则》，学位论文主要由前置部分、主体部分、参考文献表、附录、结尾部分组成（见图 1－4）。这些规则与结构有效地保证了学位论文的科学性、严谨性和可靠性，促进了学位论文的采集、储存、检索与利用，以及国际间的学术交流。

- 前置部分
  - 封面
  - 封二
  - 题名页
  - 英文题名页
  - 勘误页
  - 致谢
  - 摘要页
  - 序言或前言
  - 目次页
  - 插图和附表清单
  - 缩写和符号清单
  - 术语表
- 主体部分
  - 引言（绪论）
  - 章、节
  - 图
  - 表
  - 公式
  - 引文标注
  - 注释
  - 结论
  - 参考文献表
  - 附录
- 结尾部分
  - 索引
  - 作者简历
  - 其他
  - 学位论文数据集
  - 封底

图 1－4　学位论文结构图

1.5.7 资料性

学位论文后都著录有大量的参考文献，在一定程度上反映了研究生对前人在本学科领域的研究成果或研究工作的继承与发展，具有很强的资料性。根据GB/T 7714—2005《文后参考文献著录规则》，所谓"参考文献"，是"为撰写或编辑论文和著作而引用的有关文献信息资源"。其作用主要体现在：表明科学研究的继承性与发展历史；尊重他人的研究成果，减少学术腐败；真实反映论著的某些论点、数据、信息的来龙去脉；向读者提供查找相关文献信息的线索；有助于图书馆和情报机构收集有价值的文献信息，从而进行文献计量学的研究。我们曾经以国家图书馆收藏的1999年至2006年全国优秀博士学位论文作为统计对象，采用文献计量学的方法对776篇优秀博士学位论文所附参考文献的数量、语种、类型、年代等进行了统计分析与研究，发现776篇全国优秀博士学位论文均附有参考文献，共计130 306条，引文数量最多为721条，最少为10条，有639篇论文的引文数超过了100条，篇均引文量为168条，明显高于其他文献，是国外科技论文平均引文量15条的11倍。在自然科学类优秀博士学位论文的107 736条参考文献中，英文文献所占比例超过83%；人文社会科学类优秀博士学位论文的22 570条参考文献中，英文文献也超过20%。如此巨量（其中尤以近三年的文献居多）的参考文献不仅可以反映出博士生对文献信息获取、吸收、利用的能力和研究创新水平，而且为图书情报机构开展文献资源建设与配置，提升文献采集质量和文献保障率，进而对这批高层次研究型读者群提供有针对性的知识服务提供了必要的参考依据。

1.5.8 稀有性

由于学位论文是向校方或研究机构提供作为申请授予相应学位评审时用的学术论文，属于非书非刊。除少数在答辩通过后在期刊或会议上发表或以专著形式出版外，绝大多数作为内部出版物，印数较少，一般只少量作为业内同行交流，供给研究生管理部门和国家图书馆，因此具有灰色文献的性质。所谓灰色文献是指难以通过常规购书渠道或一般查检方法获取的各种文献信息载体，因其一般不属于正式出版物，亦称"内部资料"。国外图书情报界将这类介于"黑色文献"（保密文献）和"白色文献"（正式出版文献）之间的文献称为"灰色文献"（Grey Literature）。学位论文作为灰色文献的一种，由于印数稀少、难以获取，长期以来，多数图书情报机构对学位论文不作系统收藏，通常都是以抄本或打印本的形式存储在学位授予单位，不进行报道，故很多成果鲜为人知。国内曾有人对博士学位论文的正式出版情况作过统计分析，指出，和博士毕业生的数量相比，博士学位论文正式出版的数量还很有限。截至 2009 年，正式出版的数量仅为 4000 种，仅占全部博士毕业生的 5%。即便是代表国内最高水平的全国优秀博士学位论文，其正式出版的数量也仅占全部优秀博士学位论文的 25.93%（见表 1－2）。① 据此可以推测，硕士学位论文的出版数量会更低。

表 1－2　1999 年—2007 年全国优秀博士学位论文出版学科情况表

	合计	未出版	已出版	百分比
哲　学	15	5	10	66.67%
经济学	19	3	16	84.21%
法　学	25	3	22	88.00%
教育学	20	10	10	50.00%
文　学	38	6	32	84.21%
历史学	25	6	19	76.00%
理　学	267	244	23	8.61%
工　学	315	250	65	20.63%
农　学	44	36	8	18.18%
医　学	91	82	9	9.89%
军事学	9	4	5	55.56%
管理学	15	5	10	66.67%
合　计	883	654	229	25.93%

此外，由于学位论文内容涉及应用性学科及高新技术、军事科学、新发明等内容，其中常有“内部”、“保密”、“限制”等字样，令收藏单位不敢逾越雷池，或无力就其内容甄别是否具有“保密”必要，亦只好被动就样跟随。这就在很大程度上缩小了学位论文信息的报道幅度，更直接限制着它的流通、传播、利用，使其信息能量的影响力大打折扣。

学位论文除以上诸多特征外，还与其他文献有不同的功能：学位论文作为申请授予相应学位评审用的论著，不同于科技报告和学术论文；学位论文是学术性的，并非一般知识性的，有别于教科书、科学普及文章等；学位论文的主要读者是本门学科的行家或本专业的研究生，不是一般的求知者；学位论文作为科学技术新的信息资源，为了延续科学生命，可以转化为生产力，促进社会发展，开发智力，既不用

① 蒋宇弘. 博士学位论文出版现状及分析[J]. 出版发行研究，2009(12)

于传播公共知识,更不以提供消遣和欣赏为目的。

1.6 学位论文的情报价值与社会价值

价值是事物或现象本身的属性,泛指用途或积极作用,人的需要是价值存在的前提,满足的程度决定其是否有价值及其价值的大小。没有体现为社会人的需要的客观事物和现象纯属“自为的存在”,而不是“为人的存在”。也就是说,如果不是作为关系的存在,就不能形成价值。人们时时刻刻都在同周围事物和现象发生着价值关系,必然会对客观的价值关系做出反应,从而形成价值观念,并用来对周围现象进行评价。“价值”既是哲学概念、经济学概念,更是社会学概念。对于学位论文来说,其价值一方面取决于作为客体的文献产出活动及其学术成果的属性,另一方面取决于主体的需要和追求需要满足的能动性,它是实现价值的驱动力。因此,只有对其进行开发利用,通过服务与社会发生关系,学位论文的资源价值才能体现出来,并发挥实际作用与效益。

1.6.1 学位论文的情报价值

(1)学术参考价值

科学与文化事业,只有充分吸收、利用、借鉴前人已有成果,才能谈得上创新。如果对前人研究的成果心中无数,就可能重复别人已经做过的工作。很多博士、专家、学者以及诺贝尔奖获得者都有一个共识,那就是他们是站在前人的肩膀上进行创造性工作的。创造性的基本前提是对相关研究领域的经典与前沿文献的充分掌握。因此,在人类从事科学研究和技术创新的各个阶段,都需要获取和利用相关信息资源,掌握方向、开阔视野、启迪思维,创造出新理论、新方法、新技术和新产品。学位论文是学位候选人在导师的指导下经过艰苦卓绝的学习和科学研究,通过无数次的核实、验证、整理、加工而撰写成的文字材料(其中包括错误、失败和教训的原始数据、图表和翔实可靠的资料)。它反映当前国内外经济、科技、文化、教育、军事以及社会各个领域的最新思想和成果,属于人类改造自然和社会、发展生产力不可忽视的信息资源,对人们从事经济活动、科技攻关有着十分重要的参考价值和指导作用。鉴于学位论文内容具有原始性和创新性,研究数据一般都精确可靠,并能广泛引用重要文献和博采前人知识,对本专业领域的研究和理论富有价值,因此,对于科学研究人员,特别是对正在撰写学位论文的学生来说,这些学位论文具有重要的学术参考价值。有学者统计,对于学位论文的利用,社会科学研究人员达到

35%—38%，自然科学研究人员达到24%—29%，说明其情报源非常广泛、丰富，为一般正式出版物所不及。

（2）决策参考价值

决策是建设与发展事业的首要组成部分。因为决策决定计划、步骤、实施行为，正确的决策表现在决策者能根据主客观条件，运用掌握的信息，采用科学的方法，就重大问题优化选择解决方案的过程。对于建设事业与教学科研工作的决策成功是最大的成功，决策失误则属最大的失误。决策不能先知先觉，更不能胡思乱想，而要在决策之前，深入调查、缜密论证与研究、在掌握大量的科学信息的基础上，结合人们的经验，经过推理和逻辑判断，把研究对象的不确定性极小化，从而作出科学的决策。学位论文作为一种特殊的信息资源，可以为科学决策提供重要依据。其一，学位论文特别是作为学位最高形式的博士学位论文，其选题有很多涉及国民经济和社会发展的重大现实和热点问题。诸如，国家重大基础研究计划"973计划"项目、"863计划"项目，以及航天工程、生物工程、"三农"问题、社会保障问题、环境问题等。在对这些重大现实问题和热点问题的调查与研究中，作者有针对性地提出了新理论、新思想、新方法，对高层领导决策具有重要的参考价值。其二，学位论文的作者，特别是研究生的指导教师，大多都是本门学科的学术带头人或某一领域的俊彦，其中不乏科学大师、知名学者。他们视野开阔、高屋建瓴、观点前卫，具有战略性思维与智慧，在他们指导下的学位论文往往能在基础理论或实用技术研究上具有创新性成果，可供科学决策，避免简单化或主观臆想，具有系统性、前瞻性与科学性，以实现可持续发展。其三，学位论文从选题与论证，到预答辩与答辩，均由以导师为首的学位论文指导小组严格把关，并由部分同行专家学者进行评议。因此，从某种意义上，它是一种集体智慧的结晶，从而有效地保证决策参考价值的可靠性。

（3）收藏利用价值

如前所述，学位论文具有学术参考与决策参考价值，这种价值决定了其在图书馆文献资源建设中的重要地位与功能。

第一，学位论文是一种灰色文献，一般不公开发行，印数稀少。除了学生自己保存外，一般只有学生所在的学校图书馆拥有这一资源，收藏单位又比较分散，流通范围狭窄，无法充分体现其服务于社会的功能与价值，因此，各国国家图书馆都将其作为重要的信息资源加以收集与利用。图书馆作为信息与知识传播的媒介，通过对学位论文的采集、编目、加工、制作数据库，使之方便地进行有序的流通，进而将其通过网络进行宣传报道，从而使学位论文理论价值及物化的生产实用价值能得到充分的发挥。

第二,学位论文的产量高。随着我国高等教育事业的飞跃发展,研究生人数激增,学位论文数量与日俱增。根据国务院学位委员会办公室的统计,1981—2011年的30多年中,我国总共授予学士学位24 240 532人,授予硕士学位3 698 859人,授予博士学位439 969人。可见,从1981年到2011年间,我国共有400多万篇博士硕士学位论文产出,并且每年还以50多万篇的数量递增。如此巨大的文献资源产出量,是图书馆文献资源建设与服务的强大基石。可以这样说,在知识经济大行其道的今天,无论是大学图书馆,还是公共图书馆,如果不重视学位论文的收藏与利用,图书馆的文献资源保障功能就无法得到充分的体现。

第三,学位论文不仅内容质量好,而且内含大量参考文献,特别是学位论文的综述,涵盖了本门学科研究领域现状与前沿信息,相当于一篇很好的二、三次文献,查阅一篇学位论文,也就等于查阅了一本很好的检索工具。

第四,学位论文已经成为国家图书馆最受读者欢迎的文献信息资源。有调查显示,学位论文的读者具有数量大、年龄轻、知识层次高的特点。2007年,国家图书馆曾就学位论文的价值及其利用状况进行了问卷调查,有98%的读者认为学位论文有用,其中非常有用占80%;许多读者建议国家图书馆能够更多、更快、更多样化地提供博士、硕士学位论文,以满足他们的文献需求。由此可见,学位论文具有重要的收藏与使用价值。

1.6.2 学位论文的社会价值

学位论文所产生的成果对社会发展与科技进步具有重大的推动作用。科学发展与技术进步都是人类实践的产物,它们之间有着密切的联系。近半个多世纪以来,科学和技术的同步发展,正深刻地改变着当代社会生活和世界的面貌。随着信息时代的到来,知识经济的崛起,信息作为资源的地位和作用越来越彰显,信息资源已经成为国民经济和社会发展所必需的重要战略资源,为我们提供了非物质形态的社会财富。随着各国对信息资源争夺的日趋激烈,谁能掌握和利用更多的信息资源,谁就能在国际竞争中赢得主动已成为共识。为此,世界发达国家都把占有、开发和利用信息资源作为一项基本国策。近20年来,美国、欧盟、日本、新加坡、韩国等国家都相继提出了开发信息技术、发展信息产业的措施和计划。它们凭借在技术、资源、外交、军事等各领域的优势争夺和占有信息资源,极大地强化了其在国际竞争中的有利地位。

我国从20世纪80年代开始重视信息资源的开发利用。1984年,邓小平为《经济参考》题词“开发信息资源,服务四化建设”,极大地推动了我国信息事业的发展。正是在这一背景下,学位论文由于其丰富的知识含量、积极的创新信息已经成为人们追踪、了解国内外科技发展动态的重要信息源,是国家战略信息资源的重要组成部分。其所具有的情报价值、社会价值逐渐引起了政府机构、高等院校与科研机构的管理者、科研技术人员的极大兴趣和高度重视。

(1)学位论文与国家创新体系建设

知识经济是建立在知识和信息的生产、分配和使用基础上的经济。兴起于20世纪末的信息技术革命,通过网络技术以及通信技术的发展,形成了知识创新、加工和使用方式的革命,并成为经济增长的核心。知识经济使社会的经济增长方式发生了根本的改变,更加依赖于知识的创新、生产、扩散及应用。面对全球涌动的知识经济浪潮,各国都在积极研究和制定面向新经济时代的发展战略,由此提出了国家创新体系的概念。国家创新体系(National Innovative System),又称国家创新系统,是20世纪80年代兴起的一种理论,它认为国家创新体系是一个国家内部有关机构相互作用形成的网络系统,是推动国家经济和科技创新的重要力量。如美国国家创新体系结构清楚地表明,图书馆以及图书馆的信息资源是国家创新体系的有机组成部分。

我国国家创新体系包括知识创新、技术创新、知识应用和知识传播四个系统。从四个系统的主要功能可以看出国家创新体系的每一组成部分都与图书馆信息资源的利用有着密不可分的关系。科学技术知识是知识经济形成的基础,科学与技术共同支撑着知识经济的发展。信息资源是图书馆提供知识信息服务的基础。近几十年来,信息技术的迅速发展和广泛运用,社会政治、经济、文化领域的深刻变革,无疑会给图书馆信息资源建设带来直接而深刻的影响。尤其是在现今电子与网络环境下,人们在获取文献的过程中,由于信息资源选择的多样化以及文献信息资源获取渠道的扩充,更加注重特色文献资源的利用。

为了落实科教兴国战略,全面推进教育的改革与发展,提高全民族的素质和创新能力,教育部于1998年12月制定了“面对21世纪”教育振兴行动计划,其中包括实施“高层次创造性人才工程”,加强高等学校科研工作,积极参与国家创新体系建设;并加快进行“211工程”的建设,全面提升高等学校的知识创新能力。据新华网北京2011年1月12日报道,在2009年度国家科学技术奖授奖项目中,全国高等学校作为第一完成单位摘取国家技术发明奖通用项目31项,占获奖总数的79.5%,表明我国高校自主创新能力不断增强。在这些获奖项目中,有大量的研究生参与,许多学位论文的选题与研究内容都来自这些课题。笔者曾在国家图书馆到馆读者中做过问卷调查,调查显示查阅学位论文的读者中有三分之一的人拥有国家或省部级科研课题。可见,学位论文作为大学和科研机构的最具特色的研究成果,不仅是国家创新体系的有机组成部分,还是国家创新体系的动力源泉。

(2)学位论文与社会生产力的发展

马克思曾经指出,生产力的发展,归根结底来源于发挥着作用的劳动的社会性质,来源于社会分工,来源于智力劳动,特别是自然科学的发展。由于学位论文与科研紧密相联,创造出众多的研究成果,这些科研成果从基础理论到应用技术无所不包,可以很快在实践中得到推广与应用,变成生产力,推动科技进步,进而也就直接或间接地推动社会生产力的发展。学位论文的科研成果可以从以下两方面推动社会生产力的发展。其一,学位论文涉及大量的基础理论与应用技术的研究,不仅为工农业生产的科学化提供广泛的基础理论和技术,而且还可以促进劳动手段和劳动工具的变革与创新,从而推动生产力的发展。其二,学位论文选题很多都来自厂矿企业的科研项目,有的成果被企业采纳或采用,变成生产力,促进了劳动生产率的增长,进而产生巨大的经济效益。以前苏联为例,在第十二个五年计划期间,前苏联劳动生产率增长额的三分之二以上主要靠采用新技术和新工艺获得,这些成果中就有研究生的贡献。其中,苏联巴赫生物化学研究所,仅在 1977 年运用了研究生学位论文中的建议就取得了 900 万卢布的经济效益;苏联科学院西伯利亚分院矿山研究所应用 32 篇研究生学位论文成果后,劳动生产率大幅提高,有的甚至提高 10 倍以上;查波罗什发动机制造厂应用了奥莫尔钦科的博士学位论文成果,每年就为该厂节约 3300 万卢布。① 这样的实例在美国、德国、英国等发达国家更是不胜枚举。由此可见,学位论文的创新成果能有效地推动社会生产力的发展。

(3)学位论文与科学家的成长

现代科学的发展,很大程度上取决于科学人才的成长,特别是享誉国际的科学精英的出现。这些精英不能凭空产生,必须是经过长期酝酿,脱颖而出,具有深厚的理论基础和科学素养的大家。科学家需要具备良好的研究生教育背景,一般都是获得学位特别是博士学位成为科学家进入尖端科学领域的。科学家学位越高,往往掌握的相关知识与技能也就越多,其获得创造性成果的可能性也就越大,越能攀登世界科学的顶级高峰。国内外大量实例表明,众多著名科学家、科学大家的产生都得益于研究生阶段的教育,显露于他们的学位论文。例如,现代以来,除诺贝尔文学奖与诺贝尔和平奖外,几乎所有诺贝尔奖获得者都具有高学历的特征。从表 1 – 3 我们可以看出,20 世纪诺贝尔奖的获得者除物理学科(博士学位占 88.3%)外,化学、生理和医

---

① 符娟明,迟恩莲. 国外研究生教育[M]. 北京:人民教育出版社,1992

学、经济学诺贝尔奖获得者拥有博士学位的人数均超过90%，依次为94.8%、93.0%、97.8%(见表1－3)。

表1－3 诺贝尔奖获得者有博士学位的统计表

学科	物理	化学	生理和医学	经济学
获奖人数	162	135	172	46
博士学位人数	143	128	160	45
相应比例	88.3%	94.8%	93.0%	97.8%

注:以上是根据《20世纪诺贝尔奖获奖者辞典》书中内容统计的。

我国的情况亦是如此。有学者曾通过对我国“973”计划项目首席科学家的成长经历进行研究，发现高学位已经成为当今我国科学家的主流学位。在“973”计划项目中99%的首席科学家拥有博士、硕士学位，尤以博士学位为最，其中88%的首席科学家拥有博士学位，11%的首席科学家拥有硕士学位。从这个意义上说，科学家科学素养的孕育，科学家的知识结构、研究方法的形成，以及研究方向的确定等，都和研究生阶段所受的良好教育、严格的科学训练，特别是学位论文的内容有着密切关系。这是因为，学位论文作为研究生教育的重要组成部分，其作用不仅仅是获得学位的依据，它还是衡量研究生科研能力与知识水平的标志。可以说，学位论文工作为科学工作者今后的学术生涯，以及在基础理论和应用技术上做出突破性成果奠定了基础。例如，我国著名经济学家张五常闻名世界的第一篇论文就是他的博士学位论文《佃农理论》，被网友称为最牛的学位论文。张五常先生早年远赴加拿大和美国求学，在美国长堤大学攻读博士学位时，潜心研究，曾几易博士学位论文选题，最终在导师的指导下，于1969年以博士学位论文《佃农理论》轰动西方经济学界。该学位论文以现代新制度经济学的观点对分成租佃制度作出了新解释，推翻了以往的传统理论，建立了“新佃农理论”，奠定了现代合约经济学的基础。曾被诺贝尔经济学奖获得者科斯称为最了解其思想的人，在经济学界享有很高的知名度。随着时间的推移，《佃农理论》的价值和重要性越来越大，不仅成了现代合约经济学的开山之作，而且其中的部分内容在期刊上发表后也成了现代新制度经济学的经典之作。

在诺贝尔奖的历史上，以博士学位论文直接获得诺贝尔奖的科学家屡见不鲜：

①1873年，范德瓦耳斯以题为“论物质液态和气态的连续性”的学位论文获得荷兰莱顿大学博士学位。他在这篇学位论文中建立了真实气体的状态方程，并以这一成就获得1910年诺贝尔物理学奖。

②1923年，德布罗意提出物质波理论，翌年，以这一成果获得博士学位，并于1929年获得诺贝尔物理学奖。

③1957年，穆斯堡尔在其博士学位论文研究工作中发现了穆斯堡尔谱效应，即原子核无反冲的γ射线共振吸收。1957年他以对这一现象的研究获得德国马克斯？普朗克研究所博士学位，并于1961年获得诺贝尔物理学奖。

④1957年，施里弗在攻读博士学位期间，同导师巴丁、库珀一起创立了著名的超导BCS理论，并以此理论获得了美国伊利诺斯大学博士学位，1972年因这一理论获得诺贝尔物理学奖。

⑤1972年，特霍夫特获荷兰乌德勒支大学博士学位。1971年，在攻读博士学位期间，他证明了无质量的规范场量子化方法可直接推广到有自发破缺机制的情况，这一结论对电弱统一理论的量子化至关重要。1972年特霍夫特与导师韦尔特曼一起提出维数正规化方法，解决了规范场微扰论中的重整化问题，从而获得1999年诺贝尔物理学奖。

有资料显示，从获得博士学位到科学家完成使其获得诺贝尔奖研究工作的时间，就是一位普通科学工作者成长为一流科学大师的周期，这一周期的长短很大程度上取决于获奖者的博士学位论文选题和研究工作，取决于他们的学位论文所创造的革命性成果。这些诺贝尔奖获得者的研究成果大都是博士学位论文工作的延续。据刘亚俊《科学家之路：从博士研究生到诺贝尔物理学奖得主》一文的统计，自1901年开始设立并颁发诺贝尔自然科学奖以来，到2007年为止，共有180人次179位科学家（其中美国科学家巴丁在1956年和1972年两次获奖）获得过诺贝尔物理学奖。在这179位科学家中，有161位都曾经有过博士研究生阶段的学习，并获得博士学位。在1950年以后获得诺贝尔物理学奖的127人中，只有3人没有获得过博士学位。

例如，塞曼于1893年获得莱顿大学博士学位，博士学位论文题目是“论克尔效应”。克尔效应包括克尔磁光效应和克尔光电效应。1897年塞曼在博士研究工作基础上进一步深入研究，发现发光谱线在磁场中会发生分裂，即塞曼效应，从而获得1902年诺贝尔物理学奖。

康普顿1916年获普林斯顿大学博士学位，其博士学位论文“X射线反射强度以及原子中电子的分布”，研究了X射线本性和散射问题。1923年康普顿在博士研究工作基础上，发现了X射线散射的康普顿效应，因这一成果获1927年诺贝尔物理学奖。

研究还发现，很多获奖者在研究生期间都是师从名师，不少诺贝尔奖获奖者的博士生导师也是诺贝尔奖获得者。在诺贝尔物理学奖的获奖史上，有6位科学家是跟自己的博士生导师一起获奖的，其中有3位科学家（施里弗、贝德诺尔兹、赫尔斯)是在导师指导下做博士学位论文研究课题,以博士学位论文课题研究成果与导师一起获奖。由此可见,学位论文的创新成果,不仅使科学家登上了世界科学的顶级高峰,更为重要的是这些革命性成果转化成生产力,推动了社会发展。仅从这一个侧面就足以说明学位论文与科学发展和技术进步有着直接的关联,价值不菲。

(4)我国优秀学位论文与科技进步

为了提高我国博士生教育的整体水平,培养和激励博士生的创新能力,全面提升我国研究生教育的国际竞争力,自 1998 年 5 月开始,教育部和国务院学位委员会批准并组织全国优秀博士学位论文的评选工作。截至 2011 年,已评选出优秀博士学位论文 1182 篇,提名学位论文 1902 篇(见表 1-4)。这些学位论文涵盖了国内培养博士生的所有学科领域,具有广泛的代表性,在总体上反映了我国博士学位论文的最高水平。这些学位论文的选题往往属于本学科前沿,涉及本学科研究的热点、重点和难点,因而具有重要的理论意义和现实意义;在理论或方法上往往有所创新,取得了突破性成果,达到了国际或国内同类学科的先进水平,具有较好的社会效益或应用前景。以下通过分析若干篇优秀博士学位论文创新性研究成果,来说明学位论文对科技进步、促进社会生产力的贡献。

表 1-4　1999 年—2011 年全国优秀博士学位论文评选结果

年份	获奖论文	提名论文
2011 年	97 篇	256 篇
2010 年	100 篇	334 篇
2009 年	98 篇	363 篇
2008 年	100 篇	177 篇
2007 年	98 篇	158 篇
2006 年	99 篇	137 篇
2005 年	96 篇	159 篇
2004 年	97 篇	139 篇
2003 年	97 篇	179 篇
2002 年	97 篇	
2001 年	100 篇	
2000 年	100 篇	
1999 年	100 篇	
总计	1182 篇	1902 篇

资料来源:教育部学位与研究生教育发展中心(网址:http://www.cdgdc.edu.cn)。

例1:从1999年设立全国优秀博士学位论文至今,清华大学航天航空学院固体力学研究所(简称固体所)共有8篇博士学位论文获奖,占力学一级学科全国获奖论文数量的42%,成为令人关注的"清华固体力学"现象。其中,1999年全国优秀博士学位论文获得者冯西桥的博士学位论文"脆性材料的细观损伤理论和损伤结构的安定分析",解决了研究40余年的理论难题,取得了突破性的理论进展;2002年全国优秀博士学位论文获得者杜丹旭的博士学位论文"多相材料有效性的理论研究"被复合材料细观力学领域的国际权威George. J. Weng教授认为"是对复合材料有效性质领域的最高品质的贡献";2004年全国优秀博士学位论文获得者姜汉卿的博士学位论文"应变梯度塑性理论断裂和大变形的研究",在2003年106种力学领域国际期刊的8900篇文章中,被引用率居世界前10名;2005年全国优秀博士学位论文获得者刘哲的博士学位论文"碳纳米管若干力学问题的研究"是国际上第一批有关碳纳米管力学的博士学位论文。固体所还有一批博士学位论文选题是结合国家重大需求、关系国计民生的内容。如,压力容器和管道量大面广,但其中大多数含有大量体积型缺陷,如何对其进行安全评定并制定国家评定标准,是工业界长期没有解决的关键技术难题。2000年全国优秀博士学位论文获得者刘应华的博士学位论文就是针对这一难题进行了研究,该成果被写入新的国家标准并获国家科技进步二等奖。

例2:学位论文的选题为本学科前沿,涉及本学科研究热点和难点问题,具有较大的理论意义和现实意义,也是国际上比较活跃的研究课题,具有挑战性和创新性。例如,首届全国优秀博士学位论文获得者、复旦大学乔志军的博士学位论文"可积系统的广义Lax代数,r-矩阵及代数几何解",专家评价其选题是"当前国际上的热门前沿课题,难度相当大";清华大学朱志刚的博士学位论文"视觉导航中环境建模的研究",其选题"具有重要的理论意义和广泛的实用价值,有开创性,属于难度高、技术复杂的前沿性课题"。

例3:学位论文在理论上或方法上有创新,具有开拓性,对本学科发展作出了贡献。这些学位论文的作者,通过科学研究,形成了自己的理论观点,提出了合理的实验方法或试验步骤,得出了科学的理论结果和数据,有独到之处。例如,全国优秀博士学位论文获得者、北京大学盖峥的博士学位论文"扫描隧道显微镜的应用研究",在纳米科技方面,提出利用Au(001)表面重构形成的莫尔条纹来测定位移的方法,使STM横向精度达到0.005纳米。中国科学技术大学谢毅的博士学位论文"纳米材料的溶剂加压热合成、结构及性能",首次用有机溶剂代替水,在低温下制备了氮化物、硫化物,实现了$GaCl_3$和Li_3N的双交换反应,克服了以前在37万大气压以上才能形成的岩盐型 GN 亚稳相。有关论文在国际级别最高的刊物 Science 上发表。

例 4:学位论文的成果和效益显著。全国优秀博士学位论文的作者平均在校期间公开发表学术论文十多篇,其中一部分被 SCI、EI 等收录,其学术价值已得到国际上的承认;其研究成果的应用,也取得了显著的经济效益和社会效益,引起了同行专家的关注。例如,清华大学张红武的博士学位论文"黄河下游洪水模型相似律的研究",提出的一整套黄河下游动床河工模型相似律的设计方法,已广泛应用于黄河下游的模型实验研究,并得到验证,使黄河下游动床河工模型的实验水平大大提高一步,1997 年获水利部科技进步一等奖。中国科学院胡伟武的博士学位论文"共享存储系统中的访存事件次序",在共享存储器处理机系统的研究方面取得创新性成果,学位论文有关成果获中国科学院科技进步二等奖。

例 5:2009 年全国优秀博士学位论文获得者东南大学钟文琪的博士学位论文"喷动流化床流体动力学特性及放大规律研究",评阅专家对这篇学位论文给予了很高的评价。认为在喷动流化床流动结构转变、稠密气固流动建模、信息熵分析等方面都具有原创性的贡献。学位论文关于 DEM 数值模拟的部分内容发表在国际权威学术期刊 *Chemical Engineering Science* 上,被引次数超过 20 篇次。特别是该成果也受到了 EDEM Solution 创始人和首席执行官的高度评价和引用,他认为,钟文琪采用了新的方法,非常成功地解决了 CFD—DEM 耦合难题,这是 CFD—DEM 耦合数值模拟的最高水平和突出贡献,下一步他将采用这一成果完善其商业软件 EDEM。该研究成果还得到了喷动床的创始人和国际权威 N. Epstein 教授的认可。

例 6:2009 年全国优秀博士学位论文获得者武汉大学钟燕飞的博士学位论文"遥感影像处理中的人工免疫系统理论及其应用方法研究",利用人工免疫系统自学习、自组织、自记忆的优点,发展了非监督人工免疫分类器、监督免疫分类法,为遥感影像智能化处理开辟了一条新途径。

例 7:全国优秀博士学位论文获得者中国矿业大学刘炯天的博士学位论文"旋流静态微泡浮选柱及洁净煤制备研究",将独到的研究方法和思路与洁净煤技术与洗选煤现场的生产实际紧密结合,不断深入钻研,从而焕发出了强大的生命力,取得了显著的社会效益和经济效益,引起了国内外同行的关注。

例 8:2004 年全国优秀博士学位论文获得者中国协和医科大学张晓海的博士学位论文"遗传性乳光牙本质致病基因的鉴定和 Dspp 基因敲除小鼠的建立",该学位论文在国际上首次发现 Dspp 基因的突变可以导致遗传性乳光牙本质。同时还进行了基因敲除小鼠建立的工作,已获得了嵌合小鼠。这些实验结果为研究遗传性乳光牙本质的发病机理、诊断及治疗提供了基础，具有重要的理论研究价值和实用意义。

例9：2003年全国优秀博士学位论文获得者昆明理工大学郭忠诚的博士学位论文“电沉积RE-Ni-W-P-SiC复合材料的基础理论研究及应用”，该学位论文对复合镀层中Ni_3P和Ni_3C的形成作出了热力学的解释；在Ni-W-SiC复合镀层中引入稀土元素，并深入研究了稀土对复合材料镀层组织、结构与性能的影响规律，从理论上阐述了稀土元素的作用机理以及不溶性固体颗粒与合金共沉积的机理；开发出了制备五元素多功能复合材料镀层RE-Ni-W-P-SiC的工艺与成套设备，用该工艺加工的零部件在工业生产中应用后，使其寿命接近或超过进口件，达到了国际先进水平，该项目在工业中的应用可替代传统的镀硬铬工艺，从而显著降低环境污染。

此外，还有很多学位论文虽未被选入全国优秀博士学位论文，但其研究内容也广受人们的关注。如北京大学王书峰的博士学位论文“美国退役军人教育资助政策形成与变迁研究”获得第四届中国高等教育学会高等教育学优秀博士学位论文，教育部、财政部、民政部有关领导先后调阅了该学位论文，认为对改革完善中国退役军人安置制度有重要借鉴价值。2009年3月9日，《解放军报》在“两会”期间用一个整版的版面对退役军人教育资助政策进行了宣传。目前，我国的退役军人教育资助政策相关论证工作已经开始。又如清华大学王训的博士学位论文“过渡金属氧化物一维纳米结构液相合成、表征及性能研究”荣获国际纯粹及应用化学联合会（IUPAC）2005年度国际化学学科最优秀博士学位论文奖。

2 国外学位论文收藏与服务及机构举要

现代学位制度起源于德国,兴旺于欧洲,鼎盛于美国。伴随着现代学位制度的发展与完善,学位制度的产物——学位论文的收藏与利用也经历了从纸质、缩微到电子化的发展历程。众所周知,学位论文富有较高的学术研究价值和使用价值,世界各国的信息机构都非常重视学位论文的收藏与利用。随着互联网的蓬勃发展,学位论文电子化、网络化已成为国际上的热门课题。目前,世界上一些发达国家的图书馆及相关信息机构的学位论文资源建设与服务方兴未艾,竞相建立了学位论文全文数据库,推出了学位论文在线服务门户,有效地扩大了学位论文的传播与利用。

他山之石,可以攻玉。为了全面了解与借鉴发达国家学位论文资源建设与管理的先进经验,本章通过文献调研与网络搜索以及电子邮件咨询等方式,分别对加拿大国家图书馆、美国国会图书馆、英国国家图书馆、德国国家图书馆、俄罗斯国立图书馆、日本国立国会图书馆以及法国、韩国、巴西、大洋洲、欧洲等国家与地区学位论文资源建设进行了系统考察与分析,介绍了全球性的学位论文数据库——博士与硕士学位论文数字图书馆网络(NDLTD)与 ProQuest 学位论文数据库(PQDT)建设与服务模式,以期为开拓和深化我国学位论文资源建设与服务提供借鉴。

2.1 加拿大国家图书馆

在加拿大,学位论文除了各高等院校自主收藏以外,还通过联盟的形式提交给加拿大国家图书馆暨加拿大国家图书档案馆(Library and Archives Canada,简称 LAC)[①]统一收藏。在《加拿大国家图书档案馆法》(Library and Archives of Canada Act)中没有规定大学必须将其产出的学位论文提交给加拿大国家图书馆,加拿大国家图书馆学位论文的收藏与服务是通过不断实施与推进加拿大学位论文国家计划(项目)得以实现的。

---

① LAC 由加拿大国家图书馆与国家档案馆于 2004 年合并而成。

为了充分发挥加拿大学位论文的学术研究价值与使用价值，让研究人员方便地阅读学位论文，应加拿大一些研究生院院长的要求，加拿大国家图书馆于1965年正式启动了"加拿大学位论文缩微服务计划"（Canadian Theses on Microfiche Service Program），这一项目旨在采集加拿大高等院校产出的学位论文（主要是博士、硕士学位论文）并制作成缩微品以便保存与流通；1986年，项目更名为"加拿大学位论文服务"（Canadian Theses Service）；2003年4月1日，其名称变为"加拿大学位论文"（Theses Canada，简称TC）。在此进程中，加拿大国家图书馆设立了专门机构负责学位论文国家计划（项目）的推动与实施。为适应以及推动电子环境下学位论文的采集，加拿大国家图书馆于2000年年底成立了加拿大学位论文咨询委员会（TC Advisory Committee），该委员会又于2002年10月下设了技术小组委员会，负责为加拿大学位论文项目提供诸如标准、格式、技术之类的建议，包括电子学位论文的创建、提交、传播和使用的格式，元数据与储存的技术标准等。这些机构为"加拿大学位论文"国家计划（项目）的实施提供了组织与技术保障。

参加"加拿大学位论文"的高等院校必须是加拿大大学与学院协会（Association of Universities and Colleges of Canada，简称AUCC）的成员。尽管参加此项目的大学都是自愿的，但是其数量一直在持续增长，从最初只有20多家高等院校向国家图书馆提交学位论文，到目前已有68家高等院校加入这一国家计划（项目）。

自2002年起，加拿大国家图书馆启动了电子学位论文计划并开始着手建立加拿大学位论文门户Theses Canada，目标是最大限度地为读者免费提供电子学位论文的服务，使Theses Canada成为查询加拿大学位论文的国际知名资源库。截至2011年，加拿大国家图书馆共收藏有学位论文缩微平片约319 000件（其中85 000件进行了数字化处理），（原生）电子版学位论文约70 000份。[①]

2.1.1 学位论文的收藏

根据加拿大国家图书馆的收藏规则，学位论文属于优先接收的重要文献。加拿大国家图书馆设立专门机构（加拿大学位论文办公室）负责接收各大学送交的博士、硕士学位论文。2003年以前，加拿大国家图书馆采集学位论文的纸质拷贝并制作成缩微平片，再将纸质拷贝返还相关高校，对缩微型拷贝进行收藏并提供读者服务。当时凡参加"加拿大学位论文缩微服务计划"的大学针对本校研究生向

① 数据由加拿大学位论文办公室Sharon Reeves提供。

国家图书馆提交学位论文都做了明确规定，例如：滑铁卢大学（University of Waterloo）规定，博士研究生需要提交三册未装订的学位论文，其中一册必须是单面打印，以便将该册学位论文做成缩微平片提交给加拿大国家图书馆。从2003年开始，根据新的学位论文国家计划，加拿大国家图书馆开始采集电子学位论文，主要通过以下两种方式：一种是通过与ProQuest公司签订的学位论文数字化合同，由ProQuest公司将高校提交的纸质论文进行数字化，然后以PDF格式发送至加拿大国家图书馆；二是高等院校通过自建系统完成电子学位论文（ETD）的本地提交，再接受加拿大国家图书馆的数据收割。目前，采用第二种方式收藏的学位论文占加拿大国家图书馆每年入藏量的85%。加拿大学位论文办公室（The Theses Canada Office）鼓励各高等院校实现学位论文的电子提交，并给予多方面的支持。

2.1.2 学位论文的编目

加拿大学位论文办公室将各大学缴送的博士、硕士学位论文的缩微平片和电子版学位论文清点验收后，送交编目部门进行编目加工。[①] 学位论文编目采用的标准为AACR2和MARC21，书目记录相对简化，没有主题标目与分类号，但是提供学位论文关键词和摘要，同时还提供规范的名称标目。目前，所有学位论文的书目记录均发布在加拿大国家书目联机检索系统Amicus[②]及加拿大学位论文门户网站（Theses Canada）上，供读者检索。

2.1.3 学位论文的版权与使用授权

根据《加拿大版权法》相关条款规定，学位论文的作者作为版权的持有者，具有对其著作的出版、复制等使用行为唯一的授权权限。

基于此，加拿大国家图书馆与学位论文的作者签署非排他性授权许可协议以获得对学位论文的使用。协议中学位论文作者授权加拿大国家图书馆对他们的学位论文进行复制、出版、存储与公开传播等操作，但是学位论文的版权继续归作者持有。[③]

2.1.4 学位论文的服务

加拿大国家图书馆提供的学位论文服务主要有查询、借阅。查询服务：通过加

---

① 电子版学位论文的编目即元数据的制作由提交方完成。

② http://amicus.collectionscanada.gc.ca/aaweb/aalogine.htm

③ http://www.collectionscanada.gc.ca/thesescanada/027007-3100-e.html

拿大国家图书馆主页或者加拿大学位论文门户，均可查到学位论文书目信息，同时可浏览、下载电子版学位论文全文。借阅服务：国内外读者可以通过本地图书馆向加拿大国家图书馆提出馆际互借请求，加拿大国家图书馆可将学位论文出借给世界上任何图书馆的用户。

加拿大国家图书馆收藏的学位论文，无论是缩微形式还是电子形式，均受到读者青睐。对加拿大国家图书馆问卷调查显示，截至 2010 年，馆藏学位论文的缩微平片的借阅大约占加拿大国家图书馆馆际互借请求数量的 18%，而电子学位论文三个月内的下载次数就已达2 854 509次。①

此外，如果读者想购买一份学位论文复制品（纸质、缩微或电子版），可以联系加拿大国家图书馆的服务商 ProQuest 公司进行订购。

2.1.5 学位论文全文数据库

加拿大国家图书馆从 2003 年起开始接收 ProQuest 公司进行数字化处理的学位论文，并于 2005 年基于 OAI-PMH 协议正式从高等院校收割电子学位论文数据，一个国家级学位论文全文数据库就此落成。虽然目前仍有高校通过 ProQuest 公司提交论文，更多的高校则是选择创建 ETD 机构库进而接受加拿大国家图书馆的数据收割。数据收割的对象是 ETD 元数据与单文档的 PDF 全文，其中元数据的格式采用 NDLTD 的 ETD-MS，经国家图书馆收割后自动转换为 MARC 21 并发布至 Amicus 系统与 Theses Canada 门户。

Theses Canada 门户于 2004 年 1 月正式启动，通过这个网站不仅可以查阅加拿大国家图书馆的馆藏学位论文书目记录，还可以检索到学位论文全文数据库收录的 1998 年以来的电子学位论文全文，用户无需注册即可免费下载全文。

Theses Canada 门户提供英文和法文两种文字检索，特别是其搜索界面十分友好，用户查找目标论文简洁方便。该网站的搜索界面提供两种检索形式，即一般检索和高级检索。一般检索和高级检索都可以查询书目记录并提供学位论文的全文免费下载服务（PDF 格式）。一般检索提供题名、作者名称、摘要和关键词检索，还提供 Amicus 号码和 ISBN 号（对已出版的学位论文）检索。高级检索提供的检索方式更加广泛，除包含一般检索的所有检索途径外，还可以从学位授予类型和学位授予单位进行检索。高级检索的检索限制更加精确和严格，在高级检索中使用关键词检索时，用户可以使用“与”“或”“非”集合来连接三个关键词字段，也可以限制

---

① 数据由加拿大国家图书馆提供。

学位授予日期、年代和语言。

此外,该门户还提供内容丰富的链接。除了提供与加拿大国家政府网站、加拿大大学与学院协会(AUCC)、加拿大研究生院协会(CAGS)、加拿大研究图书馆协会(CARL)、加拿大知识产权局(CIPO)的链接外,还提供多个国内外学位论文数据库的链接,使用户可以方便地查找其他国家和地区的学位论文。

2.1.6 “加拿大学位论文”门户(Theses Canada)展示

服务体系:集中式共享

主要功能展示(以英文界面为示例):

书目及全文数据查询

设置检索款目(以高级检索为例)

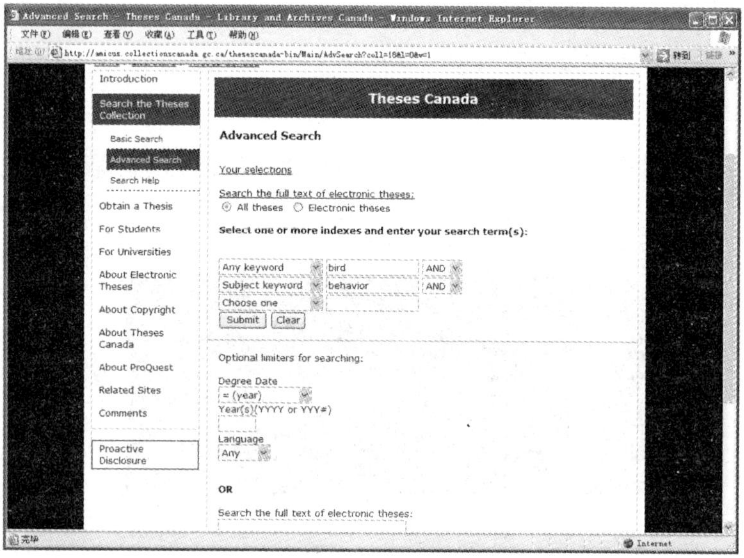

检索结果列表

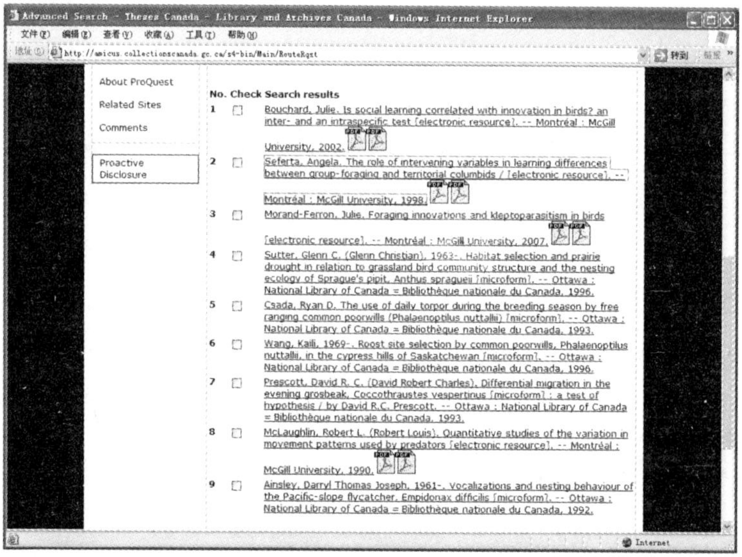

访问目标数据(点击 E-Locations 即可获取 PDF 全文)

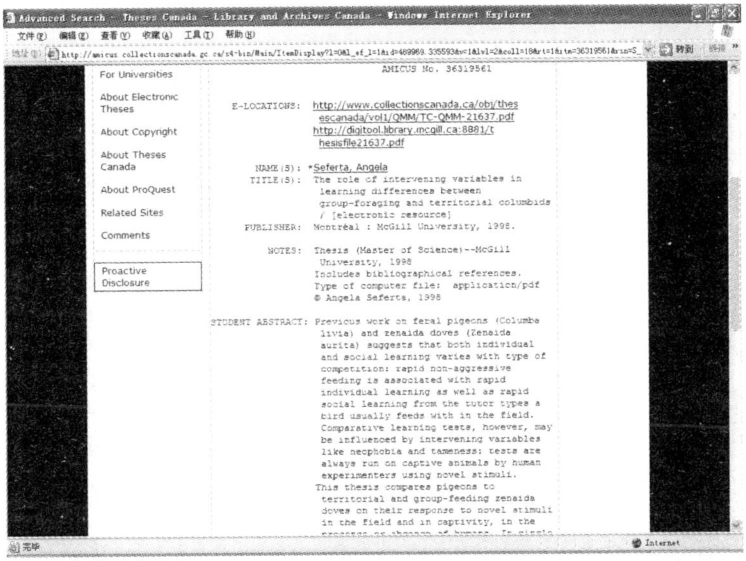

“加拿大学位论文”(Theses Canada)的信息提供与相关指导

研究生须知(授权许可协议、学位论文提交指南等)

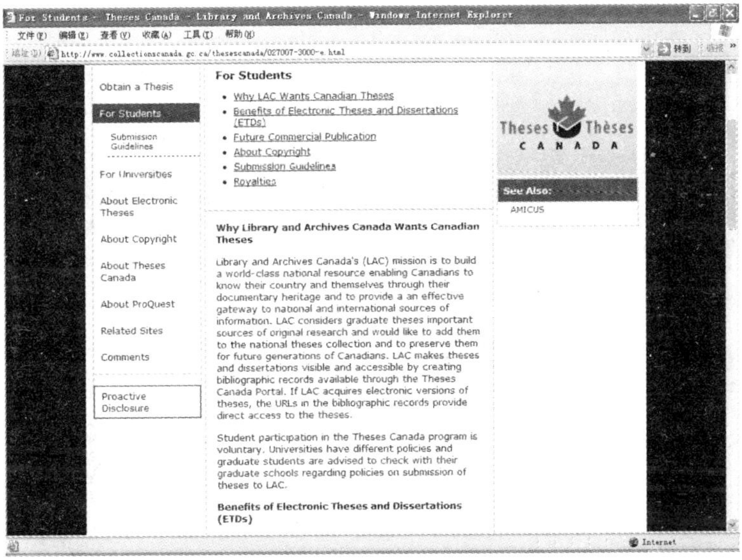

院校须知(经由 ProQuest 公司提交纸质与电子学位论文的方式及注意事项等)

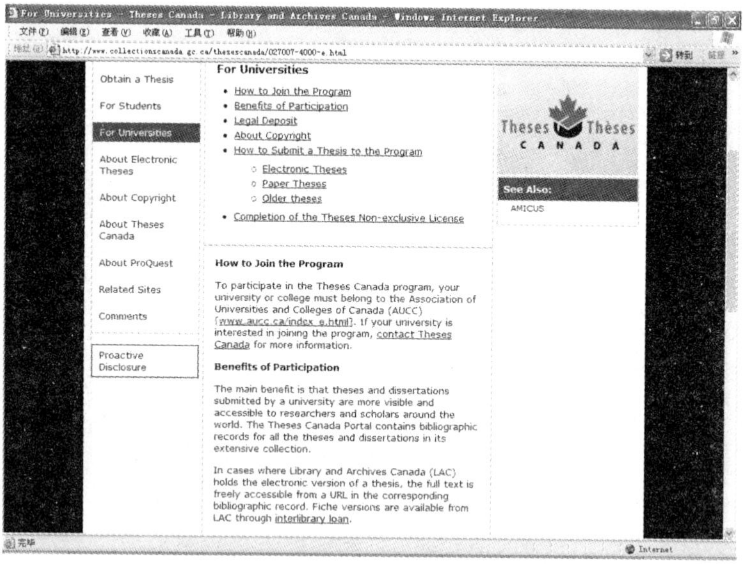

Theses Canada 电子学位论文提交与收割计划

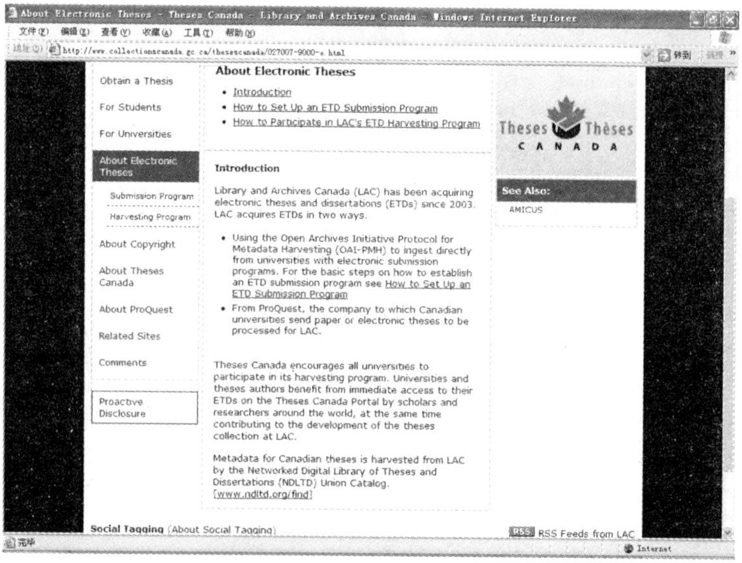

与相关系统、机构的链接

与加拿大全国书目检索系统(Amicus)的链接

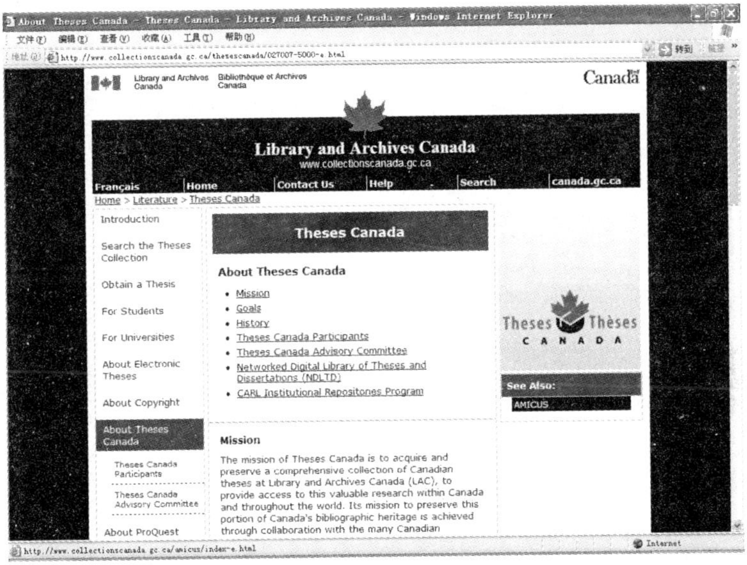

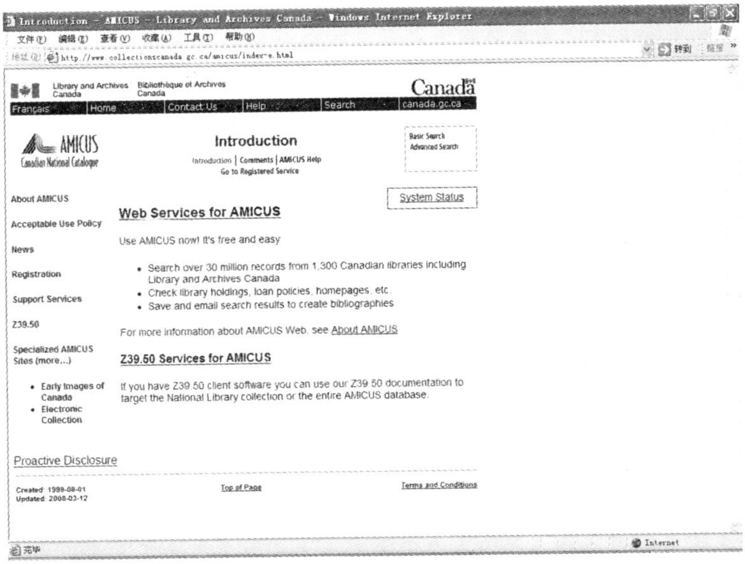

与其他相关协会、机构及学术资源库的链接（加拿大大学与学院协会（AUCC）、加拿大知识产权办公室、NDLTD 等）

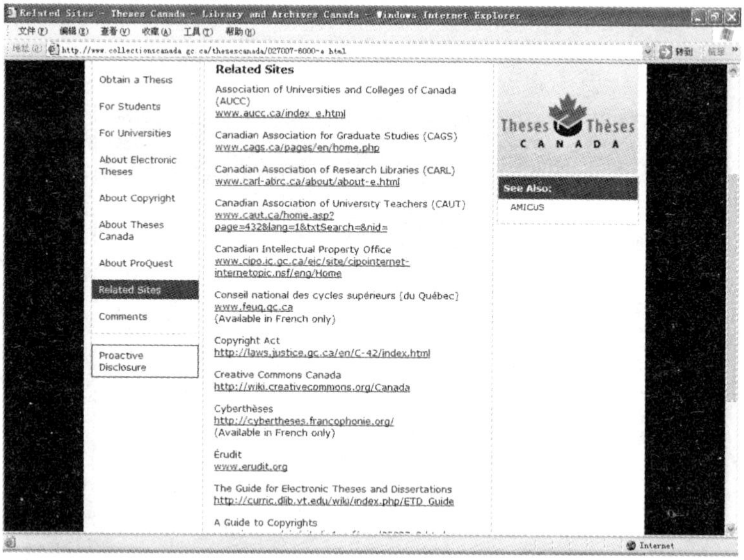

2.2 美国国会图书馆

美国国会图书馆（Library of Congress，简称 LC）是目前世界上最大的综合性、研究型图书馆，是美国博士学位论文（除临床医学和农学类的学位论文外）的唯一收藏与保存机构，目前有超过 175 万件学位论文的缩微品收藏于该馆。为了丰富馆藏资源与提升读者服务，美国国会图书馆通过 ProQuest 公司（原 UMI 公司）创建的电子学位论文数据库（ProQuest Digital Dissertations，简称 PQDD）提供学位论文的在线访问与浏览，目前该数据库已升级为 ProQuest Dissertations & Theses，即 PQDT。

2.2.1 学位论文的收藏

美国国会图书馆自 20 世纪 30 年代中期就开始全面收藏美国所有大学产出的博士学位论文，①并优先以缩微胶卷或缩微平片的形式保存（此前是收藏装订好的学位论文纸质文本）。美国国会图书馆还收藏具有较高学术研究价值的国外学位

① 临床医学学位论文与农学学位论文分别保存于国家医学图书馆（National Library of Medicine）与国家农业图书馆（National Agricultural Library）。

论文，特别是与美国的法律、政治、图书馆学、音乐、历史及文学等领域相关的学位论文。凡不属于国会图书馆收藏范围的学位论文均被转送到美国研究图书馆中心（Center for Research Libraries）保存。①

"美国国会图书馆收藏政策声明"（Library of Congress Collection Policy Statements）将学位论文的收藏等级定为最高等级——第五级（Level 5），②即综合性级别，这足以证明美国国会图书馆对于学位论文收藏与服务的重视程度。

1999 年美国国会图书馆通过 ProQues 公司获得了 PQDD 数据库。该数据库资源包括美国的博士学位论文、其他国家的博士学位论文以及博士学历以下的学位论文。该数据库不仅提供所有学位论文的书目索引，还提供 20 世纪 90 年代初以来学位论文的全文检索与浏览。

为了进一步完善学位论文的收藏与服务，美国国会图书馆制定了未来学位论文资源建设目标：一是定期审视美国博士学位论文缩微品的收藏状况，使该馆的馆藏政策与相关技术的发展要求保持同步，以确保这一特藏的持久性；二是增强 PQDD 的搜索功能，并继续提供学位论文前 24 页的网络预览服务，以及 1997 年以来所授予的学位论文的电子版全文获取服务。鉴于 1997 年以前的学位论文通常没有电子版，PQDD 对 1997 年之前收集的学位论文进行了数字化处理。

2.2.2　学位论文的编目

美国国会图书馆使用机读目录格式 MARC21 对学位论文进行编目，502 字段是学位论文编目的专用字段，相当于 CNMARC 所用 328 字段。美国国会图书馆采用 MARC21 简明版描述 502 字段，下为一例博士学位论文书目数据：

---

① http://www.loc.gov/acq/devpol/theses.pdf

② 美国国会图书馆使用研究图书馆集团（Research Libraries Group）开发的统一评价研究型图书馆馆藏的分类标准，用以界定国会图书馆的收藏范围。收藏等级由低到高分别是：0 级不在收藏范围（Out-of-Scope）、1 级最低级别（Minimal Level）、2 级基本信息级别（Basic Information Level）、3 级教学支持级别（Instructional Support Level）、4 级研究级别（Research Level）、5 级综合性级别（Comprehensive Level）。第 5 级的收藏范围是在一个必然有界限的领域内尽可能地收藏所有记录知识的、包含所有适用语言的重要作品。参见 http://www.loc.gov/acq/devpol/cpc.html。

100	1#	$ aHu,Tingshu.	主要款目—个人名称
245	10	$ aAnalysis and design of control systems with saturating actuators $ h[microform] / $ cTingshu Hu.	题名说明
260	##	$ aAnn Arbor,Mich. : $ bUMI, $ c2001.	出版发行项
300	##	$ a3 microfiches.	载体形态项
502	##	$ aThesis (Ph. D.) - - University of Virginia,2001.	学位论文附注
650	#4	$ aEngineering,Electronics and Electrical.	主题附加款目—主题标目
700	1#	$ aLin,Zongli, $ eadvisor.	附加款目—个人名称
710	2#	$ aUniversity of Virginia.	附加款目—团体名称

美国国会图书馆目前正考虑采用一种全新的机读目录格式取代 MARC21,可能会对 502 字段带来一些影响。

2.2.3 学位论文的版权与使用授权

1999 年 1 月 22 日美国国会图书馆及下设的美国版权办公室(U. S. Copyright Office)与 ProQuest 公司(当时名为 UMI 公司)签署了从事电子版权登记与存放学位论文的协议。① 协议指定 ProQuest 公司开发的 PQDD 数据库作为美国国会图书馆的官方异地学位论文存储库,用于以电子形式存储自 1997 年以来超过100 000份的学位论文以及未来产出的学位论文。该协议的建立是基于 ProQuest 公司与美国国会图书馆形成的长期合作伙伴关系,20 世纪 30 年代晚期 UMI 公司即开始在美国版权办公室进行学位论文(纸质文本与缩微品)注册登记。

ProQuest 公司使用美国版权办公室开发的 CORDS 系统(Copyright Office Electronic Registration,Recordation,and Deposit System)完成学位论文的电子登记、记录与缴送,随后存入 PQDD 数据库实现学位论文在线服务。美国版权办公室为公司提供使用 CORDS 系统所需的软件和技术援助。自 2006 年后,CORDS 系统由 eCO 电子版权在线系统(eCO Online System)所替代。

ProQuest 公司通过与美国大学、学位论文作者签订协议,取得了学位论文开发利用的授权许可。美国大学为避免学位论文使用中的版权纠纷,通常情况下以学生签订学位论文的非排他性授权许可协议书作为授予学位的先决条件。例如,耶

① http://www.loc.gov/today/pr/1999/99-007.html

鲁大学研究生院希望博士学位论文能够被学术界获取,因此耶鲁大学的学位论文都会交由 ProQuest 公司出版,并要求学生在提交学位论文时必须填写 ProQuest 公司提供的出版协议,美国其他大学的情况基本如此。① ProQuest 公司提供的学位论文使用授权书,强调学位论文作者继续享有作品的著作权,但该公司享有对学位论文的非排他性版权许可,对学位论文现在和将来的版本进行合理开发,供学术研究之用。②

ProQuest 公司作为学位论文作者的出版商与版权代理商,以作者的名义向美国版权办公室提交学位论文登记注册的申请,缴纳登记费用,提供注册登记的学位论文副本或复印件,并向作者寄送由美国版权办公室颁发的授权证书。③ 通过 ProQuest 公司在美国版权办公室进行版权登记,学位论文作者只需缴纳 55 美元,就可获得因侵权造成的法定损害赔偿和律师费。基于《美国版权法》第 17 章第 504 条之规定,完成学位论文版权登记的作者因每次侵权行为获得的赔偿金额在 750 美元至15 000美元之间,附加律师费。

ProQuest 公司通过在美国版权办公室为学位论文进行注册登记,顺利地解决了在知识产权限制范围内开发利用学位论文的版权问题,也为美国国会图书馆学位论文的收藏与服务提供了法律保证。

从美国国会图书馆解决学位论文版权的过程来看,有以下特色:其一,美国国会图书馆委托一个公司对学位论文进行版权登记、提交、出版、保存、传播等工作,从而获得学位论文并提供服务;其二,学位论文进行版权登记后,可视同为正式出版物,学位论文不存在未发表须特殊对待之忧;其三,第三方开发机构直接与作者签署出版协议,获得授权许可;其四,美国国会图书馆学位论文的收藏与服务形成了作者及大学、公司、美国国会图书馆三位一体的合作关系,各负其责,上下游关系顺畅。由于美国的版权法律健全,规章制度完善,执行力度较大,规则意识深厚,因此能够顺利保证学位论文资源的利益相关方遵守协议,履行约定。

2.2.4 学位论文的服务

美国国会图书馆为用户提供的学位论文服务包括:(1)在美国国会图书馆的

---

① http://www.yale.edu/graduateschool/academics/forms/dissertationChecklist.pdf

② 授权书主要内容:"要求使用权限扩展至'我'的学位论文未来的任何版本、版次,包括所有语种的非排他性全球授权,以及'我'的学位论文未来经由 ProQuest 公司下属的 UMI ® Dissertation Publishing 发行的正式出版物。ProQuest 公司可按需制作、销售'我'的学位论文副本,可以应'我'的要求提供'我'的学位论文的免费在线下载。"参见 http://www.proquest.com/assets/downloads/products/UMI_CopyrightGuide.pdf。

③ http://www.proquest.com/en-US/products/dissertations/submitted_authors.shtml

缩微文献阅览室(Microform Reading Room)可阅览自20世纪40年代以来美国产出的博士学位论文的缩微胶卷或缩微平片;(2)在美国国会图书馆的计算机终端上查询1997年以来的博士学位论文全文;(3)以书籍形式出版的学位论文可以在国会图书馆的卡片目录和联机目录上获取书目信息,若在目录中查找未果,读者可以联系国会图书馆参考咨询馆员予以解决。

美国国会图书馆提供三个学位论文索引途径,一个是通过工具书,另外两个是可订阅的数据库。工具书是《学位论文摘要》(*Dissertation Abstracts*),数据库是国际学位论文数据库(PQDT)和在线学位论文摘要数据库(Dissertation Abstracts Online)。两大数据库覆盖的内容基本相同,用户可以通过主题词和关键词检索1980年以来的博士学位论文摘要,其中只有PQDT数据库可以提供学位论文的全文检索。

综上所述,美国国会图书馆对于学位论文资源的收藏与利用给予了我们如下两点启示:一是第三方开发机构对学位论文资源的收藏与服务发挥了不可替代的作用。ProQuest公司作为美国学位论文的第三方开发机构,处理了学位论文的提交、出版、保存、传播及版权处理等事宜,极大地方便了美国国会图书馆学位论文的收藏与服务,降低了相关工作人员的工作难度。美国国会图书馆通过与ProQuest公司的协议就能轻松获得绝大部分美国学位论文资源。ProQuest公司作为中间纽带,在资源提供者美国大学及作者和资源获取者美国国会图书馆之间打通关节,既保证了商业利益,也为更好地将学位论文资源用于开展公益性服务作出了贡献。二是完善的学位论文版权管理体制促进了学位论文的广泛传播。美国国会图书馆下设的美国版权办公室负责处理美国所有与版权法相关的事宜,也包括学位论文资源。这一机构设置在美国国会图书馆,保证了法定缴送的权威性和及时性,为美国国会图书馆全面保存国家文化遗产作出了重大贡献。

2.3 英国国家图书馆

英国国家图书馆,又称不列颠图书馆(British Library),其学位论文收藏历史悠久,最早可以追溯到1716年,但是大规模、系统收藏英国博士学位论文是从20世纪70年代初开始。近300年来,英国国家图书馆学位论文的收藏与服务经历了从纸质与缩微学位论文时代到电子学位论文时代的演变,如今英国国家图书馆已经跨入电子学位论文在线收藏与服务的新时代。

2.3.1 学位论文的收藏

英国国家图书馆从1971年起开始系统采集英国博士学位论文(本科和硕士学位论文一般不予收藏)。由于没有学位论文法定缴存制度,最初仅有两家大学向英国国家图书馆缴送博士学位论文进行缩微复制,后逐步扩展到上百所大学,几乎囊括了英国所有大学。随着计算机网络的普及,英国国家图书馆逐步从采集学位论文的纸质文本与缩微品转向采集学位论文的电子版本。

此外,英国国家图书馆入藏了大量早期欧洲地区的博士学位论文,如公元1593—1746年间荷兰莱顿大学的医学博士论文。英国国家图书馆文献提供中心(British Library Document Supply Centre,简称BLDSC)①除按需要采购由ProQuest公司提供的美国、加拿大各高校博士学位论文的缩微平片(胶卷)外,②也入藏了早期欧洲及北美地区的博士学位论文,年代范围从公元1590年至1952年。

2.3.2 学位论文的编目

2008年12月31日以前,英国国家图书馆采用UKMARC格式对学位论文进行编目,从2009年起改用MARC21格式。为了支持其他使用UKMARC的用户,英国国家图书馆通过USEMARCON③ 软件将UKMARC格式向MARC21格式转换。学位论文书目数据主要字段有:主要款目(个人名称)、题名说明、出版发行项(学位授予单位名称)、载体形态、附注及主题标目。其中502字段为学位论文附注字段,包括:$b学位授予类型、$c学位授予机构名称、$d学位授予年、$g其他信息、$o论文标识符等子字段。

英国国家图书馆为了方便读者使用,还编制了学位论文索引工具书,即《大不列颠和爱尔兰学位论文回溯索引1716—1950》(*Retrospective Index to Theses of Great Britain and Ireland* 1716—1950)和《不列颠图书馆和伦敦大学学位论文收藏索引(1971—1987)》(*The BRITS Index: An Index to the British Theses Collections* (1971—1987))。

---

① 目前已更名为BLDSS(British Library Document Supply Service)。

② 此类采购业务已于2001年9月1日停止。

③ USEMARCON是"User Controlled Generic MARC Converter"(用户控制通用MARC转换器)简称,软件始于1995—1997年间欧盟资助的一个项目。软件除自带多种MARC格式转换外,还可以通过提供文本格式的转换规则表,自行增加需转换的MARC格式。

2.3.3 学位论文版权与使用授权

英国十分重视对学位论文资源的知识产权界定和作者权益保护，在学位论文收缴、发行、浏览和下载等方面有着完善的政策法规。英国版权法规定学位论文属于未发表作品，在对学位论文提供利用服务时，图书馆根据特定需求，因出借或保存的目的制作学位论文单份复制品，这一行为并未构成出版，这就为图书馆的复制服务提供了法律依据。

英国国家图书馆与博士学位论文的作者签订协议，从而允许其在需要时复制学位论文，并把它们出借或出售给个人或图书馆，英国国家图书馆提供的复制品与原作品一样受法律保护。英国国家图书馆向作者提供销售利润 10% 作为版税，每年支付一次。①

英国国家图书馆文献提供中心声明：依据《英国版权法》（Copyright, Designs and Patents Act 1988），除非版权所有者特殊授权，禁止公开发行学位论文的复制品。无适当说明，对学位论文的引用也不得出版。

英国国家图书馆在“电子学位论文在线服务系统”的建设中，要求参与合作的高等院校必须在研究生申请相应学位时签订学位论文非排他性许可授权协议，以获得学位论文作者的授权。

2.3.4 学位论文的服务

（1）英国本土博士学位论文

历史上，英国国家图书馆的学位论文阵地服务主要是博士学位论文缩微平片（胶卷）的馆内借阅。在文献提供方面，BLDSC 开展了三种类型的“英国学位论文服务”（British Thesis Service）：A 类是没有订购限制的学位论文传递服务，获取此类学位论文时无需提交“查阅学位论文声明表”（Thesis Declaration Form）。B 类是有一定订购限制的学位论文传递服务，若想获取此类学位论文的全文，需要提交上述声明表以示承认论文的版权所属并保证未经授权不在出版物中转引论文的内容。C 类是剑桥大学的学位论文外借服务。对于剑桥大学产出的学位论文，BLDSC 仅对注册用户提供外借服务，用户若想购买学位论文的复制品，可直接同剑桥大学图书馆联系。

当前，读者（用户）可通过 EThOS 系统对英国博士学位论文资源进行在线检

---

① 张学福. 我国国家博硕士电子学位论文全文服务研究[J]. 图书情报工作. 2005(11)

索、浏览、下载以及订购拷贝。

(2)北美地区博士学位论文

鉴于2001年9月BLDSC已停止美国、加拿大博士学位论文的文献提供服务,有需求的读者目前可在St Pancras馆舍人文阅览室的一层和二层终端设备上,通过互联网检索PQDT数据库中相关的论文资源。

(3)早期欧洲与北美地区博士学位论文

读者在咨询台进行相关查询后,如有需要,可通过St Pancras馆舍善本与音乐阅览室进行订购。

2.3.5 学位论文数据库建设

早在20世纪90年代中期,英国国家图书馆文献提供中心就委托Expert Information公司开发学位论文索引数据库(Index to Theses),收录1716年以来英国和爱尔兰产出的学位论文索引。截至2011年5月,通过该库可检索到560 442条学位论文的书目记录,其中327 942条载有学位论文摘要(网址:http://www.theses.com)。此外,该公司还按年度出版《学位论文索引》的印刷版。

2009年1月,英国国家图书馆建立了学位论文全文数据库,推出电子学位论文在线服务门户(Electronic Theses Online Service,简称EThOS),学位论文的采集、审核、发布与服务全部在线完成。EThOS旨在为世界各地的研究学者查询英国高等院校的学位论文提供一个很好的途径,支持高等院校从纸质学位论文向电子学位论文过渡,通过电子学位论文帮助英国高等院校扩大可利用的信息资源数量,展示英国学术研究水平,吸引更多的学生和学者到英国进行学术研究。

目前,英国有115家高校与科研院所作为成员参加了英国国家图书馆电子学位论文在线服务系统的共建共享,数据的采集有三个来源:一是成员对所收藏的纸质学位论文进行数字化后的上传;二是英国国家图书馆对所收藏的博士学位论文的缩微胶卷进行数字化后的上传;三是英国国家图书馆通过EThOS对成员机构库进行的元数据收割。从而将不同形式的电子学位论文整合在一个数据库中。迄今,EThOS可检索到的学位论文超过250 000种。其中许多学位论文可提供免费下载,部分未授权的学位论文则需要支付一定费用。如果需要下载EThOS学位论文全文,用户需要先注册个人账号,进行系统登记;如果是查询学位论文书目信息,则无需注册即可检索。此外,用户还可通过付费享受附加服务——电子学位论文纸质拷贝的印刷、装订以及CD/DVD光盘的制作等。

2.3.6 英国电子学位论文在线服务门户(EThOS)展示

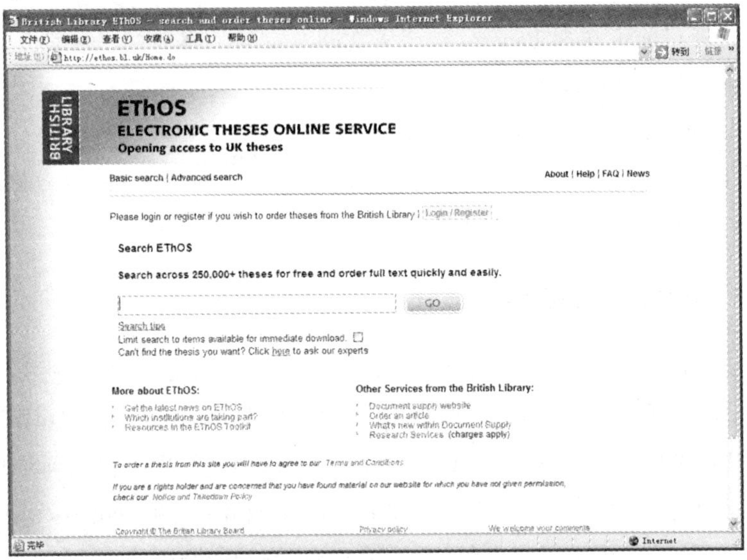

服务体系:集中/分布式共享

主要功能展示:

书目及全文数据查询(以初级检索为例)

输入检索词

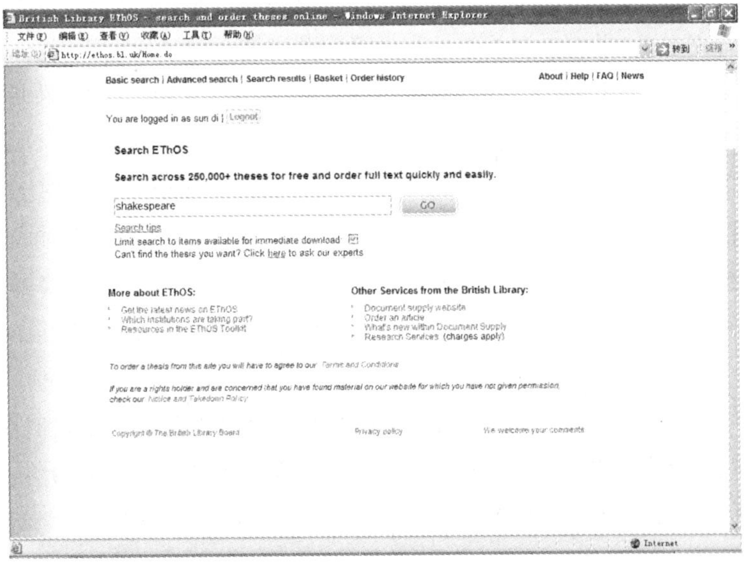

检索结果列表

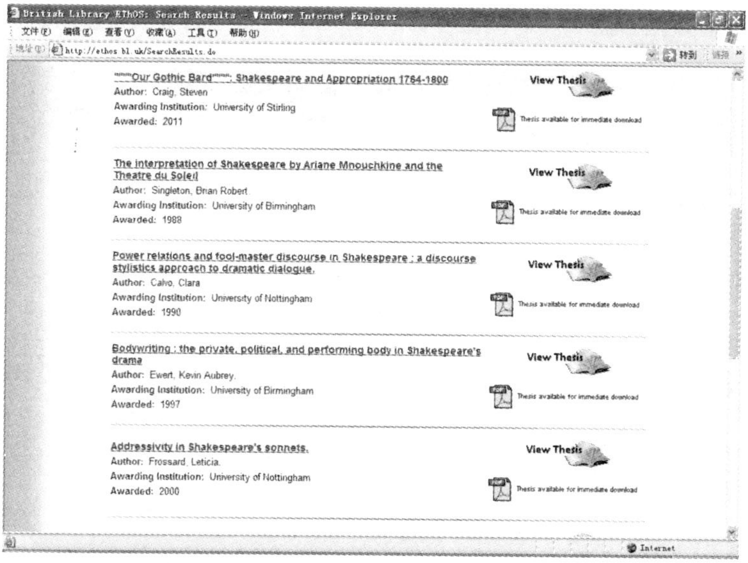

访问目标数据(点击 Original item url 可获取原始数据)

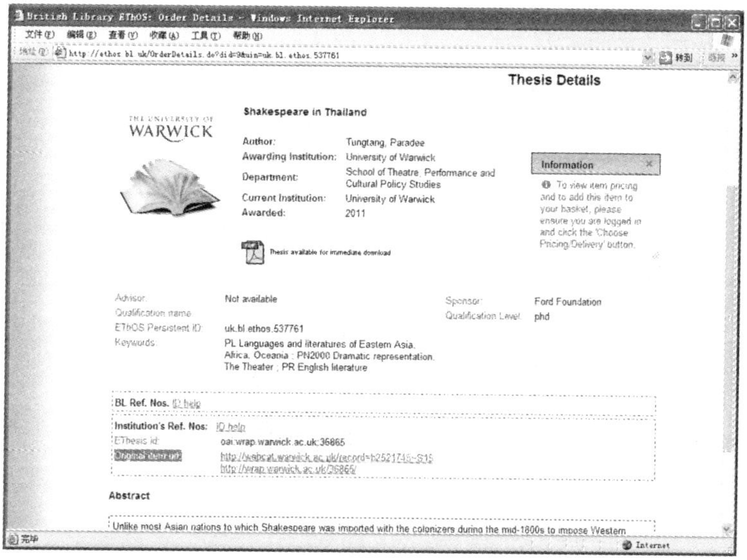

原始数据页面

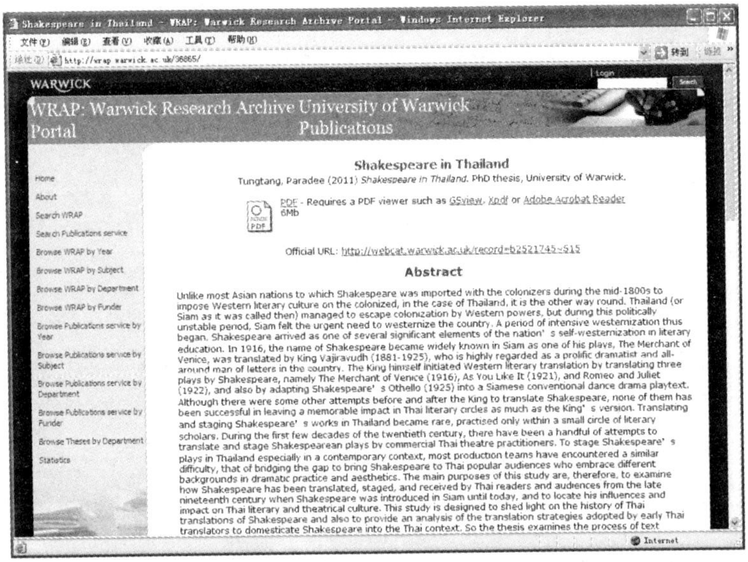

EThOS“工具集”——EThOS 项目的档案库

电子学位论文的兴起、发展及 EThOS 的一般性介绍

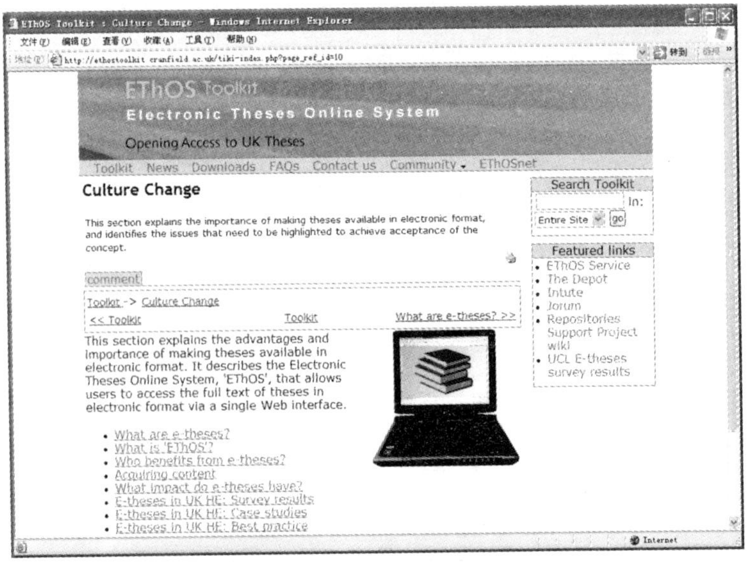

业务层面的要求，包括：学位论文的授权、呈缴，EThOS 项目的参与、执行模式以及相关技术标准

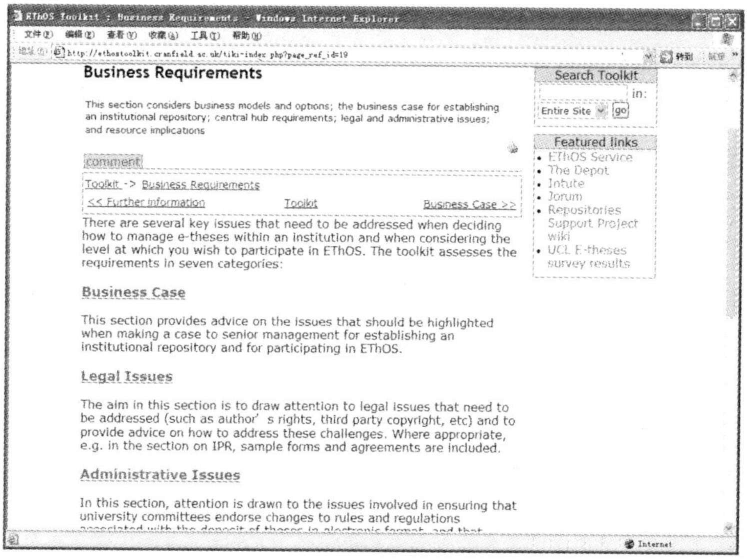

技术上的实现（机构资源库的使用与建立）

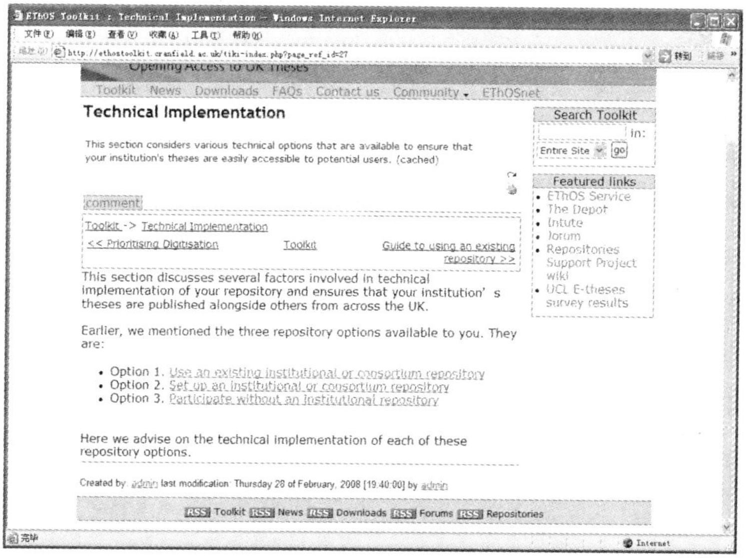

相关培训与指导

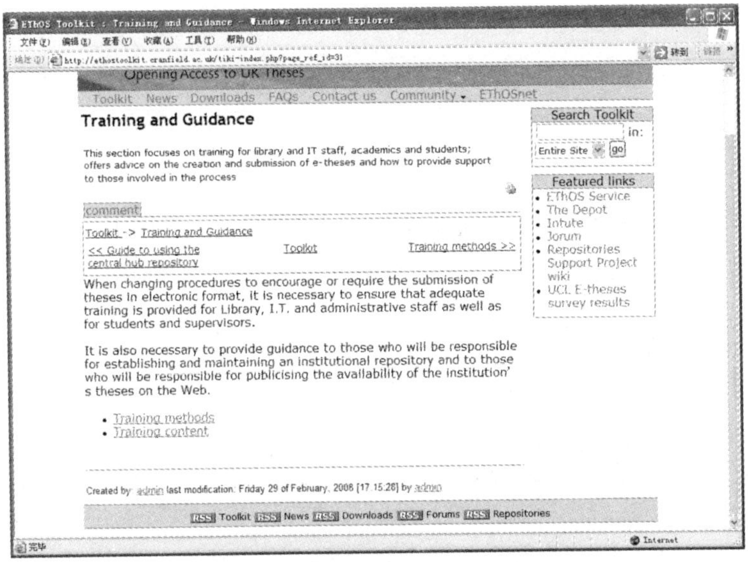

2.4 德国国家图书馆

众所周知，现代学位制度与研究生教育起源于德国。19 世纪初，伴随柏林洪堡大学第一批哲学博士的诞生，学位论文也由此产生。德国国家图书馆（Deutsche Nationalbibliothek，简称 DNB，由莱比锡国家图书馆、法兰克福国家图书馆和德国国家音乐档案馆组成）自 1912 年诞生之日①起就开始着手进行德国学位论文（同时涵盖以德语著述的海外学位论文）的采集、编目、存储与流通工作。相关统计显示，2006 年以前德国国家图书馆莱比锡馆区共收藏学位论文940 712篇，法兰克福馆区共收藏学位论文666 040篇。② 目前，1913 年以来所有的博士学位论文都可在德国国家图书馆进行检索。

2.4.1 学位论文的收藏

德国国家图书馆学位论文的采集得益于德国的学位授予制度与呈缴本制度。在德国，学位论文必须公开发表才能授予相应学位。德国大学承认以下方式为学

① 当时名为德国图书馆（Deutsche Bücherei），创建于莱比锡，是德国国家图书馆的前身。

② http://www.nlc.gov.cn/old/nav/nlibs/de1/num.htm

位论文公开发表的形式:由出版社出版;由图书馆制作成缩微胶卷;向学位候选人所在的大学图书馆、德国国家图书馆和其他图书馆缴送多份纸质学位论文(根据德国大学的要求,有的缴送数量多达50份以上)。而1969年《德国图书馆法》①及2006年《德国国家图书馆法》②的颁布赋予了国家图书馆对于出版物(包括网络电子出版物)的法定呈缴权利,进一步推动了其对于学位论文的收藏。

近些年,越来越多的学位候选人选择向大学图书馆提交电子版学位论文作为发表学位论文的形式。在提交电子版学位论文的同时,大学图书馆与学位论文作者签订呈缴协议并确认学位论文电子版与印刷版的一致性,随后,大学图书馆作为缴送方为德国国家图书馆传送学位论文及元数据。这有力地保障了德国国家图书馆开展全方位学位论文的采集工作,确保德国国家图书馆成为德国学位论文的收藏中心。

2.4.2 学位论文的编目

德国国家图书馆历来十分重视文献的编目工作,其出版的《德意志国家书目及德语国家出版物书目》(Deutsche Nationalbibliographie)具有悠久的历史,其中的H辑为学位论文书目介绍(月刊)。目前印刷版已停刊,于2010年开始在线发行PDF电子版,用户可借此即时获悉最新的学位论文发布情况,这也使得德国国家图书馆成为德国学位论文的宣传报道中心。

德国国家图书馆使用ALEPH系统制作学位论文书目记录,早期使用的机读目录格式是MAB(Maschinelles Austauschformat für Bibliotheken)。MAB从20世纪60年代末开始研发,1972年正式推出MAB1,1992年由MAB1发展为MAB2,从2001年起,德国国家图书馆开始讨论放弃MAB格式转而使用MARC21,并于2004年年底决定开始采用MARC21。③ 学位论文的书目记录主要包括题名说明、个人及团体名称、学位论文附注和主题词等。德国国家图书馆在主题标引中使用单一的主题标目,而非先组式主题词串的形式,所有的标目均来自其专有的主题规范档(Schlagwortnormdatei)。

2.4.3 学位论文全文数据库

早在1998年,德国国家图书馆就发起了电子学位论文的收藏活动,并启动了

---

① Gesetz über die Deutsche Bibliothek vom 31. M? rz 1969 (BGBl. I S. 265)

② Gesetz über die Deutsche Nationalbibliothek vom 22. Juni 2006 (BGBl. I S. 1338)

③ http://www.d-nb.de/eng/standardisierung/formate/marc21.htm

博士、硕士学位论文电子化项目(Dissertation Online)。该项目的目标是建立德国学位论文全文数据库,为此,德国国家图书馆专门成立了博士学位论文在线协调中心(Co-ordination Agency DissOnline),负责项目的推广与实施,全国有73家大学参加了该项目。此后,德国国家图书馆又发起了"建立博士及博士后学位论文在线协调中心"项目,旨在继续推动原有项目的发展与完善。在德国国家图书馆与大学的通力合作下,德国学位论文电子化的发展非常迅速。截止到2011年4月,德国国家图书馆已经收录了逾100 000篇电子版本博士学位论文,为全欧洲之最。①

参加学位论文在线项目的大学图书馆在接收电子版学位论文时,必须进行数字签名,以保证学位论文在系统中未经批准不能更改,确保学位论文正文的真实性;要完整保存学位论文的相关信息,如:摘要、关键词(德语和英语)、PDF格式文本等,所有数据均要存档;还要收集作者的相关资料,为作者提供建档、打印、装订学位论文等服务;最后,再向德国国家图书馆发送学位论文元数据和电子版学位论文全文。

德国国家图书馆除通过专门的网页②接收各大学产出的电子学位论文及元数据外,还通过OAI-PMH收割或访问缴送方FTP地址的方式实现数据的采集。德国国家图书馆在整合其他图书馆上传的学位论文时,首先利用元数据析出软件将其转变成德国国家图书馆数据库的格式(在德国电子学位论文发展过程中,德国国家图书馆先后采用了两种元数据格式:基于HTML的MetaDiss和基于XML的XMetaDiss。并从2010年开始考虑使用XMetaDissPlus③),然后在大学网站上利用计算机程序检查学位论文正文是否存在,最后工作人员利用专门的代码,确认存储过程中德国国家图书馆的电子版学位论文正文没有更改,方能存入学位论文全文数据库,并在互联网上提供学位论文服务。学位论文数据库提供每篇学位论文的元数据(包括主题词、统一资源定位符等)和PDF文本。

德国国家图书馆将电子版学位论文存入学位论文全文数据总库,并将学位论文纳入德国的国家书目之中,保证了学位论文资源的长期保存与利用。用户目前可分别通过德国国家图书馆OPAC系统(https://portal.dnb.de)以及学位论文在线门户DissOnline进行相关查询。

---

① http://dl.cs.uct.ac.za/conferences/etd2011/papers/etd2011_ackermann.pdf

② http://www.d-nb.de/netzpub/ablief/pdf/np_mono_noten_hss_ausf.pdf

③ XMetaDissPlus为一类XMetaDiss兼容式元数据,除能描述电子学位论文外,还可兼顾多种高校电子出版 物,如,期刊、书籍、学术文章、论文合集、图集等。

2.4.4 “德国学位论文在线”门户(DissOnline)展示

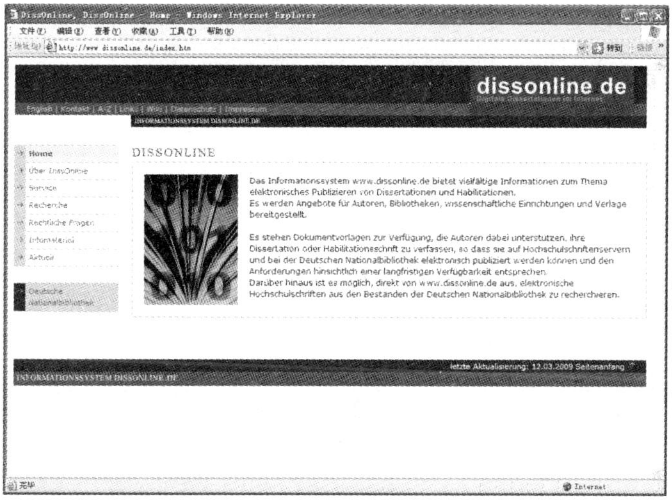

服务体系:集中/分布式共享

主要功能展示(以英文界面为示例):

针对性服务

面向学位论文作者(提交学位论文的文本格式、出版协议、学位论文管理条例等)

面向学校图书馆及出版商(提交学位论文的元数据格式、文档上传、存储所需技术与软件及工作流程)

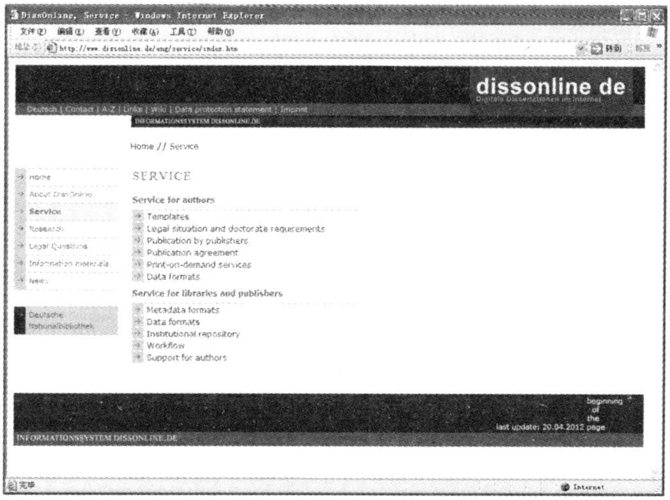

学位论文出版相关的法律问题介绍

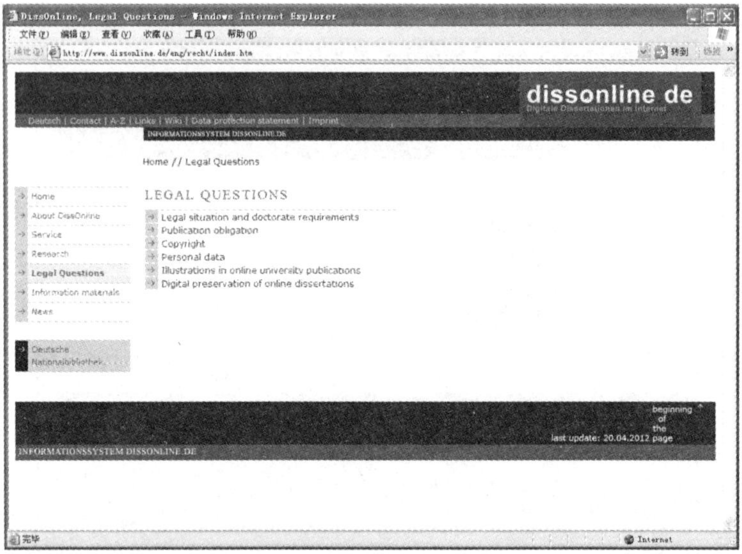

“学位论文在线”项目的相关资料、信息

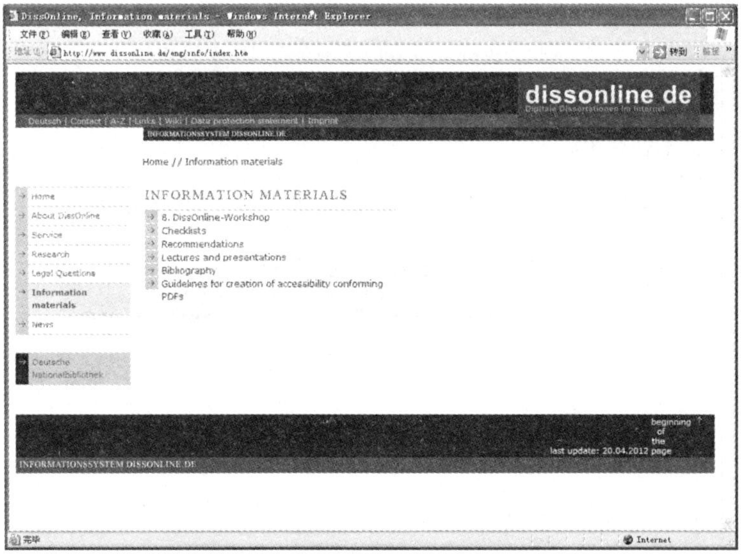

“学位论文在线”项目的相关动态

与德国国家图书馆、电子学位论文标准制定相关的机构、其他电子学位论文门户及其服务商的链接

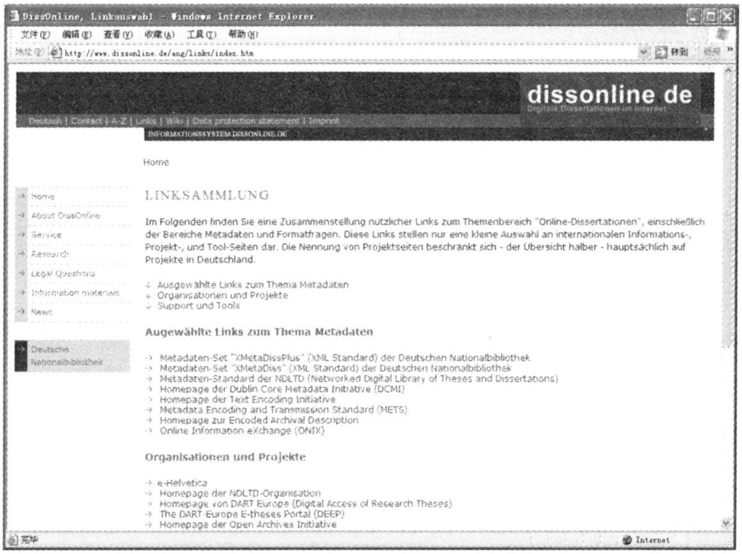

书目及全文数据查询(此处只设置德语界面)

设置检索款目(以元数据检索 Metadatensuche 为例)

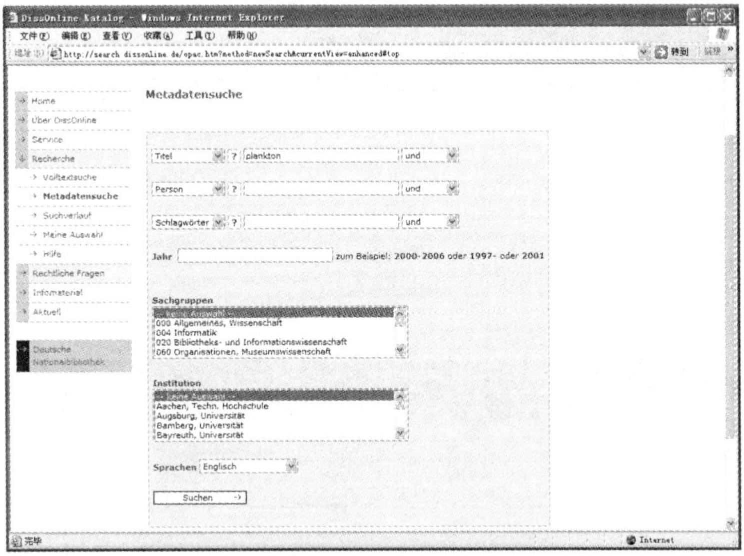

检索结果列表

访问目标数据(点击 PID 及 URL 可获取详细索引及 PDF 全文)

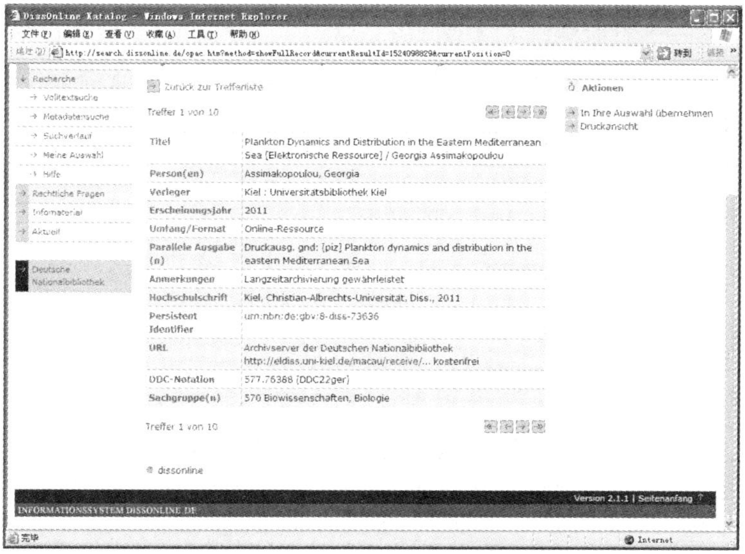

2.5　俄罗斯国立图书馆

俄罗斯国立图书馆(Russian State Library,简称 RSL)早在 20 世纪 40 年代初就开始收藏本国产出的学位论文。1944 年,按照前苏联人民委员会全苏高等学校事业委员会的命令,以促进教学和科研为目的,在俄罗斯国立图书馆建立了全俄(1991 年前全苏)学位论文专藏(不包括医学和药学的学位论文,该部分学位论文由俄罗斯国家医学科学中心图书馆收藏)。收录范围为博士和副博士学位论文。截至 2011 年,总收藏量已超过 90 万种,而且每年仍以 3 万种的速度递增,其中博士学位论文 1 万种、副博士学位论文 2 万种。学位论文专藏受到了读者的广泛欢迎,已成为俄罗斯文化遗产的重要组成部分。

2.5.1　纸质学位论文的收藏与服务

(1)学位论文的收藏

俄罗斯国立图书馆是俄罗斯国家法定的学位论文呈缴机构。俄罗斯国立图书馆学位论文部负责学位论文的收藏与服务，入藏的种类包括：副博士[1]学位论文原件、博士学位论文定稿及已出版的博士学位论文摘要，各 1 份拷贝，藏于俄罗斯国立图书馆分馆——莫斯科州希姆基市图书馆。博士学位论文（及学位论文摘要的发行本）的采集途径是从俄罗斯联邦教育与科学部高等教育认证委员会处获得，副博士学位论文由各学位论文委员会邮寄或由学位申请人直接送交。

（2）学位论文的编目

1944 年—1994 年，俄罗斯国立图书馆学位论文部对学位论文采用手工编目，编制作者字顺卡片目录和分类卡片目录，排入卡片柜，提供读者查询。从 1995 年开始，国立图书馆同其他公立图书馆一起参与了“创建国家书目记录机读格式”计划，[2]最初选择 UNIMARC 作为统一的书目记录与交换格式，后采用本地化的 USMARC 格式，现为 MARC21。但在编目中与欧美等国有一定的差异，就学位论文编目而言，不单设学位论文附注字段，有关学位论文类型、学科专业等信息均著录于 245 字段的 $ b 子字段中（如下所示，斜体字为编者所译）：

24500 | a Динамика растительности оленьих пастбищ тундровой зоны Северо – Востока Якутии : | b диссертация *博士学位论文* ... доктора биологических наук *生物科学* :03.00.05 ,03.00.16

在主题标引方面，则越来越多地以主题词的层级化组合方式来体现，便于用户搭配不同的关键词进行检索（如下所示，斜体字为编者所译）：

650 7 | a Биологические науки *生物科学* – Ботаника *植物学* – – Экология растений *植物生态学* – – Антропические факторы среды и приспособление к ним *人为环境因子及其适应性* | 2 rubbk

（3）学位论文的阵地服务

俄罗斯国立图书馆学位论文部开设阅览室，提供纸质学位论文的阅览服务。阅览室设有阅览座位 200 个，配备计算机 100 台以及相应的参考工具书。

在阅览室可办理阅览证，年满 18 岁的公民凭有效个人身份证明、学历证明或学生证办理；读者也可凭有效个人身份证明办理无照片的一次性阅览证。读者凭阅览证可在阅览室阅读纸质学位论文，经特许还可凭“公务证明”进库查阅。读者可以通过机读目录、卡片目录、印本目录以及专题目录获取学位论文馆藏信息。

学位论文阅览室根据《俄罗斯国立图书馆提供复制（含缩微复制）和扫描服务

---

① 原苏联、现俄罗斯、乌克兰等流行俄式学制的欧亚国家的一种颁授给研究生的学位，级别比硕士学位高，低于俄式学制的全博士学位。在取得副博士学位后，研究生才能够修读全博士。

② http：www. rusmarc. ru/publish/UNIMARC_Russia. pdf

规则》提供有偿服务，包括复印、打印、加急定制成套学位论文、委托检索书目信息、编制专题目录等。

2.5.2 学位论文全文数据库(电子学位论文图书馆)

(1)学位论文全文数据库建设目标与进程

2003 年，俄罗斯国立图书馆决定利用现代信息技术扩大学位论文的利用范围、方便用户检索以及学位论文的长期保存，启动了学位论文全文数据库暨电子学位论文图书馆的建设。其宗旨：一是必须保证学位论文的长期存储和方便读者查询；二是保证读者利用学位论文机读目录的便捷性；三是促成设在希姆基市学位论文阅览室的高访问性。

为此，俄罗斯国立图书馆于 2003 年将 1998 年至 2003 年需求量最大的经济、法律、教育和心理学专业的学位论文(总共近28 000种)进行了全文数字化。到 2004 年年初，数据库收录范围涵盖了除医学和药学外其他所有专业的学位论文，年收录近 3 万种。2006 年数字化了 1985 年以前入藏的所有学位论文。从 2007 年起，数据库收录了包括医学和药学在内的全部学位论文。目前，俄罗斯国立图书馆学位论文数据库共收录 70 万种博士、副博士学位论文全文和博士学位论文摘要，[①]用户可通过俄罗斯国立图书馆电子学位论文图书馆的门户网站 DDL RSL 进行查阅。

在电子学位论文(ETDs)建设方面，俄罗斯国立图书馆学位论文全文数据库与国际标准接轨，在元数据编目中采用 NDLTD 系统标准和 Dublin Core 格式；此外，进行了名称规范与主题规范控制。近些年，在俄罗斯科学院信息资源整合系统的帮助下，国立图书馆主要致力于在全文数据库中纳入格式化的 XML 文档，[②]并通过 856 字段与 MARC 记录建立连接，目标是实现数据的长期保存、精细化检索以及同其他系统的交换。

(2)电子学位论文的缴送及合作协议的签订

在俄罗斯(包括前苏联)，每一个通过学位论文答辩的作者，无论其答辩年限，均可在俄罗斯国立图书馆网站的开放存取系统中提交自己的学位论文全文和内容摘要。为此，依据俄罗斯联邦民法第 4 部分的相关条款，俄罗斯国立图书馆必须直接同学位论文的作者或学位授予机构签订合作合同，以获得学位论文的使用授权。

---

① 数据来源于 2012 年 5 月 1 日对 http://diss. rsl. ru/? menu = aboutus/49/&lang = en 的访问。

② 此类 XML 文档内嵌的结构化元数据比现有的电子论文元数据更加丰富，包括：所有题名页元素，个人名称规范信息，论文目录，引用文献等。

包括两种形式：

一是俄罗斯国立图书馆与学位论文作者直接签订合同。首先学位论文作者直接从图书馆网站下载学位论文合作合同，形成合同文本一式两份，双方签字后各执一份。合同主要内容为：作者向图书馆提交博士学位论文或副博士学位论文全文和内容摘要，保证印刷版和电子版内容一致，图书馆将提交的学位论文录入全文数据库，并在合同规定的范围内有权利用和复制；部分学位论文需付费才可复制为纸质载体；作者有权独立使用学位论文全文与内容摘要，或把该学位论文著作权提供给第三者；当作者不具备提交学位论文的权利，或提交的电子版与印刷版内容不一致时，图书馆有权废除合同；合同自签订之日起执行，生效时间为永久。然后，学位论文作者将电子版学位论文全文和内容摘要送交或通过电子邮件发送给俄罗斯国立图书馆。

二是俄罗斯国立图书馆与学位授予机构签订合同。首先学位授予机构与俄罗斯国立图书馆签订合作合同，然后学位授予机构再与学位论文作者签订合同，由学位授予机构向俄罗斯国立图书馆提交学位论文全文与内容提要，依据合同条款由该机构承担与作者的法律责任。合同主要内容为：双方的合作不是经营性活动，任何一方不能从中获取利润并私下分配；学位授予机构必须与学位论文作者签订合同，保证向俄罗斯国立图书馆提交作者的学位论文全文与内容摘要，保证用户有利用电子版学位论文的权利；学位论文作者应以学位论文全文数据库可以接受的格式提交学位论文及内容摘要；保证学位授予机构的用户通过因特网远距离、无偿利用学位论文全文数据库；保证无限期保存电子版学位论文。

由此，俄罗斯通过国家立法保障学位论文的使用授权，统一由国立图书馆与学位论文作者或学位授予机构直接签订合同，双方约定学位论文的使用授权，使俄罗斯国立图书馆学位论文收藏与利用得到了法律保障。

(3)学位论文全文数据库的服务

俄罗斯国立图书馆学位论文全文数据库采用两种方式提供服务。一是通过俄罗斯国立图书馆学位论文部阅览室的局域网、电子图书馆阅览室以及电子文献室提供服务；二是在签订专门协议的图书馆建立俄罗斯国立图书馆电子学位论文图书馆的虚拟阅览室(VRR DDL RSL)。从2008年1月1日开始，俄罗斯国立图书馆与各地图书馆或内设图书馆的机构签订合同，设立电子学位论文图书馆的虚拟阅览室，并按相互利用电子资源的方式实施。目前已在俄罗斯国内80多个城市，11个独联体国家的20个城市建立了虚拟阅览室。读者可快捷、方便地浏览俄罗斯电子学位论文全文和内容摘要。

根据《俄罗斯联邦民法典》第四部分的相关规定:“图书馆提供的临时无偿利用的以电子形式表现的作品,含相互利用的图书馆资源,只能在图书馆内提供并消除将这些作品进行复制的可能。”因此,在虚拟阅览室,读者只能通过用户名和密码登录,方可逐页浏览 PDF 格式的博士、副博士学位论文,即在虚拟图书馆 IP 控制范围内浏览全文;打印学位论文不能超过总页码的 15%,打印内容摘要不得超过总页码的 30%;不能下载或以电子形式保存。

2.5.3 俄罗斯国立图书馆电子学位论文图书馆门户(DDL RSL)展示

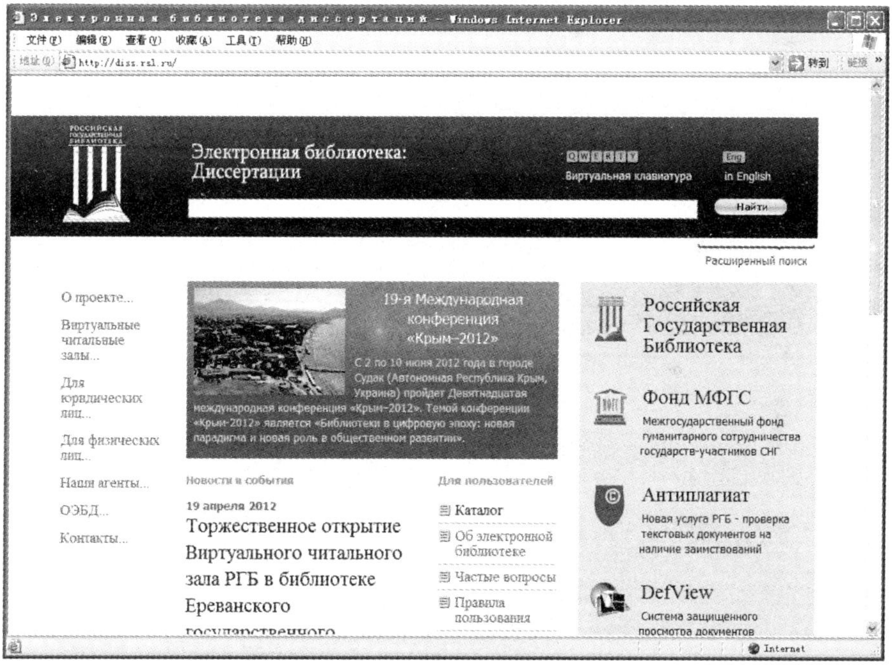

服务体系:集中式共享

主要功能(以英文界面为示例):

项目介绍

电子学位论文图书馆(DDL)的宗旨、目标、项目开展情况、访问权限等

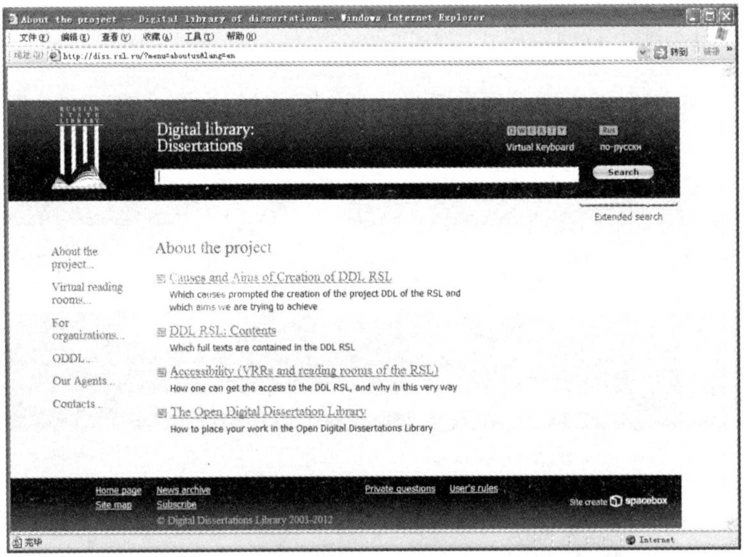

电子学位论文图书馆虚拟阅览室(VRR)在俄罗斯及其他独联体国家的开展情况

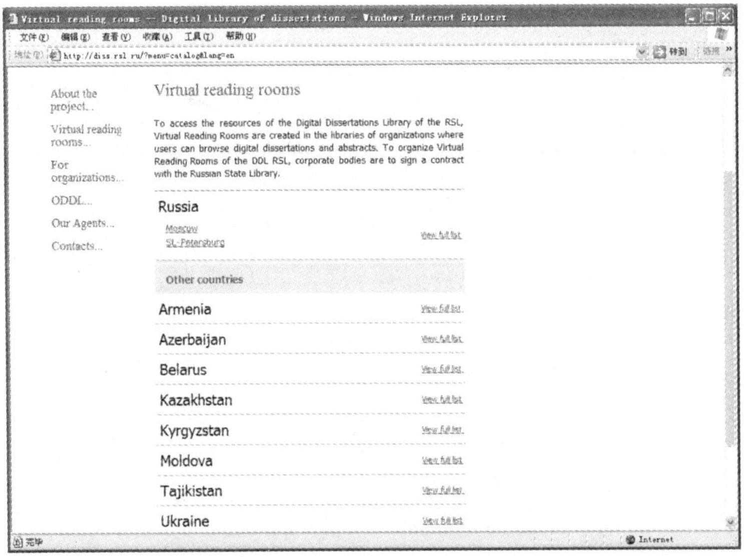

学位论文提交及授权合同的签署说明

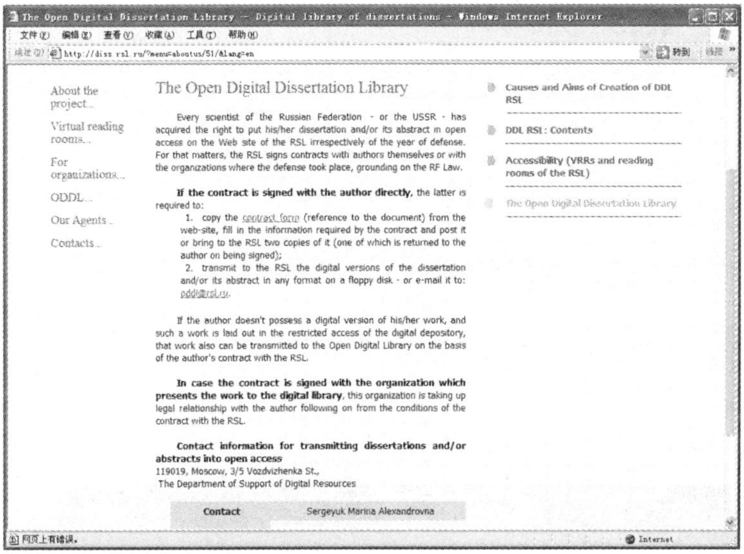

书目数据查询(以简单检索为例)

输入检索词

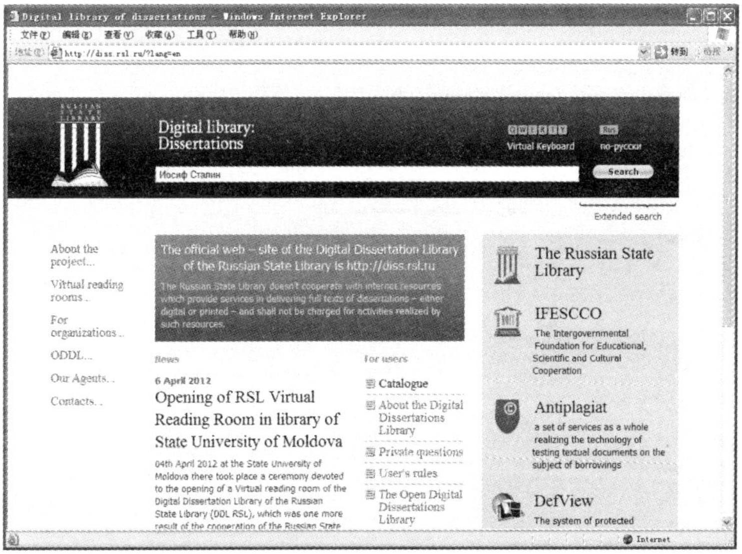

检索结果列表(此处只设置俄文界面)

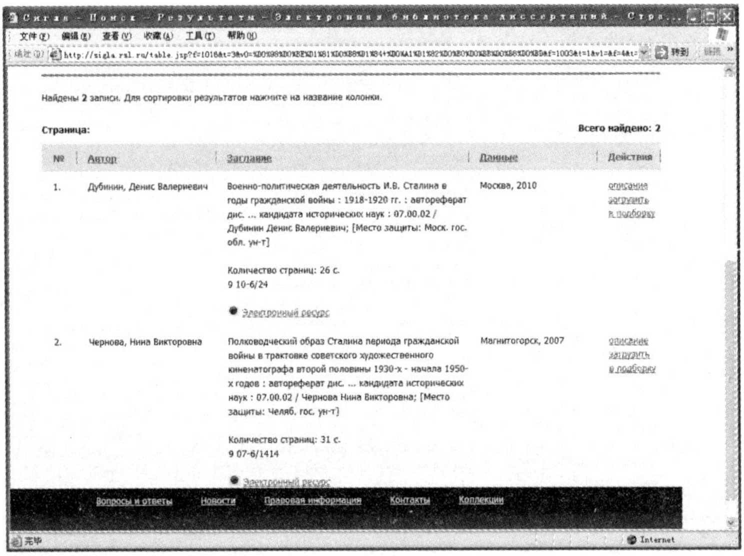

访问目标数据——点击 описание 获取详细书目信息(卡片与机读格式),全文阅览须通过图书馆局域网或登录相关账户实现

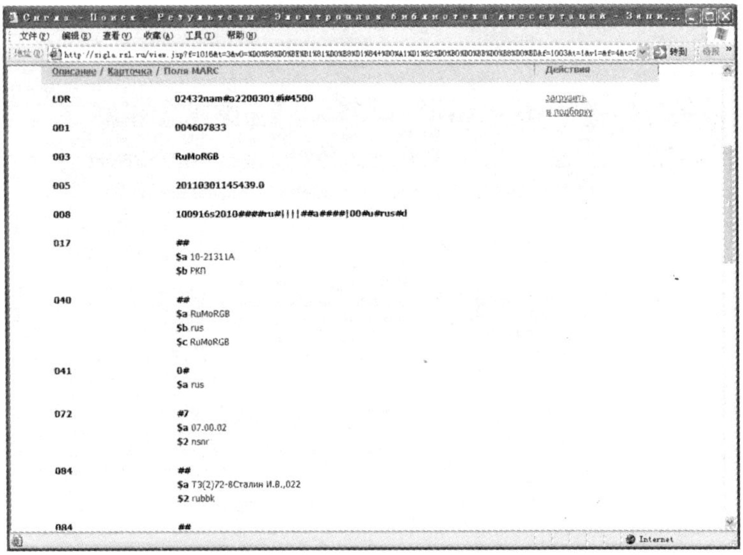

2.6 日本国立国会图书馆

日本国内的博士学位论文，除了授予学位的大学图书馆收藏外，国立国会图书馆（National Diet Library，简称 NDL）也进行了收藏。日本国立国会图书馆主要收藏纸质博士学位论文，其中包括部分海外留学生的博士学位论文，尚未收藏硕士学位论文和博士后出站报告。目前，博士学位论文收藏数量达到632 369篇。① 从 2010 年起，日本国立国会图书馆开始对 1991 年—2001 年的博士学位论文（纸质）约 14 万篇进行影像（扫描）保存处理，开启了学位论文电子化建设与服务。

2.6.1 学位论文的收藏

日本国立国会图书馆早在 20 世纪 20 年代初（大正 12 年）就开始收藏学位论文，但是比较系统、完整地收藏博士学位论文则是 50 年代以后。1954 年 4 月 1 日，日本颁布的《学位规则》（文部省第 9 号）第九条规定：被授予博士学位的人须在获得学位授予一年之内，将学位论文印刷发表。② 这一规定虽不具备法律效力，然而大部分获得博士学位的研究生采取了将自己的学位论文交由学校并统一呈缴至国立国会图书馆的方式来发表。这一规定有效地保证了日本国立国会图书馆博士学位论文的收藏与服务。目前，日本国内大学每年送至国立国会图书馆的学位论文大约有18 000种。

日本国立国会图书馆除了收藏本国博士学位论文外，还采取购买和国际交换等方式收藏了部分海外留学生的博士学位论文。

根据日本国立国会图书馆博士学位论文收藏率的统计（1995 年—2002 年）显示，当年收集的博士学位论文仅占学位授予总数的 59%，三年后能达 90%，七年后基本上能达到 96%。造成日本国立国会图书馆未能实现博士学位论文 100% 收藏率的原因有二：一是根据日本的《学位规则》规定，博士学位论文需要发表，但并未规定其必须以送交国立国会图书馆的方式发表，所以部分博士学位获得者采取了其他发表方式，如出版社出版等；二是部分外国留学生在获得学位后，由于个人原因返回原国，因此未能将博士学位论文上缴学校，从而出现漏缴。

对于漏缴的博士学位论文，日本国立国会图书馆的采访人员一般采取直接与

---

① 数据来源于 2012 年 5 月 1 日对 https://ndlopac.ndl.go.jp 的访问。

② 原文：博士の学位を授与された者は、当該学位を授与された日から一年以内に、その論文を印刷公表するものとする。

学校联系的方式进行催缴。大学在每年送交博士学位论文的同时送交学位授予人员名单,采访人员通过核查名单对遗漏的博士学位论文进行催缴。

2.6.2 学位论文的编目

日本国立国会图书馆采用机读目录格式 JPAN/MARC 对博士学位论文进行编目,除没有进行详细分类标引和主题标引外,博士学位论文的编目与普通图书基本一致。日本国立国会图书馆的博士学位论文书目记录包括索书号、题名、题名片假名标注、著者、出版发行、载体形态、学位授予院校名称、学位授予院校名称的片假名标注、学位授予院校代码、学位论文编号、学位授予具体日期(日本纪年方式)、学位授予年代(西历纪年方式)、授予学位类别、作者条目(可通过作者名称进行链接式检索,并在作者名后注有作者片假名读音)、NDLC 号(国立国会图书馆资源类型分类号,博士学位论文均为 UT51)、语言种类代码、物理属性代码、出版国别、西历纪年、最终校对日期、最终更新日期、文献 ID 等。

2.6.3 学位论文的阵地服务

(1)阅览服务

日本国立国会图书馆纸质博士学位论文不允许带出馆外,有需要的读者可以在阅览室阅览。日本国立国会图书馆不同年代博士学位论文的检索方式有所差别:1923 年—1964 年的博士学位论文可通过关西馆综合阅览室的目录进行查找;1965 年之后的博士学位论文,可以利用日本国立国会图书馆的 OPAC 系统检索,检索款目包括论文题名、著者、学位授予单位、学位授予年代、文献类别等,还可以通过“报告序列号”、研究领域进行检索。读者登录系统后,可以在东京总馆阅览室向关西馆阅览室发出预约请求,最短三个工作日可得到所需博士学位论文。

此外,明治、大正、昭和年间的博士学位论文可在东京总馆的科学技术·经济信息阅览室和关西馆的综合阅览室通过下列工具书进行查询:《大日本博士录(第1—5 卷)》(1887 年—1920 年)、《日本博士录》(1887 年—1962 年)、《日本博士录》(1957 年—1965 年)、《日本博士录》(1969 年—1970 年)、《日本博士学位论文索引》(1958 年—1976 年)、《日本博士学位录》(1977 年)、《日本博士名鉴》(1887 年—1982 年)。

(2)复制服务

日本国立国会图书馆博士学位论文的复印受到一定的限制。根据《著作权法》、《国立国会图书馆资料利用规则》以及《东京本馆、关西馆以及国际儿童图书馆复制服务制度》的有关规定，在不损害著作权利益的前提下，对馆藏资料的复制，仅限于以调查研究为目的，只能复制资料的一部分，每人限复制一种文献。具体来说，博士学位论文只可以复印半册。假如一种博士学位论文包括主论文、副论文、参考文献等多个组成部分，可分别复制各部分的一半内容。如果想要全文复制的话，则需要得到博士学位论文作者或其他版权所有者的许可。博士学位论文主要采用普通静电复印，部分博士学位论文可提供彩色复制服务，复制服务需要收取相应的费用。

2.6.4 学位论文数据库建设

自 2002 年起，日本开始建立“日本国立国会图书馆数据库导航服务系统”（以下简称 DNAVI），[①]并于 2006 年 7 月正式运行。通过该系统可检索到各种文献类型的数据库，其中包括日本国内大学建立的博士学位论文开源数据库（机构库）。日本国立国会图书馆的工作人员在发现新数据库后，与对方管理负责人通过邮件取得联系，从而获得数据库的 URL、名称（其他名称）、制作者、公开时间及内容说明等信息，然后由数据库的负责人根据设立数据库的文件管理主体（公开者）、NDC 分类（日本十进制分类号）、NDL 资源类型等，呈交国立国会图书馆，数据库的版权仍归创建者所有。该系统将现有的数据库资源整合在一起，实现了对现有数据库资源的充分利用（不仅是对博士学位论文资源，也包括对其他类型文献的数字资源），既为读者扩大了检索范围，减少了重复建设，又节省了数据库建设的费用。

读者登录 DNAVI 系统，利用数据库的名称、制作人、内容说明等条件进行检索，由此可查阅到部分大学的博士学位论文全文数据库。这些数据库除提供博士学位论文书目信息外，还可提供免费全文在线阅览和下载，无需注册登记。

注：除国立国会图书馆外，国立情报学研究所（National Institute of Informatics，简称 NII）正积极推行高校机构知识库计划（NII-IRP），以促进学术资源的采集、存储、利用与传播。NII 官方网站提供的日本机构库在线平台 JAIRO[②] 的学位论文分库已经收录了71 524条博士及硕士学位论文数据，用户通过检索可进入相关机构库获取部分学位论文的全文。

---

① http://dnavi.ndl.go.jp

② http://jairo.nii.ac.jp

2.6.5 日本国立国会图书馆数据库导航服务系统(DNAVI)展示

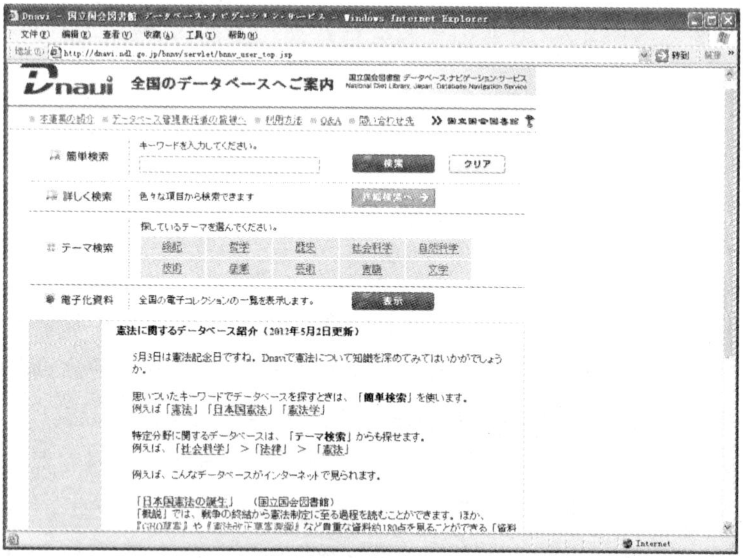

学位论文全文数据库查询(此处只设置日文界面)

设置检索款目(以详细检索为例):将 NDL 资源类型设定为“論文・記事”;在タイトル(题名)中输入目标机构库的名称,如 Waseda

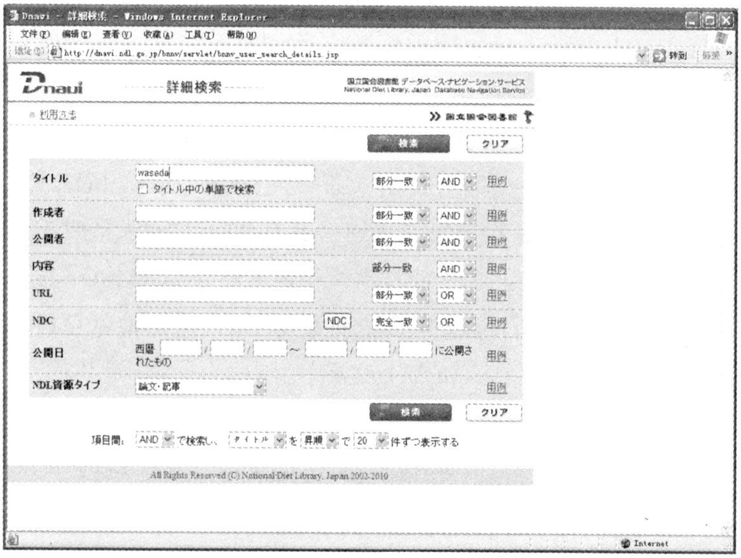

检索结果列表

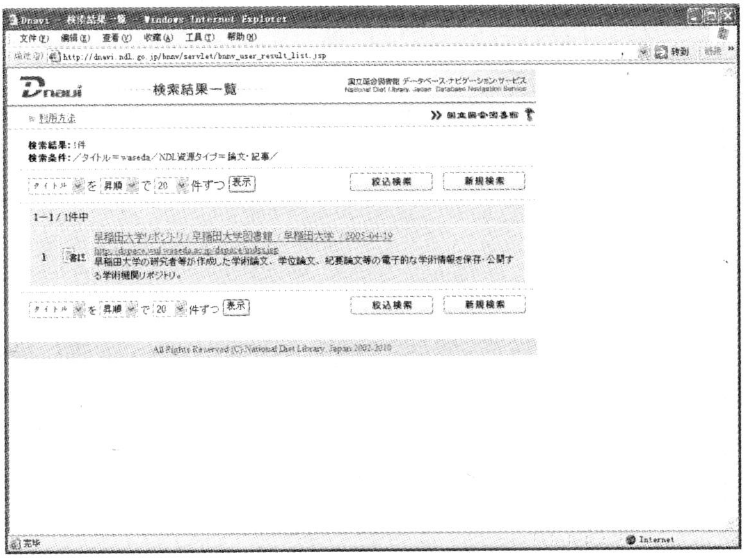

进入目标机构库(再执行相关的学位论文查询)

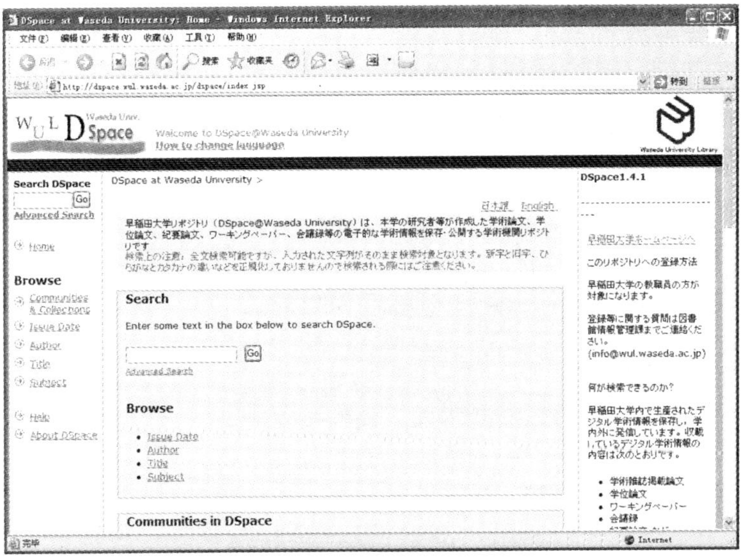

或：

设置检索款目：将 NDL 资源类型设定为“論文 · 記事”；在内容说明中输入“博士論文”

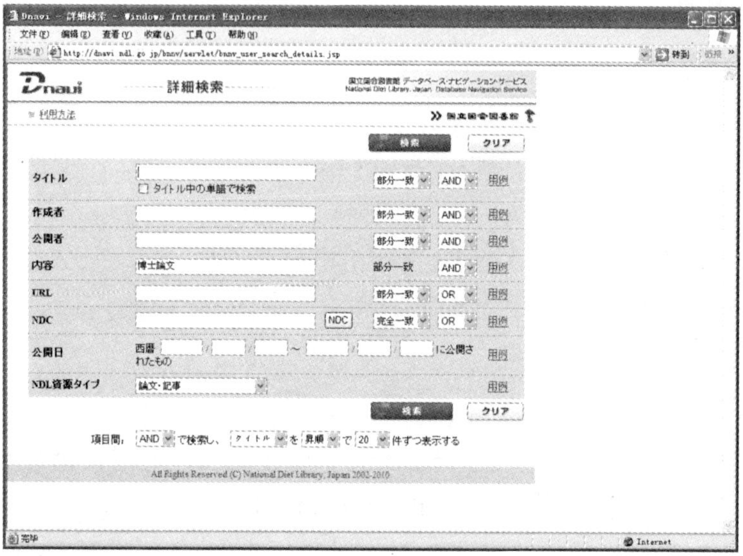

检索结果列表

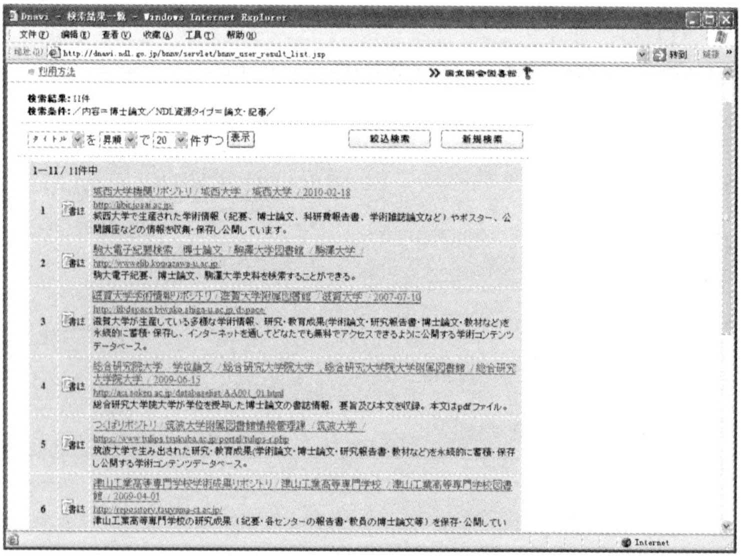

选择目标机构库并执行下一步查询

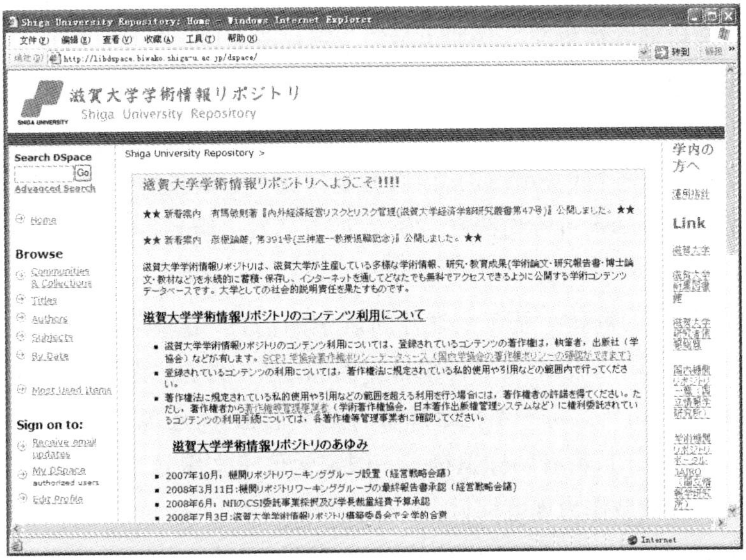

除上述以国家图书馆为主体承担学位论文采集、收藏、利用与传播的功能外，世界各国的其他相关信息机构也逐渐发展出了诸多学位论文资源在线建设与管理系统。

2.7 法国博士学位论文资源的建设与利用

2.7.1 纸质学位论文的收藏与流通

法国各高等院校有自主的学位授予权，其每年产出的博士学位论文历来由学校图书馆自行收藏，不向法国国家图书馆(BnF)缴送，博士学位论文的书目数据也不纳入国家图书馆的书目系统。1985 年以前，在国家层面上还并未形成统一的学位论文资源建设与利用的机制，这一时期学位论文的流通主要依赖于高校间建立的馆际互借与交换。研究生向学校图书馆缴送的学位论文原件的拷贝量相当可观(30—180 份不等)，但流通程度却受限于图书馆个体间在执行政策上的差异以及不同学科领域对待学术资源传播的态度。1985 年，法国政府颁布了第一部关于加强博士学位论文呈缴与流通的法令，明确了缴送的义务，对于学位论文拷贝的缴送数量、入藏与流通用学位论文的载体形态等方面作了相应规定，旨在对博士学位论文资源进行确认并实现长期的保存与利用。基于该法令，法国教育部随后构建了国家学位论文资源建设系统(下称“1985 系统”)，分为四个方面：

（1）呈缴、注册。由各高校创建的服务系统负责接收博士毕业生提交的纸质学位论文原件的若干拷贝（于授予学位之前的3周提交；若有修改，应于学位授予后三个月内定稿并完成提交），毕业生另需填写注册表以用于核实信息及后续的书目数据著录。原件拷贝与注册表均传送至学校图书馆。

（2）原件的备份。高校图书馆将经过授权待复制的学位论文的纸质拷贝邮寄至国家论文复制服务机构（ANRT），由后者制作成一定数量的缩微平片（保证每所高校图书馆及相关学术机构均持有一份）；对于已经出版发行的学位论文，不再进行此类复制操作。

（3）书目记录的创建。基于前述注册表中的信息，由多家数据录入中心按照学科领域集中对博士学位论文进行编目。例如，理工类学位论文交由法国科技情报研究所（INIST）负责。每一条记录除含有基本信息外，还包括法文摘要、关键词（后增加了英文部分），特有的标识符——国家学位论文编号，同时以学校名称、学位类别以及学科领域作为规范标目。

（4）书目信息的流通。所有学位论文的书目记录均上传至国家在线学位论文数据库 Téléthèses。该数据库最初由校园服务器托管，后于2000年交由法国高等教育编目中心（Agence Bibliographique de l' Enseignement Supérieur，简称 ABES）的网络服务器托管。Téléthèses 涵盖了1972年以来法国高校在自然科学及人文与社会科学领域产出的博士学位论文的书目数据，但其在线服务仅对国内用户开放。为满足国外用户的需求，法国于1995至2003年发行了 Téléthèses 数据库的 CD 光盘。

虽然"1985系统"在一定程度上促进了法国国内博士学位论文的编目与流通，但是其建设周期长、人力财力耗费大的缺点让业内人士多有批评，特别是随着电子学位论文（ETD）的发展以及众多电子学位论文资源库的建立，原有的资源建设系统也面临着新的转变。

2.7.2 国家电子学位论文计划

鉴于电子学位论文在法国以及欧洲各地的蓬勃发展，法国教育部于1998年公布了国家电子学位论文建设与服务框架，意在建立新的体系取代"1985系统"。新体系启用类似于 Téléthèses 的中心集约型联合目录库——法国大学图书馆联合编目系统（Système Universitaire de Documentation，Sudoc），由法国高等教育编目中心维护、管理，要求各参建高校使用统一的软件系统与流程执行学位论文的缴送、编目、存储与发布，同时建议：①Sudoc 数据库中每条电子学位论文的书目数据都应包含全文链接(如:通过 UNIMARC 的 856 字段实现);②每份电子学位论文均应存储于校园本地服务器;③法国电子学位论文应全部(或部分地)在国家级信息机构进行备份。

新体系于 1999 年开始实施,截至 2004 年仅有 360 条电子学位论文数据符合政府的标准,造成如此低效的主要原因是国家电子学位论文体系构建方式的唯一性(使用统一的软件及流程等)无法契合众多高校电子学位论文系统的异质性特征及需求。有鉴于此,法国教育部于 2005 年及 2006 年针对新体系进行了如下几点修正:①学位论文的缴送方式:印刷版与电子版均可,由参建高校自行决定。②电子学位论文的编目格式:原始书目数据采用 TEF 格式(Thèses Electroniques Françaises)①,再由法国高等教育编目中心(ABES)转换为与 Sudoc 匹配的 UNIMARC 格式。③电子学位论文的发布格式:由参建高校将原始电子版本转换为 HTML 和/或 PDF 文档。④电子学位论文的存储格式:由参建高校将原始电子版本转换为 XML 或 PDF 文档。

在修正后的新体系中,各高校自行选择多样化的电子学位论文的存储与发布模式,可通过本地服务器、其他数字资源库或是 Sudoc 门户实施操作。法国国家高等教育计算中心(Centre Informatique National de l'Enseignement Supérieur,简称 CINES)则为电子学位论文提供永久性存储服务。

2006 年 8 月,法国政府再次颁布法令,重申了博士毕业生缴送学位论文纸质或电子版本的义务,同时规定学位授予机构须使用 STAR 系统完成电子学位论文的呈缴。② STAR(Signalement des Thèses Electroniques, Archivage et Recherche)由法国高等教育编目中心(ABES)与法国国家高等教育计算中心(CINES)共同推出,是一个支持电子学位论文注册、存储与检索的服务系统,是对国家电子学位论文计划进行的重要更新;STAR 相当于电子学位论文从生成到流通之间的"中转站",其具有以下几大功能:

(1)接收通过信息验证的电子学位论文文本(包括发布格式与存储格式)及其元数据。

(2)执行书目数据在 TEF 与 UNIMARC 间的转换,实现与 Sudoc(及其名称规

---

① TEF 为法国电子学位论文的元数据标准,是一类复杂的、OAI-PMH 相容的元数据集,基于 DC 元数据设计,增加了 ETD-MS 元数据(如:其他责任者描述中的"论文答辩委员会成员"),并纳入了保存元数据框架(与电子学位论文长期保存相关的信息描述)与 METS 权限元数据框架(与电子学位论文的权限管理相关的信息描述)。

② http://www.legifrance.gouv.fr/affichTexte.do? cidTexte = JORFTEXT000000635069&dateTexte =

范库）的整合。

（3）创建电子学位论文的永久标识符（PID）。

（4）向国家电子学位论文备份库，即法国国家高等教育计算中心（CINES）输出存储格式的电子学位论文及相关元数据。

（5）为学位授予院校指定的数字资源库提供发布格式的电子学位论文或元数据。

自2006年年底实行最新的国家电子学位论文计划以来，Sudoc数据库收录的学位论文数据量呈逐年稳步增长，仅2007年3月就收录了2500条数据。在该网站主页①（包括法、英、德三种语言界面）上选择“高级检索”，查询前在“资料类型”选项中勾选“博士学位论文”，即可查阅全法国博士硕士学位论文以及部分外国学位论文的详细书目记录（包括自然科学与人文科学）。用户可通过作者名称、学位论文关键词、学位论文题名、主题词、学科主题（英文）以及学位论文附注说明等详细的款目进行独立或组合检索。

2.7.3 电子学位论文资源库介绍

虽然Sudoc收录了数量众多的博士学位论文的书目数据，但只有部分数据可以提供全文链接，在很大程度上无法满足用户对于学术资源获取的需求。然而，法国一些科研院校及相关团体自主研发的数字资源库为电子学位论文的全文查询提供了很好的补充。这些资源库多创建于1997年至1998年间，如：里昂国立应用科学学院的CITHER系统，格勒诺布尔第一大学与国家科学研究中心合作研发的MathDoc系统，里尔第一大学的IRIS系统，以及国家信息与自动化研究所的INRIA系统等。

从涵盖的学科领域上看，这些资源库有的只针对某一学科，如：MathDoc存储数学方面的博士学位论文；有的资源库是跨学科的，如IRIS。从资源库的类型来看，有的为单一型文档库，只存储电子学位论文，如CITHER；有的为复合型文档库，除电子学位论文外，还存储其他文献类型的资料（预印本、会议论文、教学课件等），如INRIA。

需要说明的是，上述资源库并非都支持开放存取，也不都支持系统间的互操作。当今法国涵盖学科范围最广、全文收录率最高的开放存取机构资源库当属TEL。TEL（thèses-EN-ligne）是法国国家科学研究中心（CNRS）下属开放式科学交

---

① http://corail.sudoc.abes.fr/DB=2.1/LNG=EN/

流中心(CCSD)实施的资源项目,旨在为学位论文的自我存档(self-archiving)提供便利,以使各个学科的科研成果在科学界快速、自由的传播,从而促进世界各地科研工作者的信息交流。目前,TEL已经收录了逾28 177条全文数据,①除博士学位论文外,还收录了教授资格(Habilitations à diriger des recherches)②研究报告。此外,TEL具有的OAI-PMH相容性可实现与其他系统的数据交换。

TEL 使用示例如下:

书目及全文数据查询(以英文界面为例)

设置检索款目

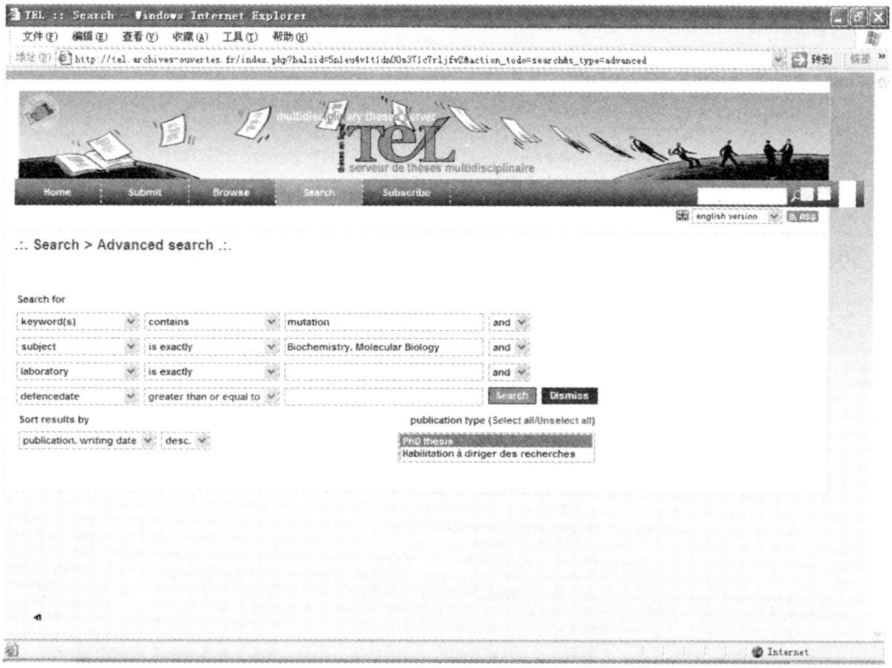

① 数据来源于2012年5月1日对 http://tel.archives-ouvertes.fr 的访问。

② Habilitation à diriger des recherches(HDR),一般译作教授资格或特许任教资格,为法国等国特有的最高等级的学历。在这些国家,只有获得该资格方能被视为具有指导博士生的能力。

检索结果列表

访问目标数据——点击 Detailed view 可获取详细书目数据（包括院系、专业、答辩委员会成员、学科主题、记录的唯一标识符等），页面上方另有全文链接

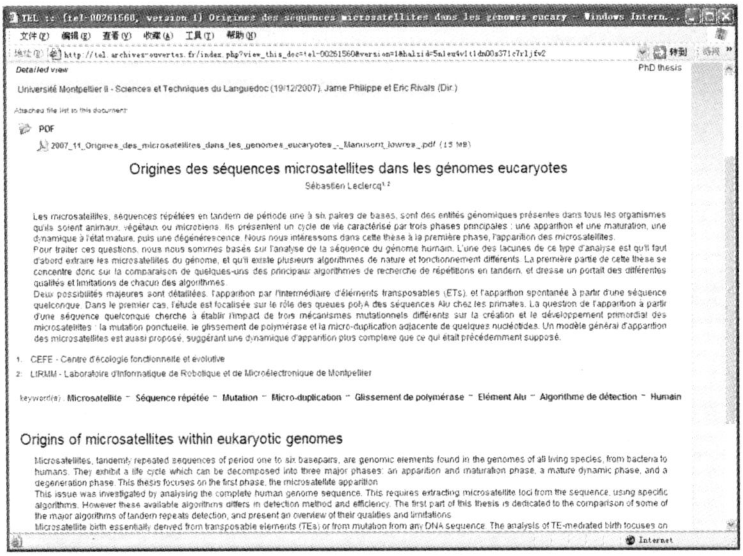

详细书目数据

TEL :: [tel-00261560, version 1] Origines des séquences microsatellites dans les génomes eucary - Windows Intern...

文件(F) 编辑(E) 查看(V) 收藏(A) 工具(T) 帮助(H)

地址(D) http://tel.archives-ouvertes.fr/index.php?view_this_doc=tel-00261560&extended_view=1&version=1&halsid=5nleu4v1t1dn00s371c7rljfv2 转到 链接

Attached file list to this document

PDF

2007_11_Origines_des_microsatellites_dans_les_genomes_eucaryotes_-_Manuscrit_lowres_.pdf (15 MB)

author(s)	Sébastien Leclercq [1,2]
laboratory	1: CEFE - Centre d'écologie fonctionnelle et évolutive http://www.cefe.cnrs.fr/ CNRS : UMR5175 - CIRAD : UMR101 - Université Montpellier II - Sciences et Techniques du Languedoc - Université Montpellier I - Université Paul Valéry - Montpellier III - Montpellier SupAgro - Ecole Pratique des Hautes Etudes Campus CNRS - 1919 route de Mende - 34293 Montpellier cedex 5 France 2: LIRMM - Laboratoire d'Informatique de Robotique et de Microélectronique de Montpellier http://www.lirmm.fr CNRS : UMR5506 - Université Montpellier II - Sciences et Techniques du Languedoc CC 477, 161 rue Ada, 34095 Montpellier Cedex 5 France
title	Origines des séquences microsatellites dans les génomes eucaryotes
title in english	Origins of microsatellites within eukaryotic genomes
defence date	2007-12-19
abstract	Les microsatellites, séquences répétées en tandem de période une à six paires de bases, sont des entités génomiques présentes dans tous les organismes qu'ils soient animaux, végétaux ou microbiens. Ils présentent un cycle de vie caractérisé par trois phases principales : une apparition et une maturation, une dynamique à l'état mature, puis une dégénérescence. Nous nous intéressons dans cette thèse à la première phase, l'apparition des microsatellites. Pour traiter ces questions, nous nous sommes basés sur l'analyse de la séquence du génome humain. L'une des lacunes de ce type d'analyse est qu'il faut d'abord extraire les microsatellites du génome, et qu'il existe plusieurs algorithmes de nature et fonctionnement différents. La première partie de cette thèse se concentre donc sur la comparaison de quelques-uns des principaux algorithmes de recherche de répétitions en tandem, et dresse un portait des différentes qualités et limitations de chacun des algorithmes. Deux possibilités majeures sont détaillées, l'apparition par l'intermédiaire d'éléments transposables (ETs), et l'apparition spontanée à partir d'une séquence quelconque. Dans le premier cas, l'étude est focalisée sur le rôle des queues polyA des séquences Alu chez les primates. La question de l'apparition à partir d'une séquence quelconque cherche à établir l'impact de trois mécanismes mutationnels différents sur la création et le développement primordial des microsatellites : la mutation ponctuelle, le glissement de polymérase et la micro-duplication adjacente de quelques nucléotides. Un modèle général d'apparition des microsatellites est aussi proposé, suggérant une dynamique d'apparition plus complexe que ce qui était précédemment supposé.
abstract in english	Microsatellites, tandemly repeated sequences of period one to six basepairs, are genomic elements found in the genomes of all living species, from bacteria to humans. They exhibit a life cycle which can be decomposed into three major phases: an apparition and maturation phase, a mature dynamic phase, and a degeneration phase. This thesis focuses on the first phase, the microsatellite apparition. This issue was investigated by analysing the complete human genome sequence. This requires extracting microsatellite loci from the sequence,

Internet

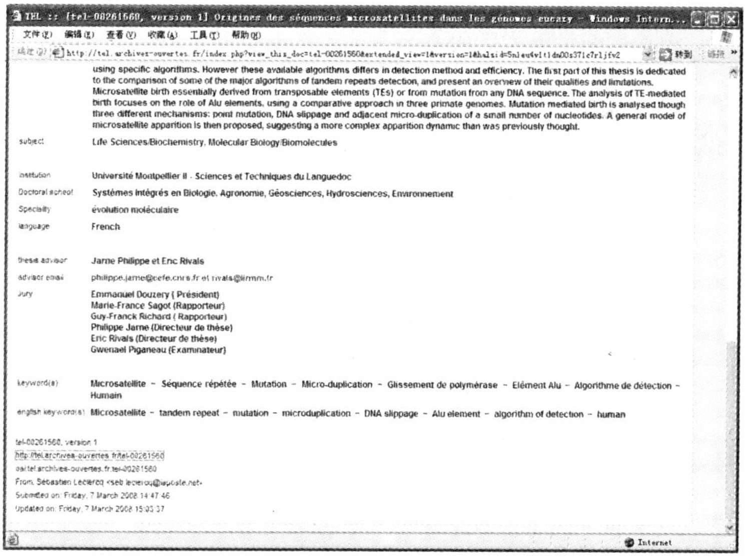
TEL :: [tel-00261560, version 1] Origines des séquences microsatellites dans les génomes eucary - Windows Intern...

文件(F) 编辑(E) 查看(V) 收藏(A) 工具(T) 帮助(H)

地址(D) http://tel.archives-ouvertes.fr/index.php?view_this_doc=tel-00261560&extended_view=1&version=1&halsid=5nleu4v1t1dn00s371c7rljfv2 转到 链接

	using specific algorithms. However these available algorithms differs in detection method and efficiency. The first part of this thesis is dedicated to the comparison of some of the major algorithms of tandem repeats detection, and present an overview of their qualities and limitations. Microsatellite birth essentially derived from transposable elements (TEs) or from mutation from any DNA sequence. The analysis of TE-mediated birth focuses on the role of Alu elements, using a comparative approach in three primate genomes. Mutation mediated birth is analysed though three different mechanisms: point mutation, DNA slippage and adjacent micro-duplication of a small number of nucleotides. A general model of microsatellite apparition is then proposed, suggesting a more complex apparition dynamic than was previously thought.
subject	Life Sciences/Biochemistry, Molecular Biology/Biomolecules
institution	Université Montpellier II - Sciences et Techniques du Languedoc
Doctoral school	Systèmes Intégrés en Biologie, Agronomie, Géosciences, Hydrosciences, Environnement
Speciality	évolution moléculaire
language	French
thesis advisor	Jarne Philippe et Eric Rivals
advisor email	philippe.jarne@cefe.cnrs.fr et rivals@lirmm.fr
Jury	Emmanuel Douzery (Président) Marie-France Sagot (Rapporteur) Guy-Franck Richard (Rapporteur) Philippe Jarne (Directeur de thèse) Eric Rivals (Directeur de thèse) Gwenael Piganeau (Examinateur)
keyword(s)	Microsatellite – Séquence répétée – Mutation – Micro-duplication – Glissement de polymérase – Elément Alu – Algorithme de détection – Humain
english keyword(s)	Microsatellite – tandem repeat – mutation – microduplication – DNA slippage – Alu element – algorithm of detection – human

tel-00261560, version 1

http://tel.archives-ouvertes.fr/tel-00261560

oai:tel.archives-ouvertes.fr:tel-00261560

From: Sébastien Leclercq <seb.leclercq@laposte.net>

Submitted on: Friday, 7 March 2008 14:47:46

Updated on: Friday, 7 March 2008 15:03:37

Internet

2.7.4 学位论文门户(theses.fr)

2011 年,法国高等教育编目中心(ABES)酝酿两年之久的 theses.fr 项目开始启动,其目标是建立一个全法国博士学位论文报道、存储与流通中心,同时为下列信息的查阅提供统一的检索门户:

(1)由博士研究生撰写的学位论文(但无法确认答辩时间),仅提供书目数据。

(2)已通过答辩的博士毕业生定稿的学位论文,包括各种载体、版本形式(纸质原版、缩微版、数字化扫描版、电子版或商业发行版等),提供书目数据与全文。

(3)与博士学位论文相关联的个人与团体。

2011 年 7 月,theses.fr 首次收录了 6000 条学位论文数据,来自 2006 年后选择以电子版本缴送学位论文的院校;9 月,总计66 000条博士研究生撰写的学位论文在 theses.fr 进行了登记。theses.fr 下一阶段的任务是对 Sudoc 数据库中 1985 年以来的学位论文书目数据进行资源扩充。

2.8 韩国学位论文在线集散中心——教育学术情报院科研情报服务系统

韩国各高校产出的纸质学位论文(博士与硕士)的集中收藏与利用主要依附于两所国家级图书馆——韩国国立中央图书馆(National Library of Korea,简称 NLK)与韩国国会图书馆(National Assembly Library of Korea,简称 NAL)。其中,韩国国立中央图书馆为进一步实现学位论文使用高效化曾一度建立了学位论文分馆(Thesis Center),而国会图书馆出版的《韩国博士硕士论文总目录》亦成为重要的检索学位论文的工具书。在学位论文数字资源建设方面,进入 21 世纪以来,两馆各自推出了学位论文在线检索平台,①②但是学位论文全文阅览服务仅对本地用户开放。就信息共享的全球化程度而言,韩国教育学术情报院(Korea Education & Research Information Service,简称 KERIS)主持的学位论文资源建设与服务无疑走在了发展的前沿。

韩国教育学术情报院(KERIS)于 1999 年 1 月成立,由韩国多媒体教育中心(KMEC)与韩国研究信息中心(KRIC)合并而成,隶属于教育与人力资源发展部(Ministry of Education and Human Resources Development,简称 MOEHRD),执行政府机关职能。2002 年 4 月,韩国教育学术情报院(KERIS)由教育与人力资源发展部(MOEHRD)指定为国家教育信息系统(National Education Information System,简称 NEIS)的国家运营中心。韩国教育学术情报院(KERIS)下辖的"科研情报服务系统"(Research Information Service System,简称 RISS)最初由韩国研究信息中心

---

① http://www.nl.go.kr/search/web_search/search/search_brief.php? search_mode=0

② http://dl.nanet.go.kr/index.do

(KRIC)于 1998 年 5 月启动,是一个供各高校及相关研究机构使用的先进的信息服务系统,主要提供国内外文献资源信息、著名学术期刊及学位论文全文的访问与获取,以及联合编目、馆际互借、学位论文提交等服务。2003 年 11 月,韩国所有高校及科研院所均纳入了“科研情报服务系统”(RISS)。

RISS 的建立是基于单个图书馆系统之上的集成与互联,并实现与国内外学术资源库的链接。其数字资源调度系统置于 KERIS 之中,知识产权管理系统配置于 KERIS 成员馆并与 KERIS 集成系统互连。在此系统之下,书目数据、学术论文信息及相关全文信息通过 RISS 进行系统整合,并由 Web 界面提供整合检索或简单检索入口与原文服务。

近年来,RISS 已迅速发展为韩国最知名也是最重要的学术信息集中与共享中心,收录了来自韩国国内 160 所高校约913 000条博士与硕士学位论文全文数据,以及超过20 000条韩国海外留学生授权使用的学位论文数据。[①] 用户通过在 RISS 官方网站(韩语界面)进行注册可以获取完整的元数据与全文(无地域限制)。

RISS 使用示例如下:

书目及全文数据查询

选择学位论文分库、设置检索款目(以简单检索为例)

① 数据来源于 2012 年 5 月 1 日对 http://www.koreanstudies.org/library-resources 的访问。

检索结果列表

访问目标数据(点击标题下方"원문보기"可直接获取全文)

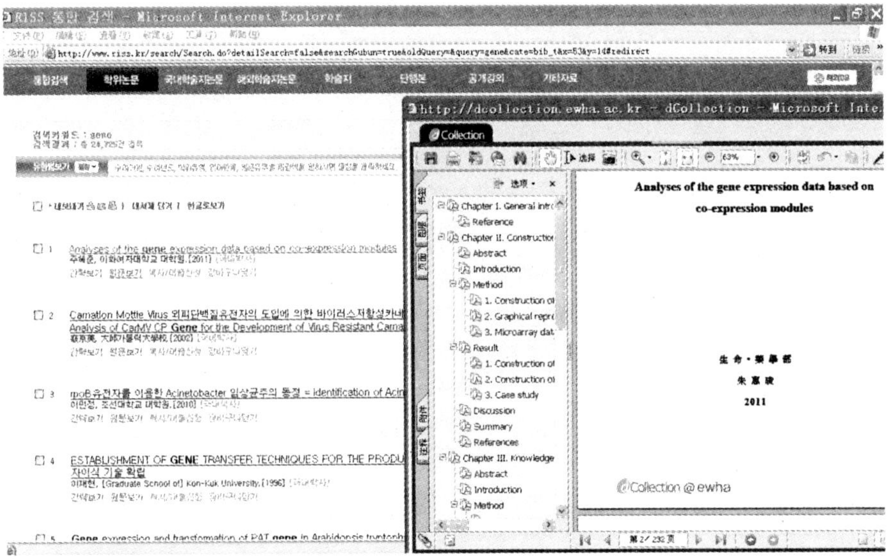

与载有学位论文原始数据的机构库页面的链接(通过 Deeplink)

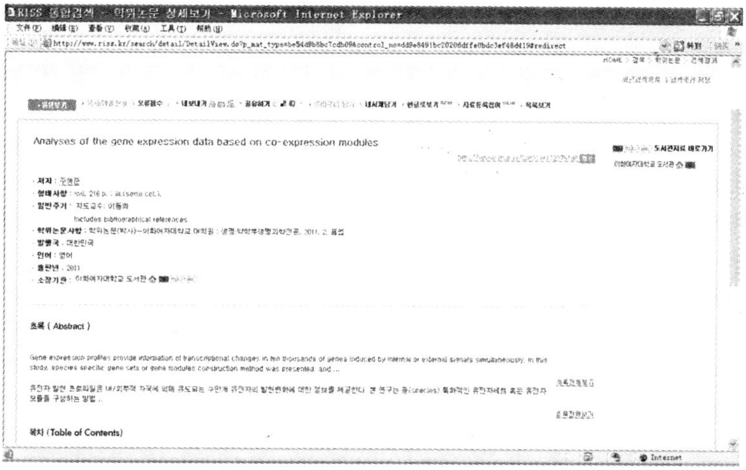

原始数据页面

为方便国内外合作院校及相关机构对于 RISS 数据库的检索与访问,韩国教育学术情报院(KERIS)特建立了一个集成检索平台 - - RISS International,各机构以注册会员的方式获取与博士与硕士学位论文的全文以及其他文献的相关信息。如下图所示:

会员注册表格(须填写本机构 IP 地址与网页地址等信息)

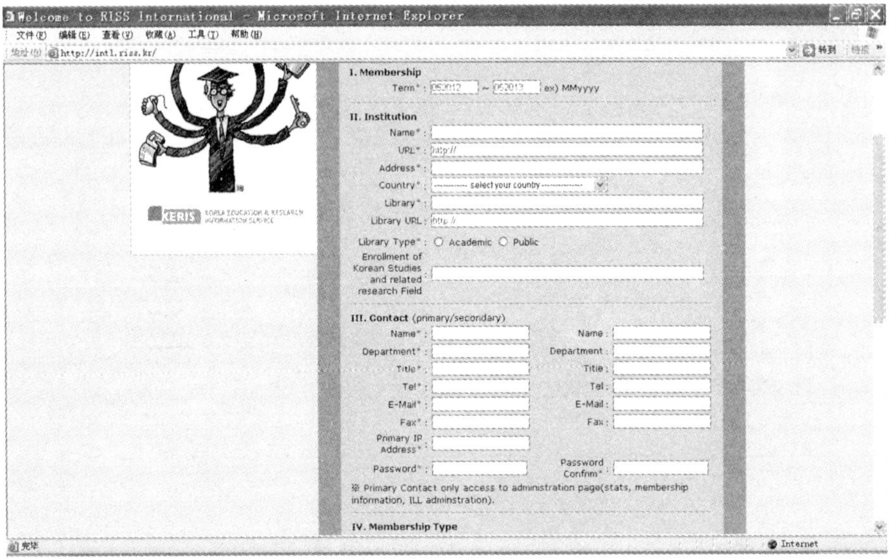

高级检索界面(若检索学位论文,勾选“Theses”)

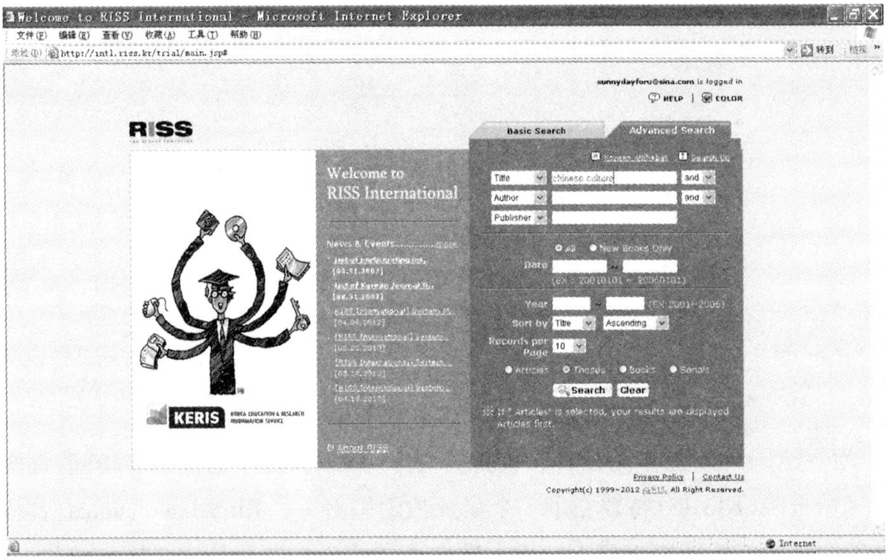

检索结果显示(可获取全文、MARC 数据以及目录的完整下载)

2.9 巴西博士与硕士学位论文数字图书馆(BDTD)

巴西博士与硕士学位论文数字图书馆(Biblioteca Digital Brasileira de Teses e Dissertações,简称 BDTD)是巴西科技信息研究所(Instituto Brasileiro de Informação em Ciência e Tecnologia,简称 IBICT)主持的数字图书馆系列项目之一,由巴西科技研发基金会(FINEP)资助,旨在整合巴西国内高等教育与研究机构的学术资源,促进学位论文电子化发展,为巴西国内以及留学海外的科研人员提供一个展示其研究工作的平台,同时也是一个让世界了解巴西科学研究成果的窗口。目前,作为巴西博士与硕士学位论文门户,BDTD 的学位论文收藏量已达187 940篇,其中,博士学位论文49 710条,①来自 96 所科研院校,多数学位论文可以进行全文访问。

BDTD 的前身为博士与硕士学位论文数字图书馆(Biblioteca Digital de Teses e Dissertações),是巴西科技信息研究所(IBICT)对原有的单一性书目数据库进行更新换代的产物。20 世纪 90 年代,巴西科技信息研究所(IBICT)整合国内 17 家高等院校的学术资源,建成了含有121 000条书目记录的数据库;随着信息科技与互联网的发展,读者对于学位论文全文电子化与在线服务的需求日益迫切,因此,建立一个国家级学位论文机构资源库的计划应运而生。BDTD 项目于 2001 年 12 月

① 数据来源于 2012 年 5 月 1 日对 http://bdtdj.ibict.br/indicadores/graficoRS.jsp? cod1 = &cod2 = &cod3 = 的访问。

启动,圣保罗大学(USP)、里约热内卢天主教大学(PUC-Rio)、圣卡塔琳娜联邦大学(UFSC)三所大学将第一批学位论文元数据样本上传至各自的服务器,接受 BDTD 数据库的采集,并由此促成了学位论文元数据国家标准(MTD-BR)的制定以及电子学位论文发布系统(TEDE)的研制。2003 年,第一代电子学位论文发布系统(TEDE)完成,有力地促进了各科研院校自有数据库的建设,并在弗卢米嫩塞联邦大学(UFF)等四所院校得到了检验。2006 年,经 BDTD 科技咨询委员会议决,BDTD 系统进行了重建。

BDTD 通过对合作院校的资源库进行元数据收割实现数据的整合。整合分为两个层级:其一,对自身拥有资源库的科研院校;其二,对没有构建资源库的院校。第一层级的操作如下:机构方(数据提供者)以 XML 格式上传 MTD-BR 标准的元数据(MTD-BR 为巴西学位论文元数据国家标准,由巴西科技信息研究所制定,与 DC 元数据标准及 NDLTD 的 ETD-MS 标准相容),BDTD 基于系统间互操作性的 OAI 元数据收割协议(OAI-PMH)进行收割,并发布至门户网站(http://bdtd.ibict.br)。第二层级,BDTD 通过 TEDE 为相关机构提供构建资源库所需的技术支持,包括元数据标准、基于 OAI-PMH 的接口实现方法、应用的软件及具体操作流程等,机构方每次生成的元数据与全文文本将通过电子学位论文发布系统(TEDE)直接整合至 BDTD 系统。TEDE 特有的"MTD-BR/MARC 21 转换器"还可实现 MTD-BR 元数据与 OPAC 元数据的转换,使收割后的数据发布在网站的联机公共目录查询系统上,减少了不必要的操作,提高了数据传递的效率。BDTD 除了推进国家范围内的学位论文资源整合,还加入了国际电子学位论文计划(EDT initiative),接受联机计算机图书馆中心(OCLC)的数据收割,实现了巴西国内学位论文资源同博士与硕士学位论文数字图书馆网络(NDLTD)的对接。

目前,BDTD 已经完成系统升级,更新了 TEDE,采用了新的元数据收割器(ARC),元数据标准设定为 MTD2-BR。在服务层面,新的 BDTD 门户更加注重同用户间的互动性,开发出了诸多增值性服务功能。其中,数据提供者(院校机构方的系统管理员)可在网站注册账户进入"机构资源库管理"模块,从而对于本校元数据的收割进程进行审核并执行相应的维护与替换。对于终端用户,注册后可免费享用"电子书架"与"邮件通知"等个性化服务:通过使用前者,用户可以根据自己的偏好自行添加或移除相应的学位论文,从而构建自己的"藏书室";后者是由 BDTD 系统以定期向注册用户发送邮件的形式告知最新发布的电子学位论文。除此,新的 BDTD 门户的检索与浏览界面更加趋于简捷与实用,其中,在传统的 OPAC 界面上对于书目数据中的名称标目(个人及团体)进行了链接处理,用户可借此访问著者或相关机构的主页,从而丰富了信息的获取。

书目数据查询

设置检索款目(以高级检索 Procure Avançada 为例)

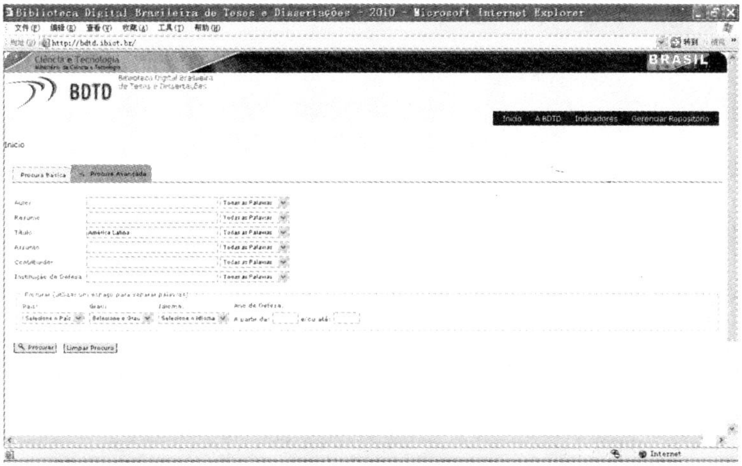

检索结果列表

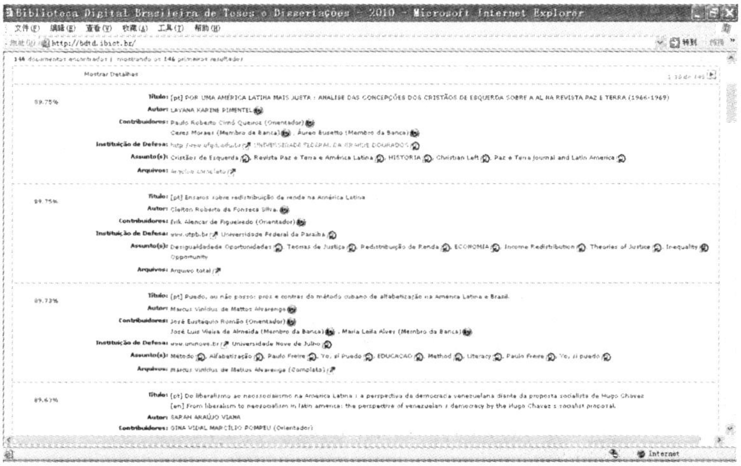

访问目标数据

点击页面下方的 Mostrar Detalhes 可获取详细的书目记录

点击目标数据中的 Arquivos 直接获取 PDF 全文或是进入载有原始数据的机构资源库页面（取决于相关机构资源库是否基于 TEDE 进行构建）

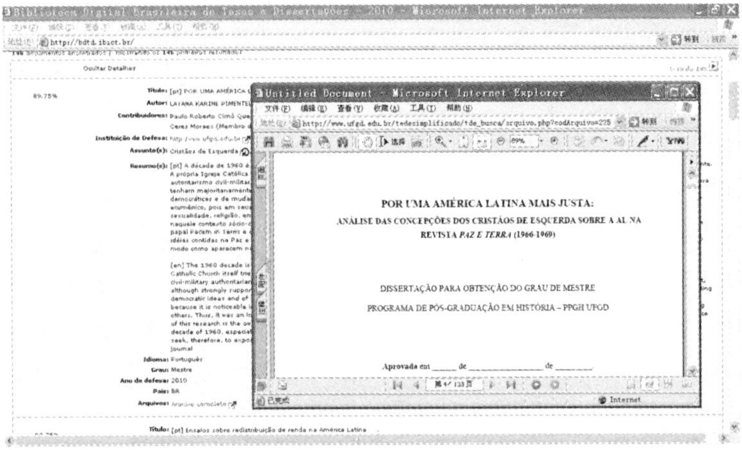

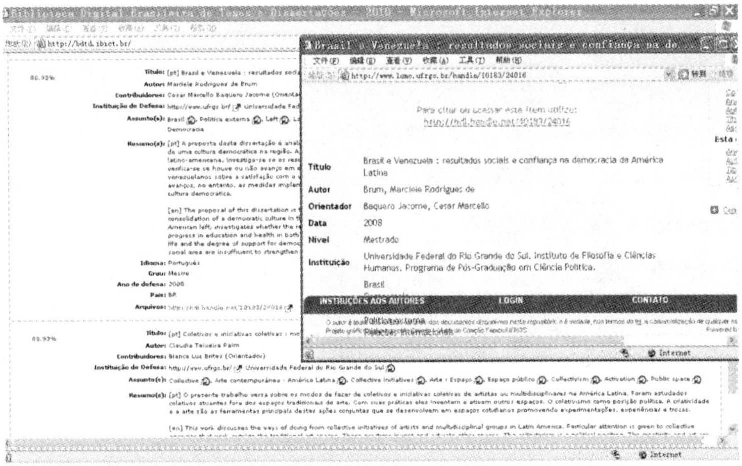

2.10 大洋洲电子学位论文项目(ADT)

大洋洲电子学位论文项目（Australasian Digital Theses Program，简称 ADT），最初是澳大利亚研究理事会（Australian Research Council，简称 ARC）“基础设备设施

研究计划”的基金项目(Research Infrastructure Equipment and Facilities(RIEF) Scheme grant,1997/1998),由澳大利亚7所高校图书馆与澳大利亚大学图书馆员委员会(Council of Australian University Librarians,简称CAUL)于1998年共同发起,旨在建立一个澳大利亚高校研究生电子学位论文的分布式数据库,初名为“澳大利亚电子学位论文项目”(Australian Digital Theses Program,简称ADT)。2005年9月,该项目开始吸纳新西兰各高校为成员,正式更名为“大洋洲电子学位论文项目”(Australasian Digital Theses Program,简称ADT)。自2009年3月起,该项目被纳入“CAUL大洋洲机构资源库支持服务计划”(CAUL Australasian Institutional Repository Support Service,简称CAIRSS)之中。

大洋洲电子学位论文项目(ADT)是国家层面的学位论文数据库系统,类似于我国的CALIS高校学位论文数据库项目。系统中所有学位论文的全文文本均分散存储在各个高校自身的学位论文服务系统(即机构资源库)中,ADT另于新南威尔士大学建立了学位论文元数据中心库,对各成员馆提交的书目数据进行采集并提供统一检索服务。从2011年开始,该中心库完成了它的历史使命,停止运营,[①]大洋洲电子学位论文项目(ADT)全部整合到澳大利亚国家图书馆(NLA)的Trove系统之中,今后由澳大利亚国家图书馆负责对各高校机构资源库的学位论文进行数据收割与发布。目前用户可通过澳大利亚国家图书馆的Trove检索平台(http://trove. nla. gov. au)查阅大洋洲各高校(主要是澳大利亚与新西兰两国)产出的学位论文。

与大洋洲电子学位论文项目(ADT)的检索系统相比,澳大利亚国家图书馆的Trove检索平台涵盖的范围更广,不但包括了大洋洲高校出产的所有类别的学位论文(如荣誉学位),还可指向大洋洲其他学术机构以及大洋洲以外地区收藏的学位论文。此外,Trove的服务更具针对性:印刷版与电子版学位论文分别设置有检索途径,在前者的检索结果中有非常详细的馆藏信息的描述;而使用“学校浏览”功能,用户可通过检索直接获取相关高校机构资源库中的学术资源。

---

① http://www. caul. edu. au/caul-programs/australasian-digital-theses

Trove 使用示例如下：

书目及全文数据查询

设置检索款目(以高级检索为例)

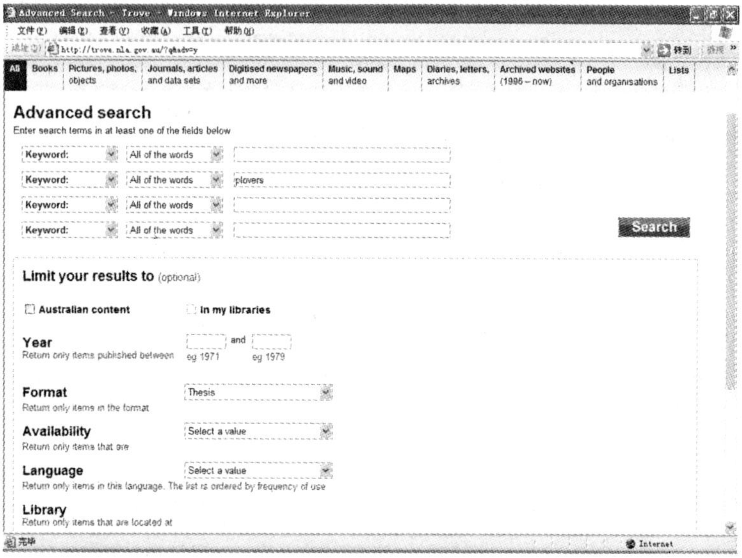

检索结果列表(标注 View online 的为可在线获取数据)

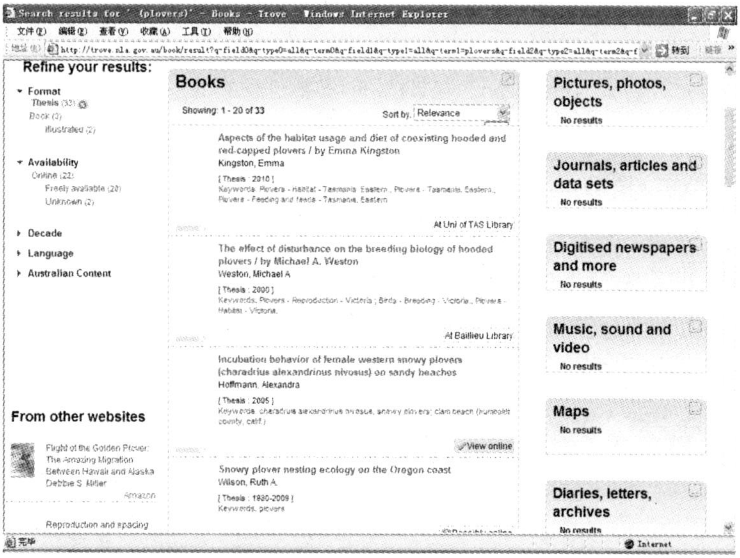

访问目标数据(点击 Available online 即可进入载有原始数据的相关机构库页面)

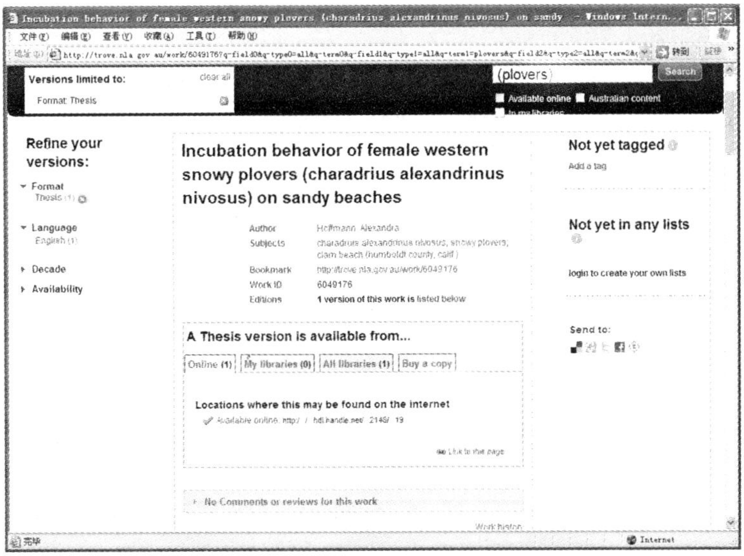

原始数据页面(1)

原始数据页面(2)

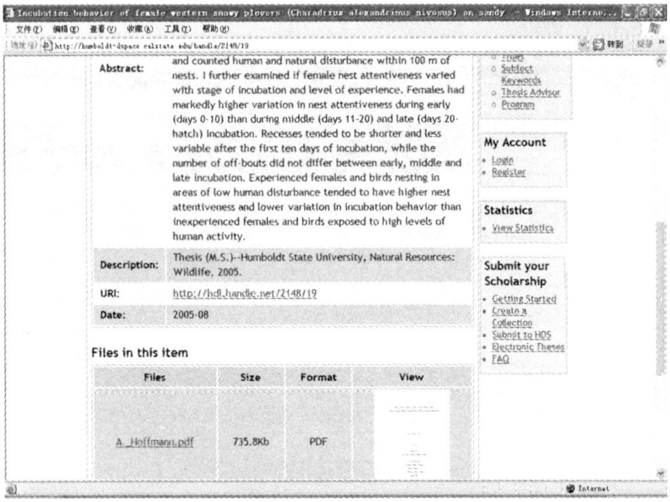

2.11 欧洲研究型学位论文数字门户(DART-Europe)

欧洲研究型学位论文数字门户(Digital Access to Research Theses-Europe,简称DART-Europe)作为欧洲图书馆及图书馆联盟的合作组织,支持欧洲范围内电子学位论文资源的创建、查找与利用,旨在促进欧洲地区的学术资源在全球范围内实现共享。DART-Europe由欧洲研究图书馆联盟(Ligue des Bibliothèques Européennes de Recherche,简称LIBER)资助,是博士与硕士学位论文数字图书馆网络(NDLTD)在欧洲的工作组,其总部设在伦敦大学学院,由各合作伙伴选出的代表组成的董事会负责组织管理。

DART-Europe在资源建设方面,按合作计划实行集中与分散相结合:全文文本存储在各个机构资源库;各合作伙伴(图书馆或图书馆联盟)提供的元数据由DART-Europe依OAI-PMH收割后集中于门户网站以便用户进行查阅。DART-Europe十分注重所接收学位论文的质量,目前只接收博士学位论文与研究型硕士(非授课式)学位论文。

DART-Europe门户已经成为欧洲地区高水平学位论文的集中与开放获取中心,目前,该门户已经收录来自欧洲20个国家的391所机构的学位论文数据295 345条。①

① 数据来源于2012年5月1日对http://www.dart-europe.eu/basic-search.php的访问。

DART-Europe 门户展示：

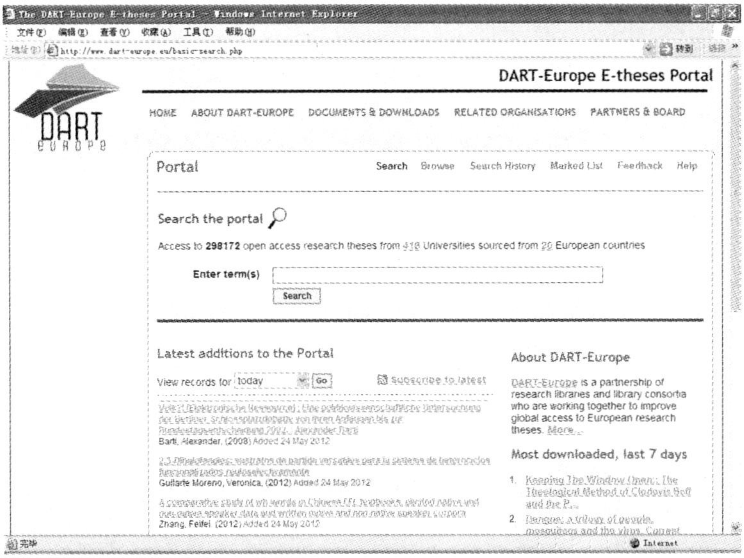

服务体系：分布式共享

数据查询（以高级检索为例）

设置检索款目

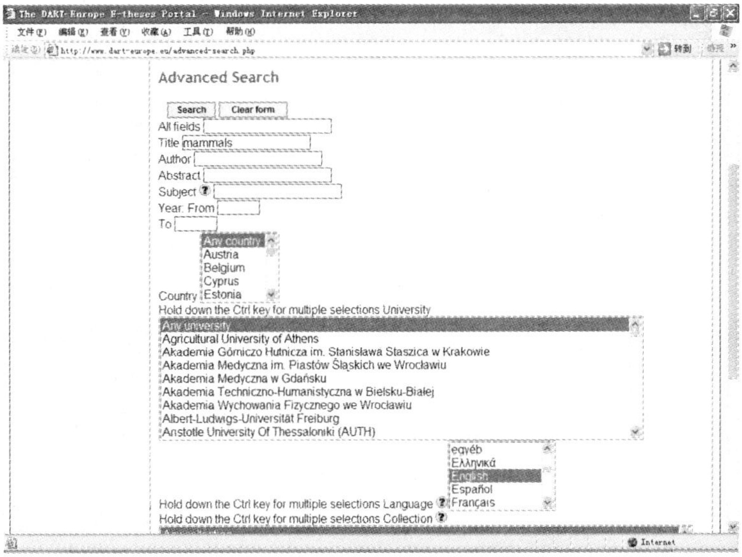

检索结果列表

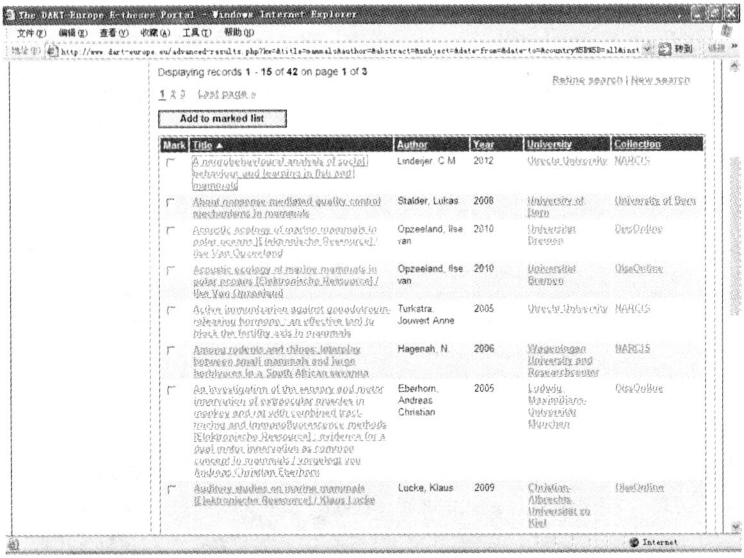

访问目标数据(通过元数据的 ID 可进入相关的机构资源库进行 fulltext 下载)

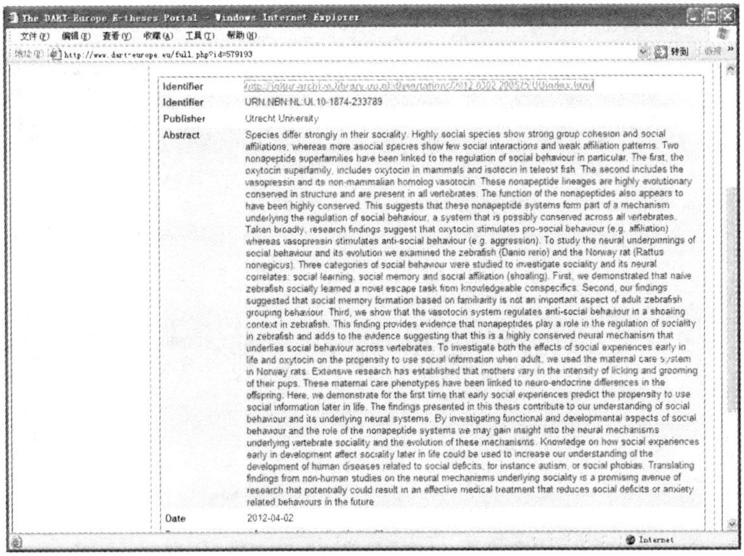

原始数据页面

2.12 国际学位论文数据库(PQDT)

世界上最早提供学位论文商业服务的要算美国的 ProQuest Information and Learning(ProQuest)公司①,该公司也是世界领先的博士、硕士学位论文收藏者和供应商,其前身为美国国际大学缩微胶卷公司(University Microfilm International,简称 UMI)。PQDT 数据库(ProQuest Dissertations and Theses)是 ProQuest 公司在 ProQuest 检索平台上提供的目前世界上规模最大、使用范围最广的国际性学位论文数据库,它是由 PQDD(ProQuest Digital Dissertations)数据库升级而来。

PQDT 是美国国会图书馆的官方数字学位论文仓储,也是记录学术研究成果的数据库。作为可以信赖的学术研究信息来源,PQDT 收藏了来自世界各地研究生院与高等院校的博士、硕士学位论文,几乎涵盖所有学科主题;其提供了 1861 年至今超过 270 万条的学位论文书目索引以及 120 万篇可提供下载的博士论文全文(PDF 格式),其中 1997 年后收录的博士学位论文绝大部分可提供全文,1997 年之前全文获取的回溯工作也在大力进行;PQDT 还提供 1980 年 6 月以来产出的所有

① 2006 年,美国剑桥信息集团(CIG)收购了 ProQuest Information and Learning,并将其与 Cambridge Scientific Abstracts 进行了合并,新的公司名称为 ProQuest LLC。

博士学位论文的摘要(约350字)和1988年以来产出的所有硕士学位论文的摘要(约150字),以及最早可追溯至1637年的博士学位论文的简单书目数据;[①]对于全文数据,PQDT免费提供前24页预览。从2007年开始,通过PQDT全文数据库可以浏览和下载作者提交的与学位论文相关的多媒体资料,例如音频、脚本代码、数据、图像、PDF文件、简报、电子表格和文本。

在全球700家具有领先地位的高等院校与学术机构的通力合作下,以及通过ProQuest的电子化存储与访问计划(DAAP)开展的学位论文数字化回溯工作,PQDT数据库的学位论文收藏量一直在持续增长,每年有超过75 000篇的新增学位论文入库。学位论文的全文在学位授予机构提交时予以存档,有的是PDF原生文档,有的是PDF图像。所有入库的学位论文都要经过同行评议,确保只收藏学术内容最优的学位论文。[②]

PQDT数据库的内容分为A卷和B卷。A卷是人文社会科学卷,学科涵盖建筑学、圣经研究、城市规划与妇女研究等,也包括所有与教育学相关的学位论文;B卷是科学与工程卷,收藏的学科范围包括大气科学、有机化学、核工程、免疫学、产科学和心理学等领域的学位论文。[③]

2.12.1 学位论文的提交与出版

ProQuest公司下属的UMI Dissertation Publishing(UMI学位论文出版公司,以下简称UMI出版公司)负责处理所有与学位论文资源库建设相关的业务,包括学位论文的提交、出版、存储和传播。从1938年起,作为ProQuest公司前身的UMI就开始出版学位论文,至今已出版了来自世界各地研究生院超过200万篇的学位论文。[④] 该公司获取的学位论文一般由学位论文作者自己提交,也可通过大学研究生院或图书馆提交,提交方式既可通过计算机网络在线提交电子学位论文,也可寄送纸本学位论文。

目前,大学研究生院和图书馆提交学位论文一般使用UMI出版公司于2003年创建的电子学位论文在线提交系统ETD Administrator。截止到2009年9月20日,已经有197家美国高等院校加入该系统。[⑤] 学位论文在线提交系统分为学生提交

① http://www.proquest.com/en-US/catalogs/databases/detail/pqdt.shtml

② http://www.proquest.asia/zh-CN/catalogs/databases/detail/pqdt.shtml

③ http://www.proquest.com/assets/literature/products/databases/pqdt.pdf

④ http://www.proquest.asia/zh-CN/products/dissertations

⑤ http://www.proquest.com/assets/downloads/products/etd_participatinginstitutions.pdf

学位论文系统和管理员审核系统。学位论文作者经过签署出版协议、提交作者信息、提交细节信息、上传PDF格式的学位论文即可完成学位论文提交的主要环节，还可以选择是否继续上传学位论文的多媒体资料、登记版权和订购拷贝。该系统对应的每个主站点(加入在线提交的学术机构的对应站点)都配备一名主管人员和若干管理员以保证学位论文上传质量。管理员审核系统分为如下环节:管理员通知学生提交学位论文、管理员审核学生的提交信息、管理员审核通过学生的提交信息、管理员分批提交学位论文、UMI出版公司收到提交信息。管理员分批次提交的学位论文信息也可以选择是否向高校图书馆发送。[①] 学位论文在线提交比纸本提交平均少花费2—4周时间，既无需印刷或运输，也不需要填写和寄送纸质表格，还可在线保存，实现无障碍阅读。

与传统的学位论文提交、出版服务不同，UMI出版公司在2006年秋季正式启动了一个叫做PQDT Open的在线出版项目，加入此项目的学位论文的作者选择以开放存取的形式出版自己的研究成果。

2.12.2 学位论文的订购

目前PQDT数据库中大约有210万篇学位论文可以提供印刷本拷贝，ProQuest也已开展了用户订购业务。从ProQuest申请订购学位论文，根据申请主体的不同，可以分为作者订购(下载)、研究生订购和研究人员订购。在订购学位论文之前，用户可以事先在PQDT数据库中寻找学位论文全文书目记录，确定目标学位论文后，通过以下方式获得:PQDT数据库(通过作者所在机构的图书馆订阅，如果用户所在图书馆没有订阅PQDT，可申请试用)、学位论文快递系统、打印的学位论文订单、图书馆的馆际互借办公室以及ProQuest公司的学位论文热线。ProQuest公司提供无封皮、精装、平装、缩微胶卷或缩微平片等多种载体形式的学位论文。作者、研究生及研究人员三者订购学位论文的价格略有区别。

2.12.3 学位论文的编目与存储

积极通过ProQuest/UMI Publishing出版学位论文的高等院校将免费获取ProQuest公司为其订制的学位论文MARC元数据，并可自行添加至各自馆藏的学位论文索引及OPAC系统中。ProQuest公司为用户提供两种电子格式的MARC记录:US MARC和其自创的DCI MARC。DCI MARC记录大多由ProQuest公司的经

① http://www.proquest.com/en-US/products/dissertations/etd_administrator.shtml

销商或是不需要 OPAC 数据上载与规范的头标区信息的用户所使用。[①]

ProQuest 公司通过实施电子化存储与访问计划(DAAP),致力于将有关学位论文保存、编目与在线访问的服务融为一体。其中,学位论文的保存包括缩微方式与电子方式:前者是将所收集的每一种博、硕士学位论文(纸质以及电子版本)制作成两份缩微胶卷,存储于恒温恒湿且硬件设施良好的储藏库中;后者是将电子版本学位论文以 TIFF、PDF 格式保存于两组物理上相互隔离的、高度可靠的磁盘阵列中,每天进行备份,此外,磁盘的拷贝还另存储于铁山公司(Iron Mountain)[②]以用于异地保护。2005 年 12 月,ProQuest 公司成立了一个专家小组,专家们就电子化学位论文的最佳存储方法提出了一系列战略性建议。[③] 目前 PQDT 已经成为美国国会图书馆学位论文资源的官方异地仓储,所有高等院校提交给 ProQuest 公司的学位论文都成为美国的国家馆藏。

2.12.4 学位论文的检索与访问

团体订阅用户可通过其所在机构购买的 PQDT 数据库的镜像服务器进行检索与访问。

个体用户可通过 ProQuest 统一平台(http://proquest.umi.com/pqdweb)进入数据库列表(需注册),点击选择“Interdisciplinary-Dissertations & Theses”。除了使用给定的检索方式检索学位论文以外,还可以与 ProQuest 平台内的其他数据库进行跨库检索。PQDT 数据库主要提供基本检索、高级检索。高级检索的功能极为完善,提供 3—7 个基本检索框和多达 18 个限制检索字段,配备了限制日期范围、限制检索字段的下拉菜单选项及其他检索功能键,能有效满足用户的组配检索和二次检索的需求。检索结果界面一般由三个部分构成:摘要及详细的书目数据(Abstract & Index),前 24 页预览和订购。用户如需进一步查看学位论文全文信息,可使用订购功能,通过在线支付获取学位论文全文。用户还可以在检索结果页面上有效管理自己的标记项目,每个标记项目都有超级链接。

前述的 PQDT Open 是 ProQuest 公司推出的另一个公共检索平台,用户通过检索可以获取 1951 年以来世界范围内学位论文资源的全文免费下载(网址:http://pqdtopen.proquest.com)。

---

① http://www.proquest.asia/zh-CN/products/dissertations/marcrecords.shtml

② Iron Mountain(铁山)是美国一家专注于存储备份、数据安全的公司。

③ 具体建议及专家小组成员情况请见 http://www.proquest.asia/zh-CN/products/dissertations/preservationpolicy.shtml。

此外，ProQuest 公司还为用户提供了学位论文参考工具书，包括《国际学位论文文摘》[①]（*Dissertation Abstracts International*，简称 DAI）、《国际硕士学位论文文摘》[②]（*Masters Abstracts International Citations*，简称 MAI）、《美国博士学位论文》[③]（*American Doctoral Dissertations*，简称 ADD）。

PQDT 的运作模式具有以下几个特点：

（1）学位论文资源建设的规范化。ProQuest 公司提供的 PQDT 学位论文服务流程规范，程序严格。该公司与各种类型的合作伙伴的权利义务关系明确，公益性事务与营利性事务相得益彰。ProQuest 公司在学位论文资源采集方面的唯一性和营利手段的多元化有助于集中优势资源，将 PQDT 数据库建设成为世界上最完善的学位论文数据库。反观我国学位论文资源库建设与服务，由于相关法律法规不够完善，权利义务关系模糊不清，商业数据库与法定收藏单位拼抢学位论文资源，影响了学位论文资源库的完整性和全面性。

（2）学位论文服务的用户导向性。PQDT 数据库的运营商 ProQuest 公司设身处地为用户着想，方便用户检索信息，最大限度地覆盖目标客户，如无处不在的超级链接，电子化学位论文的存档项目等。相比较而言，我国现有学位论文数据库的用户体验就要逊色不少，注重工具性使用，缺乏深度服务揭示。

（3）学位论文资源的开放存取性。开放存取的发展不可避免地受到知识产权的限制。PQDT 数据库中可以开放存取的学位论文资源也有局限性，如何取得开放资源与商业利益之间的平衡是影响该数据库发展的重要因素。图书馆用户在订阅 PQDT 数据库时，每一成员馆挑选特定学科主题的学位论文，互不重复，互相共享，订阅数据库成员馆越多，就意味着 PQDT 数据库的学位论文资源共享程度越高，方便了用户获取国外博士、硕士学位论文的全文。我国的学位论文资源数据库怎样在技术设置、资源共享上实现国内乃至国际范围内的开放存取值得我们深思。

此外，进入 PQDT 数据库的学位论文都要经过同行评议，确保了学位论文内容的高质量和数据库的声誉，这都是值得我们借鉴的。

---

① http://www.proquest.asia/zh-CN/catalogs/databases/detail/dai.shtm

② http://www.proquest.asia/zh-CN/catalogs/databases/detail/mai_citations.shtml

③ http://www.proquest.com/en-US/catalogs/databases/detail/add.shtml

2.12.5 ProQuest 学位论文全文数据库展示

——以上海交通大学镜像站为例

服务体系:集中式共享(通过镜像服务器)

书目及全文数据查阅

设置检索款目

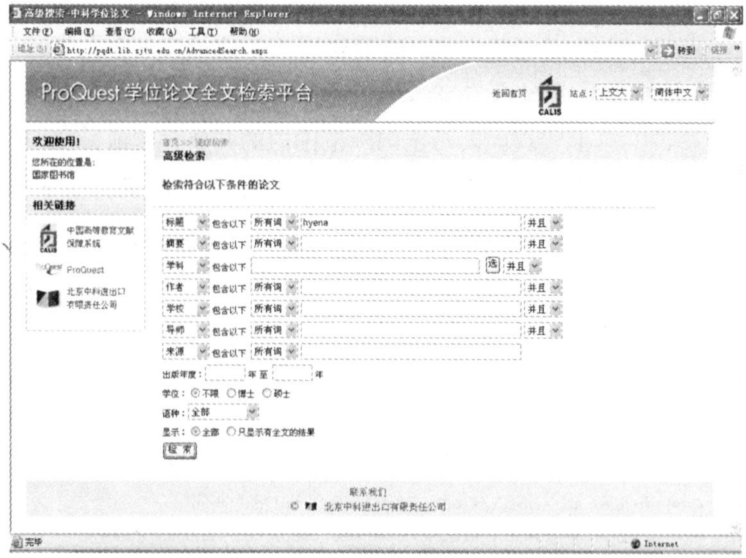

检索结果列表

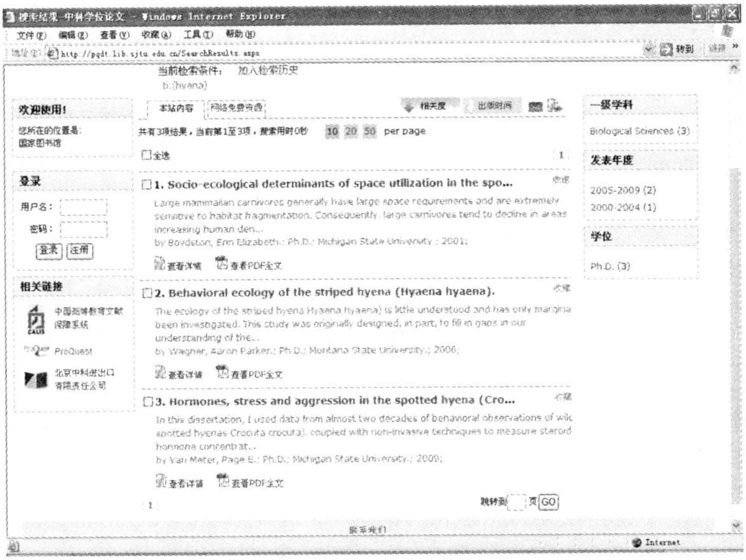

访问目标数据(1)

访问目标数据(2)

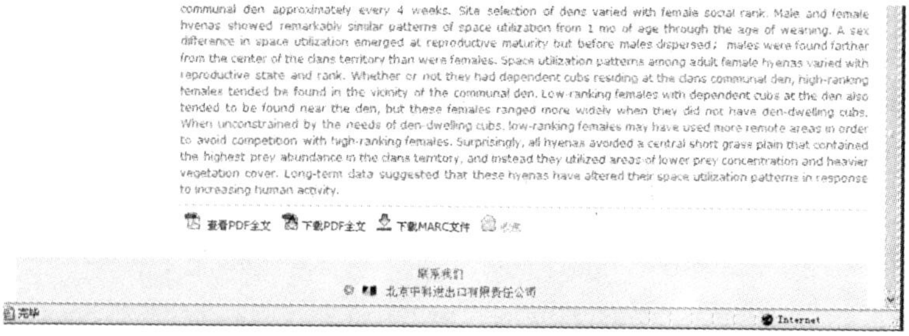

注:除元数据与详细的摘要外,页面下方提供 PDF 全文与 MARC 文件的下载链接。

2.13 博士与硕士学位论文数字图书馆网络(NDLTD)

博士与硕士学位论文数字图书馆网络(Networked Digital Library of Theses and Dissertations,简称 NDLTD)是在电子学位论文数据库(ETD Database,ETD-db)基础上发展起来的致力于实现全球学位论文共建共享的国际性组织。NDLTD 成立于 1996 年,原名(美国)国家博士与硕士学位论文数字图书馆(National Digital Library of Theses and Dissertations),发端于 20 世纪 90 年代初期美国东南部的弗吉尼亚理工大学(Virginia Tech),最初的计划是建立一个集处理、存储、访问于一体的系统,以便更好地收藏与利用该校研究生的科研成果,随着本国及国外院校的不断加入,其业务范围逐渐由区域性扩展至国际性。NDLTD 旨在通过领导力与创新力,创建一个全球范围内电子学位论文采集、制作、利用、传播与存储的数字图书馆网络,鼓励并支持高等院校及其联盟发展学位论文的电子出版工作与数字图书馆建设,借以促进知识的全球传播与共享。

2.13.1 学位论文的收藏——OAI 协议下的数据提交、采集

对于学位论文的收藏,NDLTD 采用了分布式共建共享学位论文的服务系统,由各个成员(院校及其联盟或个人)负责在本地采集、保存、上传电子版学位论文(存储于自建的机构库或提交至相关网站/页),并依据 ETD-MS① 互操作性元数据标准(或与其相兼容的标准)制作学位论文元数据,后通过 OAI 接口发布数据。

① ETD-MS 格式是基于都柏林核心元数据元素集(Dublin Core Metadata Element Set)制定的元数据标准,参见 http://www.ndltd.org/standards/metadata/etd-ms-v1.00-rev2.html。

NDLTD 将依照 OAI 元数据收割协议(OAI-PMH)定期收割 ETD-MS 标准的元数据(分为两次,初次收割由 OCLC(2011 年后交由开普敦大学数字图书馆实验室)执行,再由 NDLTD 的服务商 VTLS 进行二次收割),然后发布在电子学位论文联合目录数据库(NDLTD Union Catalog)中。联合目录数据库是一个元数据中心集成系统,汇集了 NDLTD、联机计算机图书馆中心(OCLC)、VTLS 搜索平台及 Scirus 科学搜索引擎等提供的书目索引。[①] 自 1996 年至今,NDLTD 已采集的学位论文书目数据共计1 869 236条(包括博士学位论文与硕士学位论文)。[②]

NDLTD 诚邀国际上的各种团体与机构加入该项目,提供各种相关的技术指导(包括 ETD 机构库的构建、元数据格式设置以及元数据收割流程等),以达到资源共建共享的目的。NDLTD 根据入会成员主体性质的不同收取不同的年费,维持机构的正常运转。个人会员支付 25 美元的年费,机构会员缴纳 300 美元年费,机构联盟、多校区大学系统或来自部分发展中国家的机构加入 NDLTD 的年费有特殊的折扣。[③] 未加入 NDLTD 的个人或机构可以通过该机构的在线申请系统积极申请。目前全球有多家大学图书馆、图书馆联盟、专业研究所加入了 NDLTD,其中包括我国的澳门大学图书馆与台湾省"中央图书馆"。

2.13.2 版权问题解决方式

NDLTD 鼓励对公费研究成果实行开放存取(Open Access),同时尊重元数据来源机构对学位论文作者版权问题的规定,将学位论文的版权问题交由各自机构处理,并提供各国、各机构关于版权问题的说明及处理办法。[④] 根据作者的要求,NDLTD 链接到的部分全文数据分为无限制下载、有限制下载、不能下载几种方式。对于学位论文在多长时间后(如 6 个月、1 年或 2 年)可以扩大获取范围,NDLTD 认为学校应该征求学位论文作者的意见。在未获得版权所有人正式许可的情况下,学位论文的全部内容均不得以任何格式、任何媒介进行商业化的发行。以 NDLTD 会员"图书馆三角网络联盟"(Triangle Research Libraries Network)中的杜克大学(Duke University)为例,杜克大学规定学位论文作者继续享有学位论文的著作权,转让必须采取书面形式。作者提交的学位论文将发布在学校图书馆数据库 Duke Space、学校图书馆联机目录或其他搜索引擎之中。杜克大学为学位论文的公开存

---

① http://www.ndltd.org/find.

② 数据来源于 2012 年 5 月 1 日对 http://union.ndltd.org/portal/? 的访问。

③ http://www.ndltd.org/join.

④ http://www.ndltd.org/resources/copyright/copyright-issues.

取提供6个月、1年或2年的保密期限,保密时间自研究生院审核通过学位论文提交之日算起,保密期间不得发布学位论文任何信息。作者也可申请延长保密期限。①

2.13.3 NDLTD的学位论文检索服务

NDLTD是基于Web的联机检索数据库,各种文本、图像、音视频信息都被加工成电子信息,以超链接形式被阅读者获取。目前,有两种面向数据使用端的检索服务应用于NDLTD的联合目录库查询:

(1)Scirus电子学位论文搜索引擎(Scirus ETD Search)

Scirus是一款来自爱思唯尔集团(Elsevier)的全方位科技搜索引擎,使用其提供的高级检索可以缩小目标论文的搜索范围,还可以访问其他相关的学术资源。主检索款目包括题名、作者、关键词、语种、权限、指导委员会等12项,限制性检索款目有出版时间、学科范围以及学位论文以外的学术搜索引擎。检索完毕后点击目标论文标题可指向载有源文档书目数据的相关机构库的网页界面,页面中一般显示有PDF原文的下载链接。

(2)VTLS Visualizer搜索平台

VTLS公司(Visionary Technology in Library Solutions)长期为NDLTD的建设提供解决方案。其开发的Visualizer是一个具有复杂功能的动态搜索平台。检索结果可按相关性、出版时间及索取号等进行排序。其高级检索界面设计简约,主检索款目包括题名、作者及学科主题,学位论文语种及文档存储格式作为限制性检索款目。NDLTD正在研发中的分面搜索功能已逐渐将地理范围、时间及系所、院校名称纳入检索范围。检索完毕后点击目标论文标题下方的提示可指向载有原始数据的网页界面,页面中一般显示有PDF原文的下载链接。

综上所述,NDLTD所建立的全球性的学位论文共建共享开放数据库值得学习与借鉴。其一,NDLTD的目标是全球范围内的电子学位论文,不局限于一个国家,一个地区;其二,NDLTD采用共建共享分布式学位论文开发利用的模式,由各个会员单位对学位论文进行收集、整理、描述和储存,再由NDLTD通过网上统一提交平台收割元数据并提供检索;其三,NDLTD是一个开放的项目,无论是个人,还是集体都可以参加到这个项目里面来,进而共同建设学位论文数据库;其四,任何人都可以通过网络免费检索浏览NDLTD中收录的学位论文,满足了读者对先进知识的渴求。

---

① http://gradschool.duke.edu/academics/theses/availability.php.

2.13.4 NDLTD 搜索平台展示

Scirus 平台

设置检索款目(以高级检索为例)

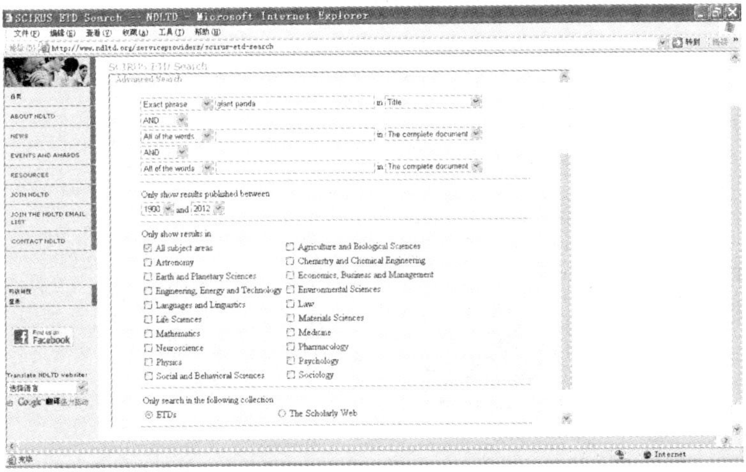

注:可选择在电子学位论文(ETDs)或一般学术资源(The Scholarly Web)的范围内进行搜索。

检索结果列表

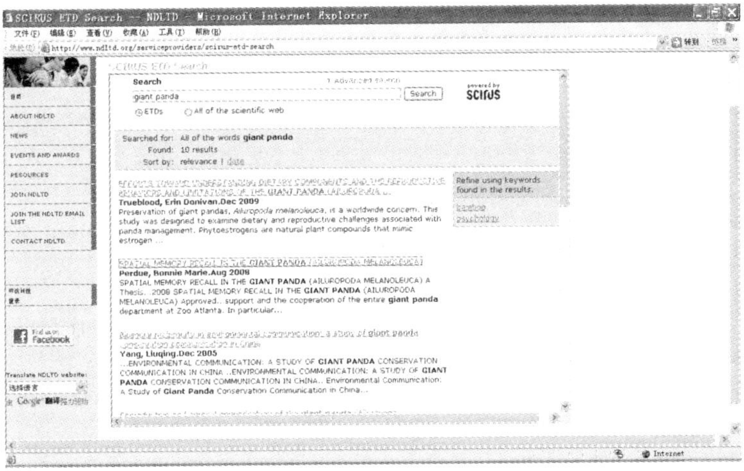

访问目标数据（在检索结果中点击学位论文题名即可进入载有原始数据的相关机构库页面）

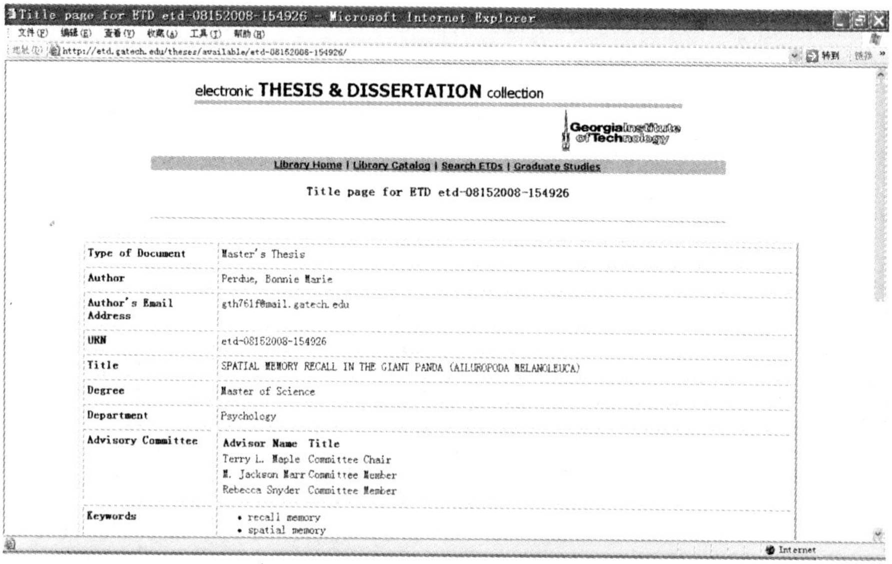

Title page for ETD etd-08152008-154926 - Microsoft Internet Explorer

electronic THESIS & DISSERTATION collection

Georgia Institute of Technology

Library Home | Library Catalog | Search ETDs | Graduate Studies

Title page for ETD etd-08152008-154926

Type of Document	Master's Thesis
Author	Perdue, Bonnie Marie
Author's Email Address	gth761f@mail.gatech.edu
URN	etd-08152008-154926
Title	SPATIAL MEMORY RECALL IN THE GIANT PANDA (AILUROPODA MELANOLEUCA)
Degree	Master of Science
Department	Psychology
Advisory Committee	Advisor Name Title Terry L. Maple Committee Chair M. Jackson Marr Committee Member Rebecca Snyder Committee Member
Keywords	• recall memory • spatial memory

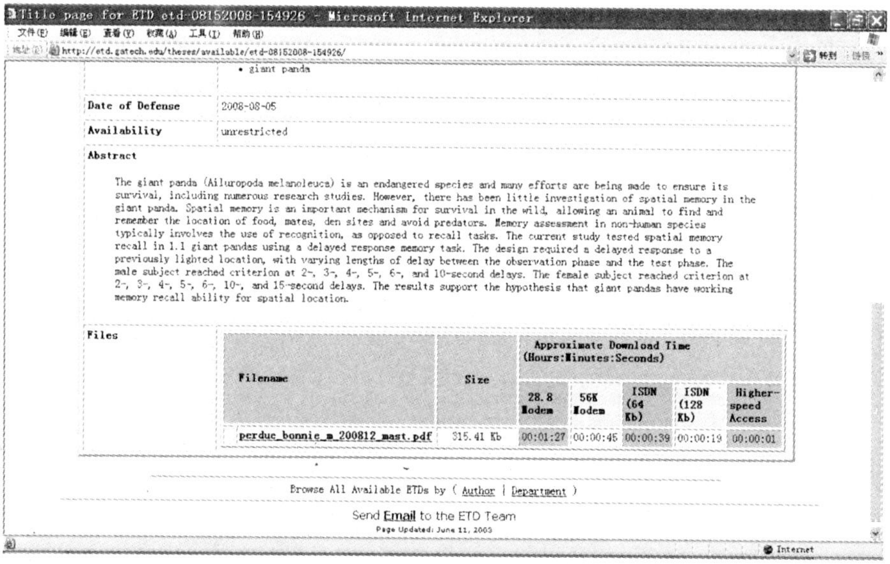

Title page for ETD etd-08152008-154926 - Microsoft Internet Explorer

	• giant panda
Date of Defense	2008-08-05
Availability	unrestricted

Abstract

The giant panda (Ailuropoda melanoleuca) is an endangered species and many efforts are being made to ensure its survival, including numerous research studies. However, there has been little investigation of spatial memory in the giant panda. Spatial memory is an important mechanism for survival in the wild, allowing an animal to find and remember the location of food, mates, den sites and avoid predators. Memory assessment in non-human species typically involves the use of recognition, as opposed to recall tasks. The current study tested spatial memory recall in 1.1 giant pandas using a delayed response memory task. The design required a delayed response to a previously lighted location, with varying lengths of delay between the observation phase and the test phase. The male subject reached criterion at 2-, 3-, 4-, 5-, 6-, and 10-second delays. The female subject reached criterion at 2-, 3-, 4-, 5-, 6-, 10-, and 15-second delays. The results support the hypothesis that giant pandas have working memory recall ability for spatial location.

Files

Filename	Size	Approximate Download Time (Hours:Minutes:Seconds)				
		28.8 Modem	56K Modem	ISDN (64 Kb)	ISDN (128 Kb)	Higher-speed Access
perdue_bonnie_m_200812_mast.pdf	315.41 Kb	00:01:27	00:00:45	00:00:39	00:00:19	00:00:01

Browse All Available ETDs by (Author | Department)

Send Email to the ETD Team

Page Updated: June 11, 2003

VTLS 平台

设置检索款目(以高级检索为例)

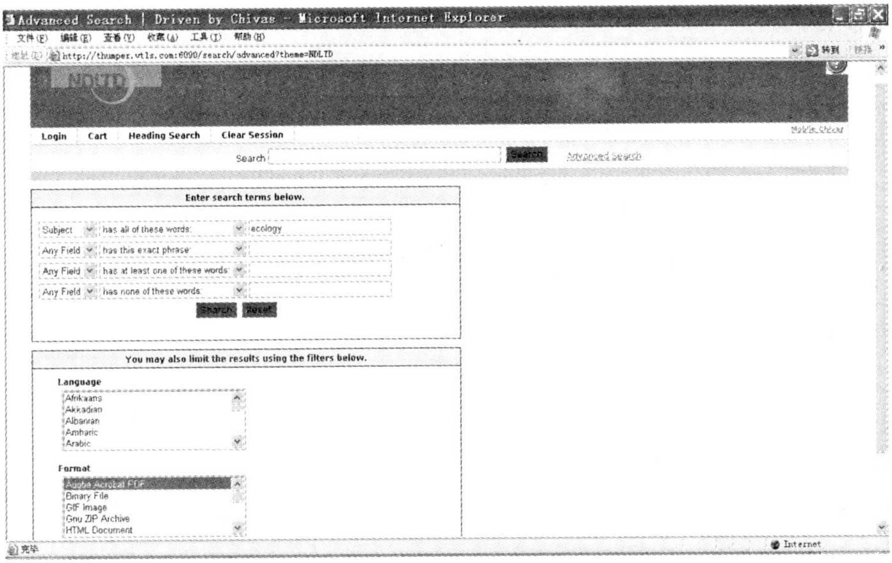

检索结果列表

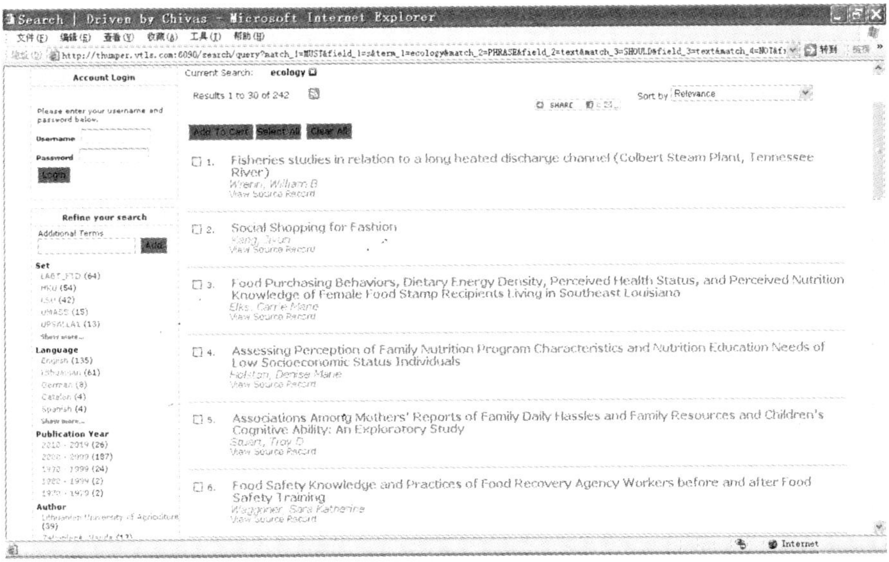

细化搜索结果——通过机构库名称、语种、出版年代、学科主题等

访问目标数据(点击目标题名下方的 View Source Record 即可进入载有原始数据的相关机构库页面)

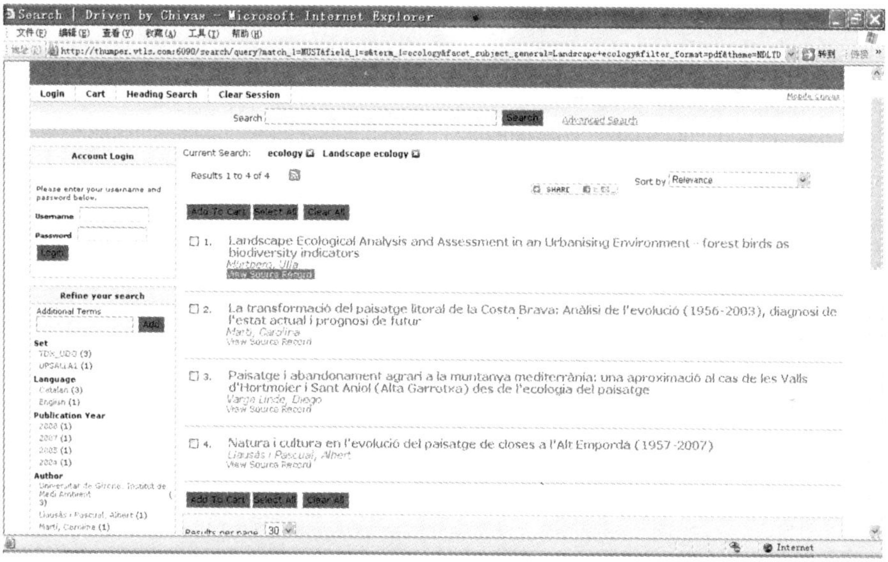

原始数据页面(1)

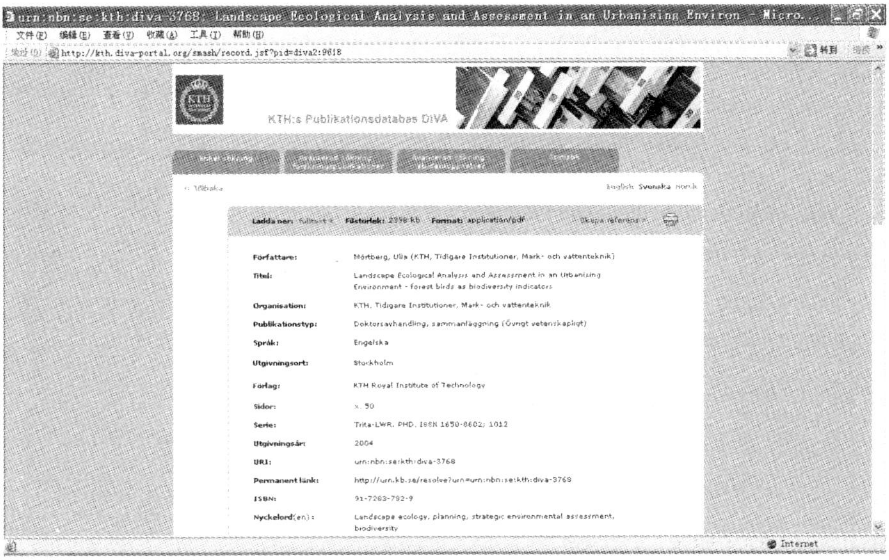

urn:nbn:se:kth:diva-3768: Landscape Ecological Analysis and Assessment in an Urbanising Environ - Micro...

文件(F) 编辑(E) 查看(V) 收藏(A) 工具(T) 帮助(H)

http://kth.diva-portal.org/smash/record.jsf?pid=diva2:9618

KTH:s Publikationsdatabas DiVA

English Svenska norsk

Ladda ner: fulltext Filstorlek: 2398 kb Format: application/pdf Skapa referens

Författare:	Mörtberg, Ulla (KTH, Tidigare Institutioner, Mark- och vattenteknik)
Titel:	Landscape Ecological Analysis and Assessment in an Urbanising Environment - forest birds as biodiversity indicators
Organisation:	KTH, Tidigare Institutioner, Mark- och vattenteknik
Publikationstyp:	Doktorsavhandling, sammanläggning (Övrigt vetenskapligt)
Språk:	Engelska
Utgivningsort:	Stockholm
Förlag:	KTH Royal Institute of Technology
Sidor:	x, 50
Serie:	Trita-LWR. PHD, ISSN 1650-8602; 1012
Utgivningsår:	2004
URI:	urn:nbn:se:kth:diva-3768
Permanent länk:	http://urn.kb.se/resolve?urn=urn:nbn:se:kth:diva-3768
ISBN:	91-7283-792-9
Nyckelord(en):	Landscape ecology, planning, strategic environmental assessment, biodiversity

Internet

原始数据页面(2)

urn:nbn:se:kth:diva-3768: Landscape Ecological Analysis and Assessment in an Urbanising Environ - Micro...

文件(F) 编辑(E) 查看(V) 收藏(A) 工具(T) 帮助(H)

http://kth.diva-portal.org/smash/record.jsf?pid=diva2:9618

car traffic added to the explanation oftheir distribution. By contrast, deciduous forest was stillquite common in predominantly urban areas, due to both latechanges in land use and a history of human preferences. Certainred listed bird species tied to deciduous forest did not seemto be affected by isolation, and also occurred in suitablehabitats in some highly urbanised areas. Furthermore, relativespecies richness in the urban-suburban gradient was related tomulti-layered deciduous forest habitats with a large amount ofdead wood. Such habitats were associated with natural shorelineand with old pastures and parks. From the derived statisticalmodels, describing the relationships between sensitive speciesand environmental variables, predictive habitat maps could becreated for the present situation and for planning scenarios.The predictions of the impacts on habitats of sensitive speciesmade it possible to quantify, integrate and visualise theeffects of urbanisation scenarios on aspects of biodiversity ona landscape scale.

Disputation:	2004-05-28, 00:00
Tillgänglig från:	2004-05-27
Skapad:	2004-05-27
Senast uppdaterad:	2012-01-23
Statistik:	607 träffar

FILINFORMATION

Fil:	FULLTEXT01
Filstorlek:	2398 kb
Checksumma:	SHA-1 MD5
Mimetyp:	application/pdf
Typ:	fulltext
Statistik:	359 träffar

DiVA

Internet

3 我国学位论文资源建设与服务概况

我国最早的学位论文于1931年产生于北京大学,作者是两位硕士学位获得者张鸿翔和盛代儒,均系国学门史学专业录取的研究生,后成为著名的历史学和目录学专家。当时研究生数量不多,学位论文大都是以手稿形式保存在大学的档案室,并未进行开发利用。20世纪30年代之后,由于我国战争频发、社会动荡,致教育停滞;直到20世纪70年代末期,我国实行改革开放,社会进步,百业复兴,研究生教育与学位制度也于1978年得以恢复与确立;特别是1981年1月1日《中华人民共和国学位条例》实施后,学位论文开始批量产出。截至2011年,我国授予博士学位43.9万余人,授予硕士学位369.8万余人,每年产出博士、硕士学位论文已经超过56万种(见表1-1)。目前我国学位论文收藏与服务已经形成了国家图书馆、学位授予单位图书馆、情报部门以及商业公司多家并立的格局。

本章以国家图书馆、"985"工程①高校、中国科学院研究生院、中国社会科学院研究生院、中国科学技术信息研究所、台湾"中央图书馆"以及万方、同方公司等为研究对象,将我国学位论文资源的分布、建设与利用状况进行全方位展示,以期为全面提升我国学位论文资源建设与服务水平提供建设性的意见。

3.1 国家图书馆学位论文资源建设与服务

按照国际惯例,国家图书馆负有收集和保存学位论文的职责。国家图书馆学位论文收藏中心作为国务院学位委员会指定的全国唯一负责全面收藏和整理我国人文社会科学和自然科学学位论文的专门机构,迄今为止已收藏博士、硕士学位论文以及博士后研究报告和海外学位论文超过160万种。为了更好地为读者提供阅览和咨询服务,国家图书馆专门开辟学位论文阅览室,编制学位论文书目数据,建

① 1998年5月4日,江泽民在庆祝北京大学建校100周年大会上向全社会宣告:"为了实现现代化,我国要有若干所具有世界先进水平的一流大学。"为贯彻落实党中央科教兴国的战略,教育部决定在实施"面向21世纪教育振兴行动计划"中,重点支持北京大学、清华大学等部分高等学校创建世界一流大学和高水平大学,简称"985"工程。

立博士学位论文全文影像数据库，按年度编辑出版《中国博士学位论文提要》，取得了良好的社会效益，成为国内知名的学位论文资源保障基地。如下从采访、编目、服务三方面分别介绍国家图书馆学位论文资源建设与服务的发展状况。

3.1.1 学位论文采集的历史与现状

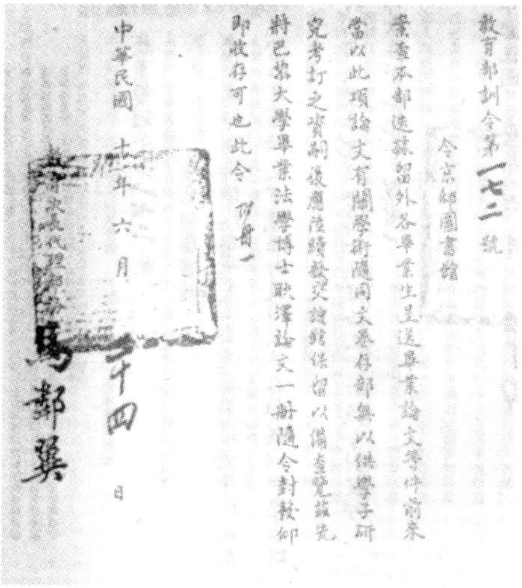
教育部訓令第一七二號
令京師圖書館
案查本部迭據留外各畢業生呈送畢業論文等件前來
當以此項論文有關學術隨同文卷存部無以供學子研
究考訂之資嗣後應陸續發交該館保留以備查覽茲先
將巴黎大學畢業法學博士歐澤論文一冊隨令封發仰
即收存可也此令 附冊一
中華民國十年六月二十四日
馬鄰翼

国家图书馆收藏学位论文，最早可以追溯到20个世纪20年代。1921年6月24日，教育部训令第172号（见右图）令京师图书馆（国家图书馆前身）入藏留外毕业生呈送的毕业论文，以“迭据留外各毕业生呈送毕业论文等件前来，当以此项论文有关学术，随同文卷存部，无以供学子研究考订之资”为由，决定嗣后将留学生毕业论文发交京师图书馆保存，以备读者查览，从此即开国家图书馆学位论文收藏之先河。

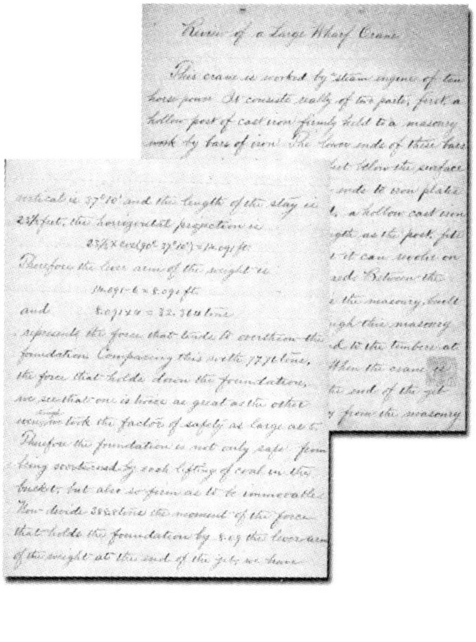
Review of a Large Wharf Crane

This crane is worked by steam engine of ten horse power. It consists really of two parts; first a hollow post of cast iron firmly held to a masonry work by bars of iron. The lower ends of these bars ...

vertical is 37°10' and the length of the stay is 23½ feet, the horizontal projection is
23½ × cos(90° 37°10') = 14.091 ft.
Therefore the lever arm of the weight is
14.091 − 6 = 8.091 ft.
and 8.091 × 4 = 32.364 tons
represents the force that tends to overthrow the foundation. Comparing this with 77.76 tons, the force that holds down the foundation, we see that one is twice as great as the other ... took the factor of safety as large as 5. Therefore the foundation is not only safe from being overturned by each lifting of coal in the bucket, but also so firm as to be immovable. Now divide 388.8 tons the moment of the force that holds the foundation by 8.09 the lever arm of the weight at the end of the jib, we have

中国铁路之父詹天佑于19世纪末在美国撰写的学位论文《论大码头的起重机》的手稿（见左图），以及原石油工业部部长王涛20世纪60年代在苏联撰写的地质矿产学副博士学位论文《前高加索油气藏形成的地质条件和分布规律》等珍贵资料，现都保存于国家图书馆。1983年，国家图书馆曾接受美国友好书刊基金会赠送的10万卷博士学位论文缩微胶卷，其中包括美国十几个州的主要大学在1938年至1977年间的全部博士学位论文。对此，学者董乐山在《十年来美国书籍在中国》一文中曾有全面介绍。[①]而国家图书馆对我国本土产出的学位论

① 中国社会科学院美国研究所，中华美国学会. 中美关系十年[M]. 北京：商务印书馆，1989：300－301

文的大规模收藏,则开始于20世纪80年代初期。

1978年,我国恢复与建立研究生教育与学位制度。1980年2月12日第五届全国人民代表大会常务委员会第十三次会议通过我国第一部教育法《中华人民共和国学位条例》。1981年5月20日国务院批准《中华人民共和国学位条例暂行实施办法》,其中第二十三条规定:“已经通过的博士学位论文,还应当交存北京图书馆和有关的专业图书馆各一份。”从此,确立了国家图书馆(原北京图书馆)作为我国学位论文收藏机构的法定地位。此后,国务院学位委员会办公室(以下简称国务院学位办)先后多次发文,要求全国各学位授予单位严格执行向国家图书馆呈缴的制度。例如:1983年3月发出(83)学位办字003号文,要求各学位授予单位将已通过的博士学位论文寄送北京图书馆;1984年4月发出(84)学位办字011号文,要求各学位授予单位“将已通过的博士学位论文和摘要(每人各一份)寄北京图书馆采访部”;1988年5月发出(88)学位办字006号文《关于做好报送博士学位论文工作的通知》,要求各博士学位授予单位“每半年(或一年)一次将已通过的博士学位论文寄送北京图书馆”(见附录2)。30多年来,在国务院学位委员会和全国学位授予单位大力支持下,通过国家图书馆工作人员的不懈努力,国家图书馆学位论文资源采集工作取得了令人瞩目的成绩,学位论文的采集数量持续增长。

近年来,国家图书馆根据读者的需求,逐步将收藏范围扩大到博士后研究报告、硕士学位论文以及海外华人和港澳台地区的学位论文。人事部专家司也确定国家图书馆为唯一负责全面入藏我国博士后研究报告的专门机构。1992年4月,国家图书馆、国务院学位委员会办公室、国家教育委员会留学生司曾联合发文向海外留学生和学者征集学位论文及研究报告。目前,一个具有中国特色的全球华人学位论文收藏中心已初露端倪。

3.1.2 学位论文采集规模与数量

学位论文采集作为国家图书馆学位论文资源建设的基础,其规模与数量是评价学位论文资源建设水平的重要指标。国家图书馆博士学位论文的收藏伴随着我国学位与研究生教育的发展,由小到大、由少到多,形成了一定规模与效益。由于国家图书馆博士学位论文收藏起步早,加之历届领导的重视以及从业同仁的辛勤奉献,其数量以及学科专业覆盖面在国内首屈一指。截止到2011年,累计收藏国内纸本博士学位论文40万余种,每年新增4万余种,是国内博士学位论文的最大藏家。1981年国家图书馆博士学位论文仅收藏8种,至2010年收藏量达到43 439种,增长超过5400倍,如此巨大的增长数量表明了国家图书馆学位论文采集工作所获得的成就(见表3－1)。笔者计算了自1981年起至2010年,每隔10年国家图书馆入藏博士学位论文的累计增长数量。发现2000年前十年对比1990年前十年平均增长了8.12倍,2010年前10年对比2000年前10年平均增长了4.88倍,即2010年前10年对比1990年前10年平均增长了39倍多(见图3－1)。

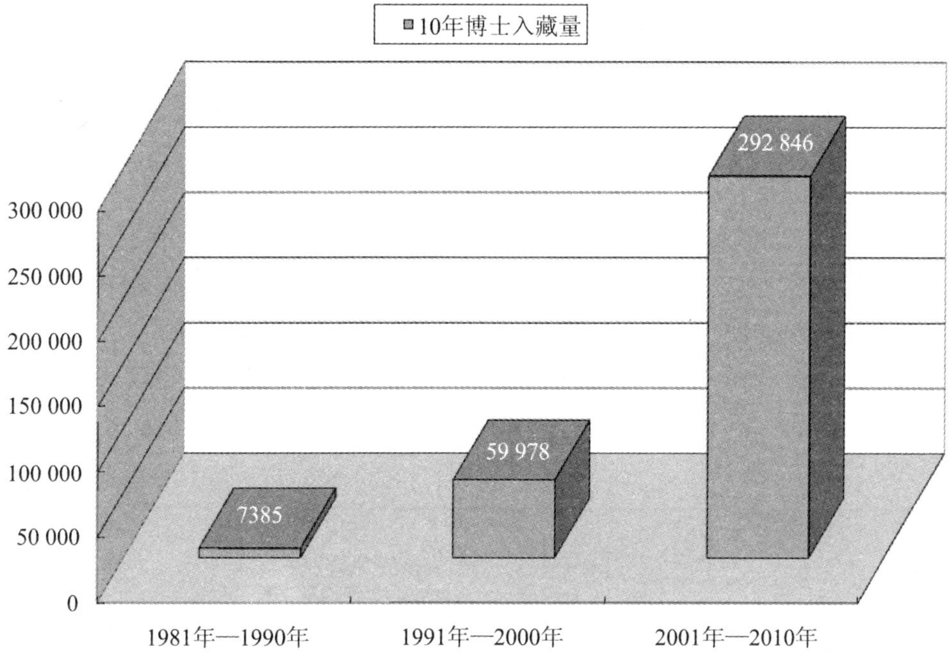

图3－1　国家图书馆30年博士学位论文入藏量

虽然近些年博士学位论文授予数量增长减缓,但是2010年国家图书馆学位论文收藏数量(43 439种)相比2006年收藏数量(33 088种)的增长仍超过30%(见表3－1)。

表3－1　国家图书馆历年博士学位论文入藏数量一览表①

论文完成时间	国图入藏数量	论文完成时间	国图入藏数量
1981年	8	1996年	5645
1982年	8	1997年	7330
1983年	29	1998年	9028

① 数据来源:国家图书馆学位论文采编组。

续表

论文完成时间	国图入藏数量	论文完成时间	国图入藏数量
1984 年	146	1999 年	10 316
1985 年	283	2000 年	10 964
1986 年	300	2001 年	12 613
1987 年	837	2002 年	15 875
1988 年	1643	2003 年	19 605
1989 年	1875	2004 年	23 297
1990 年	2256	2005 年	28 083
1991 年	2537	2006 年	33 088
1992 年	2574	2007 年	36 603
1993 年	3038	2008 年	39 306
1994 年	3774	2009 年	40 937
1995 年	4772	2010 年	43 439

近年来，国家图书馆根据读者的需求，在全面入藏博士学位论文的基础上逐步开展了硕士学位论文的采集。截止到 2011 年，我国内地（不包括台、港、澳地区）已有 140 余家学位授予单位向国家图书馆送交硕士学位论文，国家图书馆累计收藏国内纸本和电子版硕士学位论文 76 万余种，占全国硕士学位论文产出总量（3 698 859篇）的 20%（考虑到 1981 年颁布的《中华人民共和国学位条例暂行实施办法》仅明确规定国家图书馆入藏博士学位论文，而未将硕士学位论文列入呈缴范围，目前的数量已经相当可观）。图 3 －2 反映了国家图书馆历年硕士学位论文的入藏情况，从图中可以看出，1981 年至 2000 年间国家图书馆硕士学位论文收藏数量较少，仅为 2 万余种，约占当时硕士学位论文产出总量的 4%；从 2002 年起，国家图书馆加大了对硕士学位论文的入藏力度，入藏数量大幅提升，其中 2001 年和 2002 年两年的入藏数量之和就与 2000 年前 20 年的入藏总量相当，2003 年至 2007 年每年入藏数量均保持较高的增长（见图 3 －2、表 3 －2）。

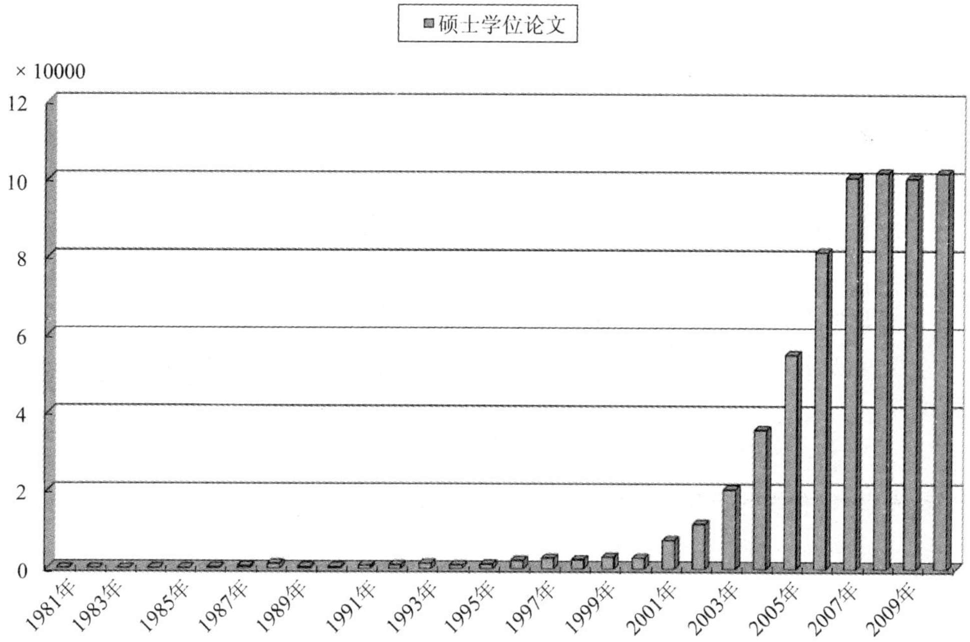

图 3－2　国家图书馆硕士学位论文历年入藏数量

表 3－2　国家图书馆硕士学位论文历年入藏数量一览表①

论文完成时间	国图入藏数量	论文完成时间	国图入藏数量
1981 年	12	1996 年	2144
1982 年	11	1997 年	2752
1983 年	1	1998 年	2392
1984 年	55	1999 年	3075
1985 年	104	2000 年	2870
1986 年	287	2001 年	7456
1987 年	538	2002 年	11 613
1988 年	1237	2003 年	20 452
1989 年	385	2004 年	35 738
1990 年	384	2005 年	55 038
1991 年	795	2006 年	81 473

① 数据来源:国家图书馆学位论文采编组。

续表

论文完成时间	国图入藏数量	论文完成时间	国图入藏数量
1992 年	915	2007 年	100 533
1993 年	1340	2008 年	101 815
1994 年	905	2009 年	100 329
1995 年	1159	2010 年	101 704

由于硕士学位论文入藏数量激增，国家图书馆未能及时建立学位论文网络呈缴系统，给到馆后纸本学位论文的编目加工以及库房存储空间等造成压力。当时国家图书馆围绕是否继续、全面入藏硕士学位论文产生不同意见。一些人认为硕士学位论文学术水平不高，没有收藏价值；一些人提出只收藏重点学科专业的硕士学位论文，但是操作困难、难以实现。比如，如果只是有重点地入藏硕士学位论文，则入藏范围如何界定？入藏量控制在什么水平？对此，国家图书馆的采访政策并未给出明确的答案。导致 2007 年以后，国家图书馆每年硕士学位论文入藏数量稳定在 10 万种，不再明显增长（见图 3－2）。

除博士、硕士学位论文之外，国家图书馆还藏有博士后研究报告 2.5 万余种、台湾地区学位论文 7000 余种、海外中国留学生学位论文千余种。

为了提供更加丰富的学位论文文献资源，国家图书馆购买了国内外数据公司生产的“中国优秀博硕士学位论文数据库”、“中国学位论文全文数据库”、“CETD 中文电子学位论文服务数据库”、“北京协和医学院博硕学位论文库”、“PQDT 学位论文全文库”、“PQDT 学位论文文摘库”等资源库，同时，有选择地向美国 UMI 出版公司订购 1938 年至今的博士学位论文缩微胶卷、平片共 32 万余卷/件，近几年的购入量保持在每年 3500—4500 件的长速，还收藏了 1977 年—1989 年间德国美茵茨大学的博士学位论文缩微制品 922 件。

3.1.3 学位论文采集方式与渠道

国家图书馆学位论文的采集方式以接受国内学位授予机构缴送为主，辅以征集、捐赠、复制、购买等多种形式。为了使国家图书馆学位论文资源建设在激烈的市场竞争中保持优势，在学位论文采集方面，国家图书馆主要开展了以下几方面的工作。

一是，主动与各学位授予机构保持长期不间断的联系，积极跟踪学位授予信息，包括每年的招生人数、毕业人数、学位授予时间、各机构授予学位的批次等，以便能在第一时间获取学位论文。发现学位论文缺藏后，及时通过电子邮件、电话、登门拜访等方式向学位授予单位反复催缴，以提高学位论文缴送率；对无法补缴的，通过采集电子版、复制等手段进行补藏，不断提高学位论文采全率。

二是，始终与国务院学位委员会办公室保持良好的协作关系，积极寻求学位授予单位上级主管部门的支持，全面落实学位论文呈缴制度。例如，中国科学院研究生院自 2006 年起拒绝向国家图书馆缴送学位论文，国家图书馆派员亲赴中国科学院图书馆进行沟通与协商仍没有进展之后，通过国务院学位办主持协调沟通，2010 年年底，中国科学院研究生院终于将 2006—2010 年所有未呈缴的博士、硕士学位论文及博士后研究报告 2.5 万种，分期分批送交国家图书馆。正是有了国务院学位办的支持与帮助，才使国家图书馆学位论文资源建设得以健康发展。

三是，逐步扩大学位论文资源的采集区域，力创世界一流的中文学位论文收藏中心。在国务院学位委员会和全国高等院校、研究机构的支持下，国家图书馆学位论文收藏中心已初具规模。目前，虽然在品种上仍有所缺漏，博士学位论文缴送率很高。国家图书馆经过广泛调研，发现硕士学位论文亦有一定收藏价值和巨大的读者需求，遂决定扩大学位论文的收藏范围，并制定以博士学位论文带动硕士学位论文，以内地辐射港澳台及海外学位论文的采访策略。在国务院学位委员会和博士后基金委员会等单位的大力支持下，国家图书馆除了对博士学位论文进行全面采集外，还有计划、有步骤地加强硕士学位论文和博士后研究报告的采集力度，使国家图书馆成为全国唯一全面收藏博士、硕士学位论文和博士后研究报告的专门机构。在此基础上，又启动了对港澳台和海外华人的学位论文的采集。至此，一个大中华学位论文收藏中心的地位得以初步确立。

四是，开展电子版学位论文的采集工作。进入 21 世纪后，随着计算机与网络技术的普及，研究生普遍采用计算机撰写、编辑学位论文的电子文档，使得通过网络提交电子版学位论文成为可能。正是在这一背景下，国家图书馆尝试开展电子版学位论文的采集工作。2003 年前后，陆续收到个别学位授予单位缴送的电子版学位论文，2009 年，国家图书馆接收缴送的电子版博士学位论文数量占纸本博士学位论文的 2.8%，迄今为止，共收藏学位论文软盘、光盘 2 万余张。虽然国家图书馆收集电子版学位论文起步较早，由于没有相关法律法规或行政文件的支持，以及迟迟未能建立起学位论文呈缴系统，导致国家总书库缺失一大批宝贵的中文信息资源。与各学位授予机构普遍利用学位论文提交系统采集学位论文，转换书目信息，继而提供全文服务的现状相比，国家图书馆对于电子版学位论文的采集与利用程度仍然较低。

3.1.4 学位论文的编目与数据库建设

国家图书馆学位论文的编目方式经历从手工编目到计算机编目,直至计算机联机编目的过程;学位论文数据库类型由单一的书目型数据库发展为书目型数据库、文摘/提要型数据库和全文型数据库等多层次数据库并存;学位论文的书目著录由传统卡片格式到标准化的机读目录格式;对学位论文实行内容主题标引与学科类分,学位论文的内容与形式的揭示日趋充分。以上编目方法标准化、自动化的发展过程,不断促进学位论文的有效利用,服务水平得以逐步提高。

(1)学位论文编目的历史

国家图书馆早期采用纯手工对学位论文进行编目,由编目人员将学位论文题名与责任者、学位授予单位、学位授予时间、载体形态、中图分类号、主题词等按规定的格式著录在目录卡片上,排出读者卡片目录,为到馆读者提供检索服务。由于纯手工编目无法提供实时远程检索,只能通过编制书本式目录,正式出版发行后才能提供异地读者参考使用;由于受目录卡片篇幅的限制,著录项目有限,对学位论文内容与外在特征揭示不够充分;由于只能按有限的检索点进行目录组织,不利于读者从学科、专业、学位授予单位、导师等多途径进行检索。凡此种种,导致学位论文利用率较低。

20 世纪 90 年代以后,国家图书馆采取书目数据与卡片目录相结合的方法进行编目加工。采集的学位论文到馆后,编目人员将学位论文的著录项目(包括题名与责任者、载体形态、中图分类号、主题词、学位授予信息、装订与获得方式等)依照中国机读目录格式(CNMARC)输入计算机,制作学位论文书目数据,再将部分书目信息打印到目录卡片上,排出读者卡片目录,以供读者检索使用,同时提供计算机局域网查询。这一时期,国家图书馆先后使用了北京息洋电子信息技术研究所开发的“GCS 通用编目系统”、北京现代文津信息技术研究中心开发的“文津图书馆管理集成系统”进行学位论文编目工作,并提供读者检索服务。

随着计算机技术与网络技术的发展,国家图书馆学位论文编目工作实现了跨越式发展。2000 年完成了全部博士学位论文的回溯编目,同时停止提供新的卡片目录,原有的卡片目录也不再进行维护。国家图书馆的学位论文编目工作从此告别了手工编目,走向了计算机联机编目,并通过网络实现在线传播,读者可以通过远程联机公共目录查询系统(OPAC)检索学位论文信息。随之而来的是学位论文阅览室的读者数量剧增,学位论文的利用率得到了极大提高。

2002 年国家图书馆引进了以色列 Ex Libris 公司开发的 ALEPH500 图书馆集

成管理系统,实现全馆范围的馆域网联机编目。ALEPH 系统实现了书目数据在保存到服务器的同时即可在 OPAC 向读者实时发布,极大地加快了学位论文宣传报道速度。学位论文作为国家图书馆重要的特藏文献,在这个系统平台上被越来越多的读者所熟悉与使用。

(2)学位论文数据库建设

20 世纪 90 年代中末期,国家图书馆为了更好地对学位论文进行宣传报道,先后建立学位论文书目数据库和全文数据库。其中书目数据库收录自 1981 年至 2011 年中国内地产出的博士、硕士学位论文、博士后研究报告以及台湾地区学位论文的书目数据共 104 万余条。学位论文书目数据库的建立为读者提供了一次文献的检索,具有制作简单、信息量大、报道及时等优点,是读者查阅博士、硕士学位论文的主要途径之一。

由于书目数据库大部分仅反映了学位论文的外部特征,无法全面揭示学位论文的内容和研究过程及结论,有很大的局限性。而全文型数据库可以全面揭示文献内容,是网络环境下最适合读者利用的学位论文信息库,因为学位论文一般印数稀少,又有很强的时效性,快速全文提供给读者极为必要。为此,1996 年,国家图书馆中文图书编目部、自动化部联合组织人员开始制作《博士学位论文影像数据库》,将所有博士学位论文的全文及有关书目信息输入电脑,制作成光盘,这项工作列入文化部当年重点科研项目。2002 年,国家图书馆将博士学位论文全文数字化纳入国家数字图书馆工程之中,目前已完成博士学位论文全文影像扫描 20 余万种,在国家图书馆网站提供前 24 页浏览服务。

学位论文数据库建设有利于提高学位论文的利用率。2000 年以后,学位论文阅览室提供的数据库检索服务促进了读者接待量和借阅量的持续增长,学位论文已经成为国家图书馆最为读者青睐的特藏文献。

(3)学位论文编目标准化建设

学位论文编目标准化、规范化是网络环境下文献信息资源共建共享的前提条件,也是数据库发展的基础。学位论文编目依据的标准主要包括:《中国文献编目规则》《中国机读目录格式》《中国图书馆分类法》《中国分类主题词表》。国家图书馆学位论文的编目经历了描述方法由简单、粗放到详细、标准,记录载体从传统卡片到计算机集成管理系统的发展过程,根据学位论文的特点着眼于个性化的描述,在满足读者检索需求的基础上不断走向标准化。

①学位论文编目规则

早期学位论文并没有编目规则,大都仿照普通图书进行简单编目。由于学位论文不同于普通图书,读者专门从题目、著者检索学位论文的并不多见,更多的是从学科专业,甚至是导师或学位授予单位等途径检索学位论文。为了提高检索效率,国家图书馆在题目、著者、分类号、关键词等基本检索途径的基础上,增设学位论文的学科专业、研究方向(领域)、学位授予单位、学位授予年代、指导老师等学位论文信息向读者提供检索点,完整地揭示学位论文的内外在特征,提高学位论文信息的识别、导读功能。1996 年出版的《中国文献编目规则》将学位论文的学位信息相关内容(整本文献及附件等)纳入学位论文编目规则之中,为读者尽可能多地提供有效信息。为了与国际标准接轨,2005 年修订的《中国文献编目规则》(第二版)又将学位信息置于附注项作更为详尽的描述,并具体规定了学位论文各类其他信息的附注形式及具体编目方法,使标准化进一步增强,更具操作性。

②学位论文著录格式

学位论文书目数据的著录依据《中国机读目录格式》(CNMARC),其主要特点是注重描述学位信息。为便于读者进行检索,国家图书馆根据学位论文的特点,对 CNMARC 的字段作适当调整,增加了自定义的 119 字段(学位论文编码数据)和 209 字段(学位论文特殊细节)。119 字段内容包括学科专业代码、学位等级代码、学位授予单位代码、学位授予年代、论文密级代码。209 字段包括 $ a“学科专业”、$ b“研究方向”、$ c“学位授予机构”、$ d“学位授予时间”等子字段。此外,在 200 字段(题名与责任说明)将学位论文指导教师作为其他责任者进行描述,突出了导师的作用。为了与国际标准接轨,2010 年,国家图书馆学位论文书目数据正式取消自定义的 119 字段和 209 字段,将其内容放入 210 字段(论文提交时间)、328 字段(结构式学位论文附注)与 712 字段(学位授予单位名称检索点)。国家图书馆学位论文书目数据的国际化、标准化与规范化的程度进一步提高。

③学位论文的主题标引

国家图书馆早期学位论文的分类标引以《中国图书资料分类法》为标准。《中国图书资料分类法》是《中图法》的详编本,类目设置更为详尽。2000 年开始使用《中国图书馆分类法》(第四版)进行分类标引后,针对学位论文的综合性、前沿性和学科交叉性,以及分类法作为工具相对滞后的特点,国家图书馆学位论文分类标引采用了以下方法:第一,增加分类标引的数量;第二,以博士学位论文数量多寡,确定类目粗细程度,制定类目控制细则;第三,本着“宜粗不宜细”的分类原则处理综合性和前沿性的学位论文,以保证查全率。

2005 年 9 月《中国分类主题词表》第二版和电子版出版之后,为学位论文的分类主题一体化标引提供了方便。学位论文主题标引一般采用主题词与关键词(非控主题词）相结合的标引形式。即在主题标引工作中，能用主题词标引时，必须选取规范主题词，然后根据题目、目次、文摘或内容选择关键词进行标引。关键词标引既增加了主题标引的深度，解决了学位论文专深性和主题词表宽泛性之间的矛盾，弥补了主题词表的不足，又适应了读者的检索习惯。随着学位论文作者、读者用词渐趋规范，以及《中国分类主题词表》第二版 Web 版的大量增词，学位论文主题标引选取规范主题词的比例逐渐加大。

（4）编辑《中国博士学位论文提要》

为了满足读者的需求，扩大学位论文的影响，国家图书馆在不同时期组织编纂了中国博士学位论文书目提要。

1987 年，由北京图书馆（现国家图书馆）主办的《文献》杂志专门开辟"博士论文提要"栏目，每期刊载文、史、哲类博士学位论文提要一至二篇，每篇约 3000 字左右。

1992 年，北京图书馆学位论文收藏中心编辑出版《中国博士学位论文提要》（社会科学部分）和《中国博士学位论文提要》（自然科学部分：理学分册），收录了 1981—1990 年博士学位论文提要 2790 篇，产生了良好的社会效益。然而由于当时人力不足，又缺少足够的经费支撑，致使编纂工作难以为继。2005 年在馆领导的大力支持下，国家图书馆重新启动了博士学位论文提要编纂工作，并按学位授予年编辑出版。每篇学位论文提要包括学位论文题目、作者、指导教师、学位授予机构、学位授予年代、页数、提要正文（约 500—800 字）和关键词。书后附有《著者索引》和《关键词索引》，全书按照国务院学位委员会办公室 1997 年 6 月 6 日颁布的《授予博士硕士学位和培养研究生学科专业目录》编列。目前《中国博士学位论文提要》（人文社会科学部分）已于 2005 年、2006 年、2007 年由北京图书馆出版社出版发行，未来计划完成 1991—2004 年博士学位论文提要回溯本的编纂出版工作。

此外，2006 年，国家图书馆学位论文收藏中心还以书目提要的方式集中展示、宣传和报道了 1999—2005 年由教育部和国务院学位委员会批准并组织评选的 688 篇全国优秀博士学位论文，出版了《全国优秀博士学位论文举要》一书。

可以说，《中国博士学位论文提要》及相关文献的出版，对于全面展示改革开放以来我国学位与研究生教育取得的巨大成就，对于促进国内外学术交流与合作，对于提高国家图书馆的国际知名度与核心竞争力，都起到了积极的推动作用。

3.1.5 学位论文服务的历史与现状

（1）学位论文服务的历史

国家图书馆的学位论文服务工作从无到有，经历了一个逐步专业化的过程。虽然国家图书馆在20世纪20年代就开始收藏学位论文，由于数量较少，大都分散藏于不同部门，并没有设立专门的学位论文服务机构，只能将其作为非正式出版物收入1987年10月开放的中文资料阅览室。由于当时手工编目、检索手段单一，缺乏宣传报道，学位论文经常“埋没”于其他中文资料之中，导致读者查找与利用不便。大部分学位论文由于长期闲置，无人问津，致使其中的前沿性、创新性成果不能得到有效利用，造成了巨大的资源浪费。20世纪90年代中后期，国家图书馆为了适应学位论文日益增多的现状与社会的需求，进行管理体制的改革，将学位论文独立于中文资料阅览室。2000年11月，专门开辟博士论文文库阅览室，从此学位论文服务走上了专业化的道路。与此同时，为了方便读者检索，国家图书馆投入大量人力、物力，利用计算机系统编制博士学位论文书目数据，包括早期学位论文卡片目录的回溯和新缴送学位论文的书目数据加工，并通过计算机网络进行传播，遂使学位论文从入藏、加工到开发利用的周期大大缩短，步入了一个新的发展时期。

为了更好地开发利用学位论文，国家图书馆在进行广泛调查的基础上，确定了全面开放、借阅与参考咨询相结合的服务格局，以期全面提升服务质量、服务效果。首先，提高对这一新辟的服务项目重要性的认识，将有较强责任心、精通图书馆业务、具有学科专业素养且熟悉馆藏的高级研究人员充实到读者服务岗位，并根据读者的不同需求，有针对性地开展服务。同时，以博士、硕士学位论文资源为依托，改变过去“守摊”、“看门人”的被动服务方式，主动向读者介绍入藏资源，调查需求，注重与读者交朋友，互相学习，形成交流互动的咨询服务模式。其次，针对学位论文系非正式出版物、内部发行、印数稀少、传播不广的特点，通过制作网页、开辟电子邮箱等信息手段，在互联网、馆域网上对馆藏学位论文进行及时的宣传报道，提高国家图书馆博士论文文库的知名度，致服务“人气”旺盛。此外，在开展学位论文阵地服务的同时，还通过电子邮件、电话和信函开展异地委托服务，受到读者的广泛好评，阅览室从每年接待读者仅数百人次，节节攀升至几万人次。博士论文文库成为国家图书馆面向高层次读者的重要服务窗口和信息通道。

2008年，由于国家图书馆机构调整，打破了学位论文采、编、阅、藏一体化的管理格局，学位论文的采编和读者服务职能改由两个部门分别承担。博士论文文库更名为学位论文阅览室，不仅读者服务人员增多，阅览室的面积有所扩大，而且阅览室位置也由总馆南区西北角较为偏僻的西218房间迁至紫竹厅四层的南430房间；读者阅览空间更为宽敞明亮，阅读环境大为改观。不久又开通了互联网预约阅览服务，进一步方便了学位论文的查阅，受到了读者的普遍欢迎，取得了良好的社会效益。据国家图书馆统计资料显示,学位论文阅览室每月读者访问量超过4千人次,居国家图书馆特藏阅览室之首。

(2)学位论文服务的现状

国家图书馆学位论文服务主要方式为阅览服务、咨询服务、复制服务等。由于学位论文的载体不同,分别在学位论文阅览室、数字共享空间和缩微阅览室提供纸本、电子版和缩微品的学位论文的服务(见表3-3)。其中,学位论文阅览室面积980平方米,读者座位88个,提供近100万册纸本博士、硕士学位论文和博士后出站报告的闭架阅览,每年接待读者5.2万人次,提书6.2万册次;数字共享空间提供自建和购买的学位论文数据库全文检索服务,每年接待读者7.2万人次(按抽样测算);缩微阅览室提供国外学位论文缩微品的阅览服务,每年接待读者1440人次(按提取缩微平片测算);粗略统计,每年到国家图书馆查阅学位论文的读者已接近13万人次。

国家图书馆按照相关规定提供学位论文的静电复印、数码拍照等复制服务,纸本学位论文最多可复制三分之一;电子学位论文数据的下载控制在一定的流量内。

表3-3 2011年国家图书馆学位论文馆藏分布与服务一览表①

文献载体类型	文献藏量	阅览地点	服务方式	阅览人次
纸本学位论文	100万册	学位论文阅览室	闭架阅览 咨询 复制 文献传递	52 000人/年
电子学位论文	6个中外数据库	数字共享空间	上网浏览 下载复制	72 000人/年
缩微型学位论文	32万卷/片	缩微阅览室	闭架阅览 复制 还原	1440人/年

近三年学位论文阅览室读者人次逐年增长(由于国家图书馆总馆南区改造,2011年的读者服务数据无法反映全年的情况,故以2008—2010年的数据进行统计),由表3-4可以看出,2009年比2008年增长49%,2010年比2009年增长10.4%,说明阅览室地理位置的突出、面积的扩大、座位的增加、环境的改善等因素吸

① 数据来源:国家图书馆。

引了读者的到访,促进了读者数量的增长,也基本上解决了读者等座位的现象。与之相反,借阅册次却逐年下降:2009 年比 2008 年下降 13.4%,2010 年比 2009 年下降 12.9%(表 3-4)。这种情况表明,由于库房紧张,借阅后的学位论文不能按时退库,新到馆的博士学位论文和硕士学位论文不能及时提供读者借阅,导致学位论文流通册次减少。

表 3-4　2008 年—2010 年国家图书馆学位论文阅览室读者服务情况对比表①

时间	读者人次	人次增长率	借阅册次	册次减少率
2008 年	31 646		79 563	
2009 年	47 181	49%	70 108	13.4%
2010 年	52 105	10.4%	62 050	12.9%

从学位论文馆藏分布来看,国家图书馆学位论文按文献类型主要分散在总馆的北区与南区两个馆区三个阅览室。从服务方式来看,以阵地服务为主,包括闭架阅览、咨询、下载、复制、文献传递等多种方式。总体来看,国家图书馆学位论文服务仍处于分散的、非专业化的状态。

为了进一步了解国家图书馆学位论文服务的现状,掌握学位论文读者群的构成,阅读与利用需求,不断提升学位论文的服务水平与效益。我们对国家图书馆学位论文收藏与利用进行了一次读者问卷调查,调查对象为到馆读者,发放调查问卷 800 份,收回有效问卷 701 份,回收率 88%。除此之外,我们还通过到阅览室进行实地观察以及口头询问等方式进行调研,旨在从一个侧面反映国家图书馆学位论文服务现状以及读者对学位论文资源的需求与利用情况,调查结果如下:

①读者的构成

了解读者的构成便于有针对性地开展学位论文服务。从对读者年龄、学历、职业构成的调研结果来看,学位论文的读者多为青年,学历层次较高,以学生及科研人员居多。另从来源地来看,不仅有北京读者,外地读者所占比例也很高。

读者中年龄在 30 岁以下的占 66.8%,年龄在 31—40 岁的读者占 29.8%,40 岁以上的读者仅占 3.4%(见图 3-3)。

读者中具有本科及以上学历的读者占 97.4%,其中硕士最多,占 58.2%,这与我国研究生扩招、在校生数量大(2010 年在校生 140.4 万)有关;博士比例也相当

① 数据来源:国家图书馆。

高，占24.1%；本科占15.1%；本科以下仅占2.9%。（见图3-4）。

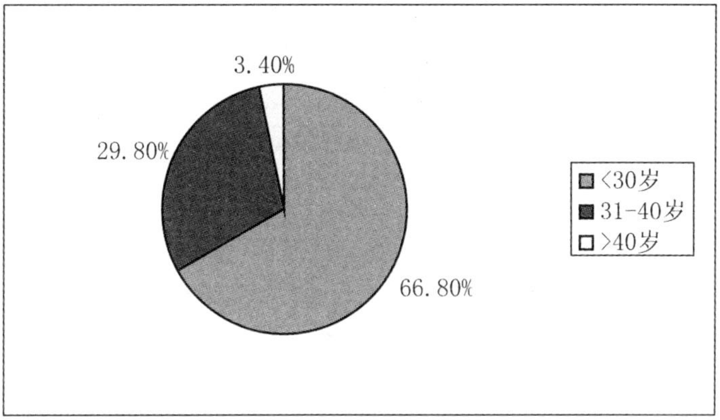

图3-3　读者年龄结构

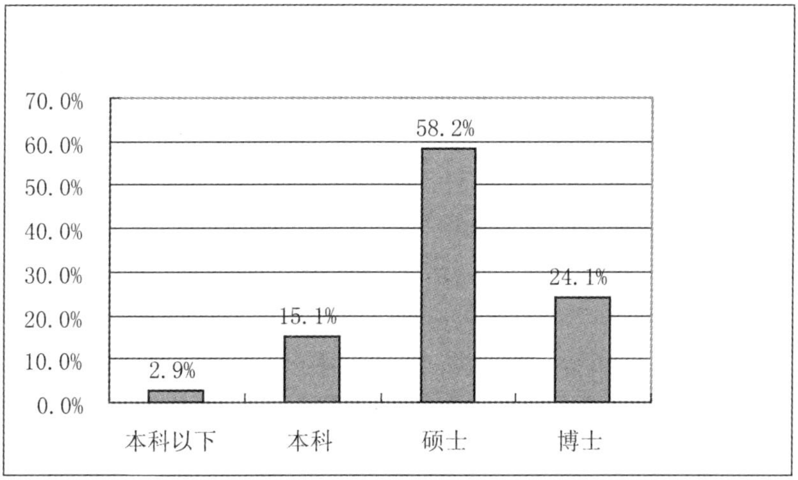

图3-4　读者学历结构

从被调研的读者所从事的职业来看，大多是在校学生，占60.8%，科研人员占27.2%，另外12.4%的读者从事教学工作，6.3%的读者从事管理工作，从事其他工作的读者仅占3.2%。其中有少数读者具有双重或三重身份（见图3-5）。

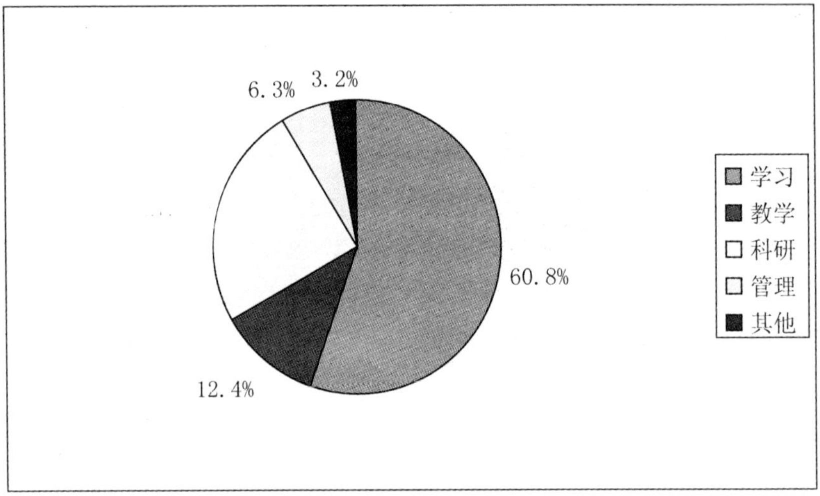

图3－5　读者职业结构

读者来源地的调查显示,北京读者占68%,外地读者占31%,还有少量的外籍读者。这表明国家图书馆的学位论文服务在国内已有一定的影响力,吸引着全国各地的读者来馆查阅。相信随着经济的发展、技术的进步以及文化的进一步繁荣,国家图书馆学位论文资源将惠及国内外更多的读者。

②学位论文的查阅用途

查阅学位论文的读者大多为青年科研人员,其中以"撰写论文"为目的的读者所占比例最高,达到71.6%;其次是"科学研究",占47.4%;再次是"科技查新",占15.0%;选择"科普阅读"的读者占3.7%;部分读者为多重查阅目的(见图3－6)。这充分说明学位论文具有重要的学术价值,是青年学者及其他科研人员经常使用的参考资料。

③读者的研究(课题)经费来源

在读者课题经费来源方面,超过三分之一的读者拥有国家、省部级科研课题,其中19.7%的读者拥有国家级科研课题,15.1%的读者拥有省部级科研课题,42.7%的读者的课题研究费用由个人承担(图3－7)。可见,学位论文资源不仅能满足一般的读者阅读需求,更重要的是服务于国家重点科研项目与工程,为促进教育、科研和生产的发展,提供强大的知识支持。

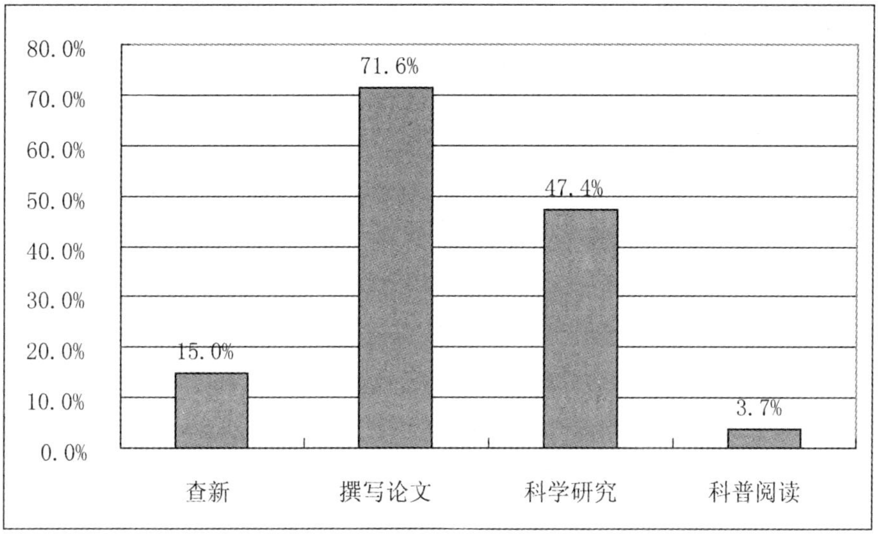

图3－6　读者查阅学位论文用途情况

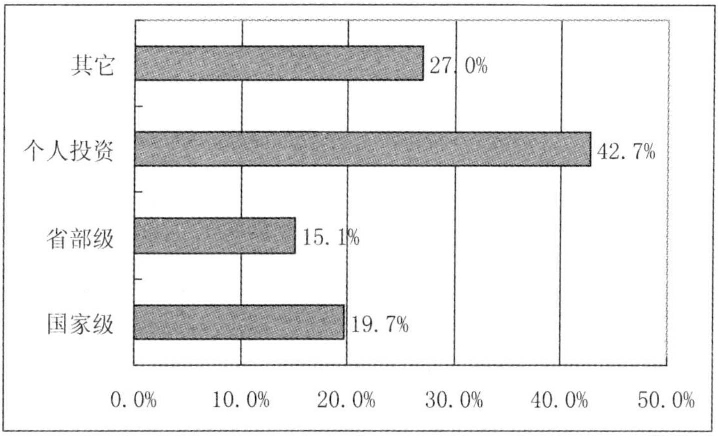

图3－7　读者的研究(课题)经费来源

④学位论文利用的需求

首先,从读者对不同类别学位论文的选择情况看,查阅博士学位论文的读者占87.3%,查阅硕士学位论文的读者占49.5%(见表3－5)。由于博士学位论文学术价值高,内容专深,虽然收藏数量相比硕士学位论文较少,但其读者需求率却远超过硕士学位论文,这说明国家图书馆博士学位论文的收藏与服务水平在国内图书情报机构中占绝对优势。此外，查阅博士后研究报告和海外学位论文的读者比例也达到16.0%和10.3%。博士后研究报告和海外学位论文的收藏总量为2.7万册，占馆藏博士学位论文数量的7.5%，其需求率却超过10%，说明两者的收藏与利用价值很高，也提示国家图书馆应加强博士后研究报告和海外学位论文的采集力度。

表3-5　读者对学位论文类型及博士后研究报告的选择情况

论文类型	博士学位论文	硕士学位论文	海外学位论文	博士后研究报告
比例(%)	87.3	49.5	10.3	16.0

其次，从读者对各学科学位论文的需求情况看：工学和经济学最多，占28%左右；管理学次之，占21%；第三是法学，占14%。哲学、教育学、文学、理学均在7%—10%左右，其他学科的需求率则不超过5%（见表3-6）。这一调研结果也为采集硕士学位论文、海外学位论文提供了参考。

表3-6　读者对不同学科学位论文的需求情况

学科	工学	经济学	管理学	法学	文学	理学	哲学	教育学	历史学	医学	军事学	农学	其他
百分比(%)	28.5	27.5	20.8	14.1	9.8	9.6	8.8	7.3	4.7	4.4	2.4	2.0	7.4

再次，从读者对学位论文载体的选择来看，选择“印刷型”学位论文的占37.9%，选择“网络型”学位论文的占42.4%，“电子型”学位论文的占45.2%（图3-8）。可见，在网络型与电子型学位论文大行其道的今天，对以纸质为载体的文献的需求率仍很高。

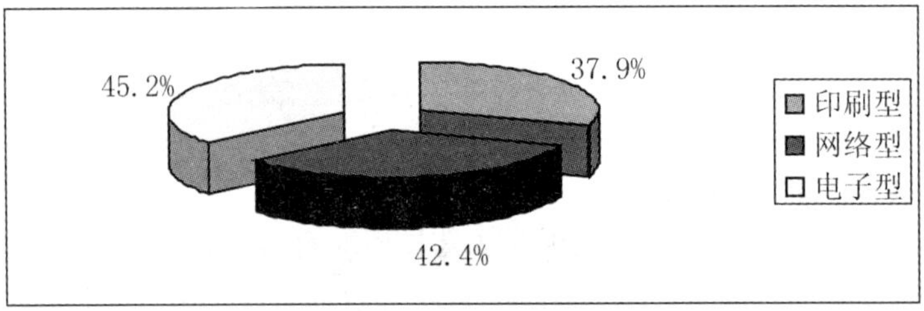

图3-8　读者对不同载体类型学位论文的需求情况

最后，从学位论文利用的途径来看，主要采用关键词及主题词检索。调查显示，读者中选择“关键词”检索的占70.3%，选择“主题词”检索的占50.5%，选择自由词和分类号的均不超过3%。可见，虽然读者采用关键词检索的比例很高，但仍有半数的读者选择主题词检索，说明对于主题词检索的需求率仍然较高。

⑤读者的评价与建议

问卷调查显示，有79.2%的读者对国家图书馆学位论文资源建设与服务表示满意，其中61.6%的读者认为非常满意。这说明虽然国家图书馆的学位论文收藏品种不全，硕士学位论文、电子版学位论文的收藏还存在诸多问题，其开展的资源建设与服务工作仍得到了读者的认可。

问卷调查显示，将近70%的读者对学位论文资源建设与服务提出了建议，这体现了读者的高度重视和殷切期望。建议主要集中在三个方面：一是提高上架更新速度以及减少读者等待时间；二是硬件设施需要提高和扩展；三是期望进一步扩充学位论文资源品种，提高采全率，提供更多的海外学位论文。

3.1.6 国家图书馆学位论文资源建设与服务存在的问题及其分析

(1)现有的管理机制已经成为制约学位论文资源建设的瓶颈

中国国家图书馆作为国务院学位委员会指定的全国学位论文收藏中心，并没有一个独立机构承担学位论文收藏与服务的职能，这与一个文化大国国家图书馆的地位极不相称。目前，国内学位论文每年产出的数量已超过50万篇，其种数已远远超过中文普通图书。国家图书馆每年还要购进海外学位论文的缩微平片3500至4500件。面对如此庞大的资源，凭借单一科组的力量及人员配置已然无法高效开展学位论文工作，更无法深化学位论文的开发与利用。学位论文属于非正式出版物，其采访方式与普通图书截然不同，上至国务院学位办公室，下至各个学位授予单位及信息机构，都要进行有效的沟通，因此需要一个级别相当的专门机构。虽然国家图书馆将学位论文的采编、阅览单独成立科组，但是对于各自的部门来说，都不属于主流程业务，得不到应有的重视，不同程度上影响了学位论文收藏与服务的发展。目前国家图书馆学位论文的相关工作分散管理，无法形成合力。如海外学位论文(外国语)与电子学位论文的采集、编目与服务分散在各个部门的不同科组，没有对资源进行有效的专业化整合，无法满足读者的需求，凸显管理体制的弊病。因此，亟须建立一个国家图书馆直属的独立部门，行使相关功能与职责，从组织机构上保障学位论文收藏与服务在一个较高的层面开展，将馆内的不同文种、载体形态、文献类型的学位论文及相关学术资料(以学位论文的附件形式存在的各类文本、图像及音视频文件)集中在一个独立的部门进行管理。这是国家图书馆学位论文资源建设事业可持续发展的内在要求。

(2)学位论文采集工作的问题

①学位论文呈缴制度和行政管理办法不健全。虽然早在1981年《中华人民共和国学位条例暂行实施办法》即以法律形式确定,学位授予机构应当将学位论文呈缴国家图书馆,然而学位条例颁布30多年的历程表明,它还必须进一步完善,并具有相应的配套管理措施,去适应迅速发展的网络环境,以解决在实施条例的过程中出现的各种问题。例如,对硕士学位论文呈缴,特别是网络环境下电子版学位论文呈缴尚未明确作出规定,处于无法可依的状态,致使国家图书馆无法完整地获得学位授予机构产出的硕士学位论文、电子版学位论文。同时,《中华人民共和国学位条例》缺乏实施细则,少数学位授予机构不重视向国家图书馆缴送学位论文,对不缴送、缴送不及时、不完整等行为缺乏行之有效的管理措施。为此,建议国家图书馆积极开展工作,敦促有关主管部门进一步确定国家图书馆为国内学位论文唯一法定收藏机构,同时进一步完善博士、硕士学位论文以及电子版学位论文的呈缴制度及相关行政规章制度。

②学位论文保密制度不完善。由于学位论文作者对国家保密制度缺乏应有的了解,加之部分学位授予机构对保密学位论文的认定不够严格,随意设定保密级别和保密期限。有的授予单位甚至将本单位所有学位论文均设置为"秘密"级别,虽规定解密后应及时缴送,也往往流于形式,导致国家图书馆缺藏的学位论文不断增加。

③数据库出版商不良竞争。由于学位论文具有较高的学术价值和使用价值,广受读者欢迎,一些商业数据库公司视为"奇货可居",以其作为巨大商机,对学位论文资源进行掠夺性竞争。有的数据商以低廉的价格向学位授予机构购买学位论文,制作成数据库营利。少数学位授予机构也受利益驱使,优先保证数据库公司,致使向国家图书馆缴送学位论文不及时,缺藏比例增高。

(3)学位论文编目工作的问题

①学位论文编目理论研究不足。国家图书馆学位论文资源建设虽然取得阶段性成果,但仍局限于传统的工作方法,对学位论文编目理论与技术手段缺乏认真研究。例如,对博士学位论文作为特殊文献类型的特性缺乏深入、具体的研究,还没有根据其特点建立起一整套编目规则、分类与主题标引规则以及深加工处理方法,使之成为能在全国推广实施的标准化、规范化的文献管理工具。特别是对学位论文全文数据库建设理论与实践的研究尚付阙如。

②学位论文加工周期过长。国家图书馆采集的学位论文数量逐年递增,每年

博士学位论文4万余种、硕士学位论文10万余种，每年到馆的博士、硕士学位论文种数与每年正式出版的新书种数相当。由于学位论文编目难度大，熟练的编目人员培养周期较长，且流失严重，因此，国家图书馆学位论文编目人员严重短缺，导致学位论文编目加工周期过长，到馆之后迟迟不能提供服务。

③学位论文数据亟须整合。由于编目标准的修订，导致各个时期学位论文编目格式、编目细则不尽相同，学位论文书目数据质量参差不齐，亟须整合修改。

④硕士学位论文编目外包工作有待规范。近年来硕士学位论文采用外包的方式进行编目加工，加快了编目的速度，但是硕士学位论文外包给多家公司，公司的编目人员素质参差不齐，更换频繁，而外包公司不断招标轮换，加剧了这种情况。因此，有待进一步理顺外包工作流程，加强数据检验与质量控制。

(4)学位论文服务工作的问题

①资源建设与服务脱节。学位论文数量逐年增长，读者服务部门的服务能力不能及时跟进，导致编目加工完成的学位论文无法及时与读者见面。例如，由于库房空间不足与服务人力不足，2010年编目加工完成的博士学位论文直到当年10月下旬才逐步提供读者阅览；2010—2011年编目加工完成的51万余种硕士学位论文，可提供读者服务的不足4万种，随即又作为搬迁暂存文献，三年内不提供读者阅览，造成巨大的资源浪费。

②与读者缺乏互动，读者需求反馈渠道不畅通。2008年国家图书馆机构调整，学位论文资源建设与读者服务工作分别由两个部门承担。虽然分工更细，专业化程度更高，服务人员增多了，但是采编人员与读者的距离却加大，台前幕后的互动不足，反馈渠道不畅通，无法根据读者的需求和反馈随时调整采编策略。

③知识产权问题制约学位论文全文数据库的建设与服务。随着信息网络技术的普及，传统、陈旧的服务方式已远远无法满足日益高涨的读者需求，越来越多的读者希望国家图书馆能够实现博士、硕士学位论文全文在线阅读，但是由于知识产权问题一直没有解决，使得国家图书馆学位论文全文数据库建设与服务不敢越雷池一步。知识产权问题已经成为国家图书馆学位论文数字资源建设与发展的最主要的瓶颈问题，制约了学位论文资源建设与服务的可持续发展。

④学位论文数字化建设落后。为了适应学位论文数字化、网络化、集成化的发展，世界各主要发达国家纷纷建立了学位论文门户，最大限度地为用户提供方便快捷的服务。中国国家图书馆从1996年开始博士学位论文的数字化建设，也曾多次策划开发学位论文呈缴系统，但由于种种原因(政策支持滞后、版权问题等)，始终未建立起学位论文网络提交系统和功能强大的学位论文门户网站，也未能实现面

向国内外学术界的开放存取（Open Access，简称OA）服务，致使国家图书馆学位论文资源建设与服务的规模与国际影响力大打折扣。

3.2 高等院校学位论文资源建设与服务

3.2.1 国内高等院校学位论文资源建设与服务

——以我国内地39所“985”工程高校学位论文收藏与服务为例

随着1978年研究生教育在全国恢复，我国内地高等院校开始系统地收藏学位论文，1981年颁布的《中华人民共和国学位条例暂行实施办法》进一步明确了学位授予单位接收学位论文的权利，其中第二十三条规定：“已经通过的硕士学位和博士学位的论文，应当交存学位授予单位图书馆一份。”早在20世纪80年代初期，各高校为了加强学位论文的收藏与管理，相继颁发了一系列学位论文管理的相关规定，对学位论文正文、摘要、提交数量、提交方式等作出了具体规定（例如，要求纸本博士学位论文和摘要一般提交8—10份，纸本硕士学位论文和摘要一般提交6—8份），从而保证了高校纸本学位论文收藏的系统性、完整性。随着信息技术的发展，2000年后，高校在继续注重收藏纸本学位论文的同时，陆续开始通过计算机网络收集电子版学位论文，纷纷开发与研制学位论文提交系统，进而建立学位论文全文数据库，并为本校读者提供学位论文各项咨询服务，有效地满足了高等院校教学与科研的需要。

为深入了解高等院校学位论文产出、提交、呈缴、数据库建设、服务与利用等现状，本书选取有代表性的、学位论文产出数量较大的39所“985”工程高等院校（以下简称39所高校）进行了调查、分析与比较，以期为我国优化学位论文资源建设和提高服务水平提供一定的参考与借鉴。

（1）学位论文的收藏现状

①学位论文收藏部门

目前，我国内地高等院校均收藏本校产出的学位论文，通常由研究生院（处）、图书馆、档案馆（室）分别负责学位论文的接收、呈缴、入藏、登记和管理。研究生院主要负责学位论文的收缴，制定政策；图书馆主要负责学位论文的接受呈缴、加工，并提供服务；档案馆主要负责学位论文的存档。从39所高校学位论文的收藏部门来看，由图书馆收藏的占100%，由图书馆和档案馆共同收藏的有23所，占59%。由此可见，高等院校对学位论文收藏与利用相当重视。

B. 学位论文提交方式

由于我国内地研究生教育发展迅速，计算机网络普及程度高，2000 年以后，各高等院校对学位论文的提交方式出台了一系列规章制度，要求院、系所属各类硕士和博士研究生在办理离校手续前，必须向校方图书馆或档案馆提交电子版和纸本学位论文全文及中、英文摘要，同时对电子版学位论文和论文摘要的格式，以及提交方式作出具体规定，凡未提交学位论文者，不能领取学位证书。这一规定有效地保证了高等院校学位论文的收全率。

从所调研的 39 所高等院校的情况看，有 35 所院校从 2000—2004 年相继推出了学位论文提交系统，所占比例高达 90%，尚未建立学位论文提交系统的高校仅有 4 所，占 10%。目前，35 所高校使用的学位论文提交系统主要有 TPI、TRS、Apabi、麦达 4 种。其中使用 TPI 的有 15 所高校，占 43%；使用 TRS 有 9 所高校，占 26%；使用 Apabi 有 5 所高校，占 14%；使用麦达有 3 所高校，占 9%；使用自建或其他系统的有 3 所高校，占 8%（见表 3－7）。

在学位论文文本的提交格式方面，35 所高校中只支持 PDF 格式的有 19 所，占 54%；同时支持 Word 与 PDF 格式的有 13 所高校，占 37%；只支持 Word 格式的有 3 所高校，占 9%（见表 3－7）。

35 所高校图书馆的网站主页均显示有学位论文提交系统的入口，同时提供学位论文文本格式要求、封面、使用授权书与独创性声明模板、远程提交流程以及常见问题帮助等功能，使学位申请人在校内外均可通过计算机网络提交电子版学位论文，既方便了学生，节约了时间，同时也提高了学位论文收集的效率。

表 3－7　39 所高校学位论文提交系统一览表

高校名称	提交系统	系统名称	使用时间	文本格式
北京大学	√	Apabi	2001	pdf
中国人民大学	√	TPI	2004	word
清华大学	√	TRS	2000	pdf
北京航空航天大学	√	TRS	2002	word 或 pdf
北京理工大学	√	畅想之星	2002	word 或 pdf
北京理工大学	√	畅想之星	2002	word 或 pdf
中国农业大学	√	TPI		word 或 pdf
北京师范大学	√	TRS	2002	word 或 pdf
中央民族大学	×			
南开大学	√	TPI		pdf

续表

高校名称	提交系统	系统名称	使用时间	文本格式
天津大学	√	TPI		pdf
大连理工大学	√	TRS		pdf
东北大学	√	麦达		pdf
吉林大学	√	TPI		word 或 pdf
哈尔滨工业大学	√	TPI		pdf
复旦大学	√	Apabi		pdf
同济大学	×			
上海交通大学	√	TPI	2001	pdf
华东师范大学	√	TPI		pdf
南京大学	√	麦达		pdf
东南大学	√	赛尔特		pdf
浙江大学	√	麦达	2003	pdf
中国科学技术大学	√	TPI		pdf
厦门大学	√	自建系统		word 或 pdf
山东大学	√	TPI	2003	word 或 pdf
中国海洋大学	√	Apabi	2005	word
武汉大学	√	TPI		word 或 pdf
华中科技大学	√	TPI	2003	word 或 pdf
湖南大学	√	TRS	2004	word 或 pdf
中南大学	√	TRS	2003	word
中山大学	√	TRS		pdf
华南理工大学	√	TPI		pdf
四川大学	√	TRS	2003	pdf
重庆大学	√	TPI		pdf
电子科技大学	√	Apabi		word 或 pdf
西安交通大学	√	TPI		word 或 pdf
西北工业大学	√	TRS	2000	pdf
西北农林科技大学	×			
兰州大学	√	Apabi	2002	word 或 pdf
国防科学技术大学	×			

C. 学位论文收藏数量

2000 年以来，伴随我国教育制度改革，高校不断扩大招生，研究生的数量亦成倍增长，调查结果显示，截至 2010 年，39 所高校累计产出博士学位论文201 041篇。[①] 从数量分布上看，高校间博士学位论文产出数量存在一定差距。如：北京大学收藏博士学位论文12 321篇，中央民族大学收藏博士学位论文 905 篇，前者约为后者的 14 倍。

此外，我们选取了 39 所高校中的 12 所，计算了自 1981 年起每隔 10 年博士学位论文的增长数量，得出的数字非常惊人。这 12 所高校自 1991 年至 2000 年累计产出的博士学位论文数量比 1990 年前十年平均增长了 8.5 倍；2001 到 2010 年间累计产出的博士学位论文数量又比 2000 年前十年平均增长了 5.2 倍（见表 3－8），而这仅仅是博士学位论文增长的情况，硕士学位论文增长数量则更加庞大。

表 3－8　12 所高等院校博士学位论文增长倍数表

高校名称	1981—1990	1991—2000	增长倍数	2001—2010	增长倍数
清华大学	417 篇	2011 篇	3.82	7053 篇	2.5
北京大学	252 篇	2167 篇	7.59	9902 篇	3.56
中国人民大学	96 篇	1052 篇	9.95	5916 篇	4.62
北京师范大学	87 篇	753 篇	7.65	4150 篇	4.51
复旦大学	154 篇	1378 篇	7.94	7675 篇	4.56
上海交通大学	140 篇	997 篇	6.12	5398 篇	4.41
南开大学	95 篇	954 篇	9.04	5012 篇	4.25
南京大学	181 篇	1099 篇	5.07	5594 篇	4.09
武汉大学	87 篇	919 篇	9.56	8217 篇	7.94
中山大学	70 篇	522 篇	6.45	5257 篇	9.07
四川大学	23 篇	495 篇	20.5	5339 篇	9.78
哈尔滨工业大学	128 篇	1218 篇	8.51	5243 篇	3.30
平均增长倍数			8.52		5.21

为了说明近年来 39 所高校博士学位论文的产出情况，我们对 2007 年—2010 年 39 所高校博士学位论文产出总数进行了统计（见图 3－9），从中可以看出，2009 年以后博士学位论文增长趋于平稳。

① 数据来源：国务院学位办公室。

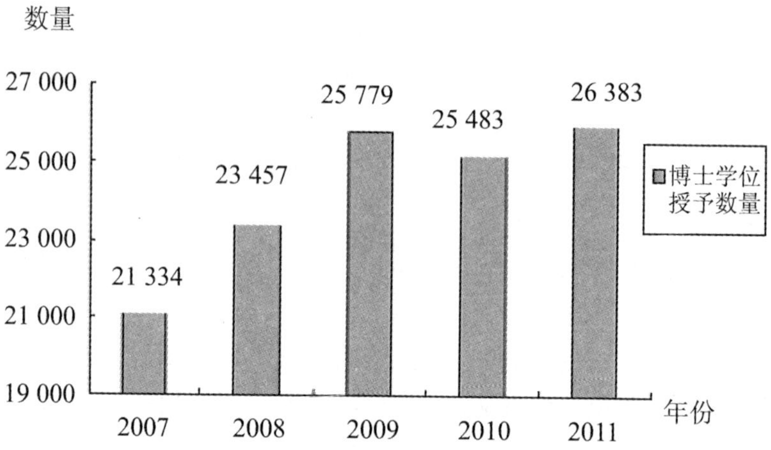

图 3－9　39 所高校博士学位论文总数比较(2007 年—2011 年)

(2)学位论文的呈缴现状

根据《中华人民共和国学位条例暂行实施办法》的规定,向国家法定收藏单位呈缴博士学位论文是国内高等院校应尽的职责。相关数据表明,截止到 2010 年,全国各高等院校针对国家图书馆的学位论文呈缴率已超过 95%,针对中国科学信息技术研究所与中国社会科学院图书馆两家单位的呈缴率也已接近 80%。以向国家图书馆呈缴为例,我们将 39 所高校博士学位论文产出数量与国家图书馆博士学位论文收藏数量进行了比对,发现从 1981 年至 2010 年,39 所高校向国家图书馆缴送其产出的博士学位论文共计196 248篇(见表 3－9),平均呈缴率高达 97.84%,其中也有滞后、漏缴的情况。

表 3－9　39 所高校博士学位论文数量与向国家图书馆呈缴数量对比表

高校名称	论文产出数量 1981—2010	呈缴数量 1981—2010	呈缴率(%)
北京大学	12 321	12 321	100.00
中国人民大学	7064	7049	99.79
清华大学	9481	9479	99.98
北京航空航天大学	3596	3535	98.30
北京理工大学	4026	3968	98.56
中国农业大学	4561	4557	99.91
北京师范大学	4990	4990	100.00
中央民族大学	905	900	99.45

续表

高校名称	论文产出数量 1981—2010	呈缴数量 1981—2010	呈缴率(%)
南开大学	6061	6061	100.00
天津大学 *	5275	4885	92.61
大连理工大学 *	3492	3317	94.99
东北大学	3149	3149	100.00
吉林大学	9468	9348	98.73
哈尔滨工业大学 *	6589	6216	94.34
复旦大学 *	9207	8811	95.70
同济大学 *	4098	3938	96.10
上海交通大学 *	6535	6173	94.46
华东师范大学 *	3631	3506	96.56
南京大学	6874	6770	98.49
东南大学	3459	3459	100.00
浙江大学	10 705	10 436	97.49
中国科学技术大学	4705	4665	99.15
厦门大学	3367	3313	98.40
山东大学 *	5286	5143	97.29
中国海洋大学	1757	1707	97.15
武汉大学 *	9223	8604	93.29
华中科技大学 *	10 255	9552	93.14
湖南大学	1398	1370	98.00
中南大学	4670	4649	99.55
中山大学	5849	5795	99.08
华南理工大学	3174	3170	99.87
四川大学	5856	5848	99.86
重庆大学	2195	2193	99.91
电子科技大学 *	2598	2497	96.11
西安交通大学	5427	5341	98.42
西北工业大学 *	3218	3036	94.34
西北农林大学	1501	1501	100.00
兰州大学	2685	2685	100.00

续表

高校名称	论文产出数量 1981—2010	呈缴数量 1981—2010	呈缴率(%)
国防科技大学 *	2390	2311	96.69
合计:	201 041	196 248	97.84

注 1:39 所高校博士学位论文的数量以国务院学位办公布的数据为准。

注 2:" * "未到国家图书馆的保密博士学位论文不在统计范围之内。

另一方面,电子学位论文的呈缴状况则逊色不少,仍以 39 所高校为例,其中主动向国家图书馆缴送电子版博士、硕士学位论文的只有上海交通大学 1 所,仅占总数的 3%。除缺乏国家政策的有力支持外,在国家层面上缺少统一的电子学位论文呈缴系统是另一个重要的掣肘因素。

(3)学位论文的编目现状

①学位论文编目采用的格式

2000 年以前,由于学位论文数量不多,只有北京大学、中国人民大学、清华大学等少数高等院校对学位论文进行了系统编目,大多数高等院校未正式开展学位论文编目,只是按年代、学科进行简单分类与排架,为本校读者服务。2000 年后,国内高等院校陆续建立了学位论文提交系统,才开始采用计算机对学位论文进行编目,书目记录格式一般分为 MARC 元数据格式与 DC 元数据格式。在调研的 39 所高校中,采用 MARC 格式的有 12 所,占 30.8%,其余 27 所高校都是通过学位论文提交系统自动生成的 DC 格式提供检索服务。表 3 - 10 为两种学位论文编目格式在高校中的统计情况。

表 3 - 10　39 所高校学位论文编目情况一览表

高校名称	编目	未编目	MARC 格式	CALIS 规定格式
北京大学	√		√	
中国人民大学		√		√
清华大学	√		√	
北京航空航天大学	√		√	
北京理工大学	√		√	
中国农业大学		√		
北京师范大学		√		√
中央民族大学		√		
南开大学	√			√

续表

高校名称	编目	未编目	MARC 格式	CALIS 规定格式
天津大学		√		√
大连理工大学		√		√
东北大学		√		
吉林大学		√		√
哈尔滨工业大学		√		√
复旦大学	√		√	
同济大学	√		√	
上海交通大学	√		√	
华东师范大学	√		√	√
南京大学	√			√
东南大学		√		
浙江大学	√			
中国科学技术大学		√		√
厦门大学	√		√	√
山东大学		√		√
中国海洋大学		√		√
武汉大学		√		√
华中科技大学		√		√
湖南大学	√		√	
中南大学		√		√
中山大学		√		√
华南理工大学		√		
四川大学		√		√
重庆大学		√		√
电子科技大学	√		√	
西安交通大学	√		√	
西北工业大学		√		√
西北农林科技大学	√			
兰州大学		√		
国防科学技术大学		√		

注:未编目高校均进行了馆藏加工。

◆北京理工大学 MARC 格式

000 00755nam0 2200289 450

001 0000750087

005 20101221085200.0

010 __ |d CNY21.00

100 __ |a 20101221d2008 ekmy0chiy0120 ea

101 0_ |a chi

102 __ |a CN |b 110000

105 __ |a y m 000yy

106 __ |a r

200 1_ |a 数字电视外辐射源雷达 CFAR 算法研究及 FPGA 实现 |f 王磊(硕)著

210 __ |a 北京理工大学 |c 信息科学技术学院 |d 2010

215 __ |a 70 页 |c 图 |d 29cm

328 __ |a 专业:信息与通信工程

328 __ |a 硕士论文——北京理工大学信息科学技术学院,20100624

610 0_ |a 数字电视

610 0_ |a 恒虚警检测

610 0_ |a 现场可编程门阵列

610 0_ |a 优化

701 _0 |a 王磊 |4 著

702 _0 |a 单涛 |4 指导

801 _0 |a CN |b BIT |c 20101221

905 __ |a BIT |d BS25299

920 __ |a 211070 |z 1

◆武汉大学 DC 格式(包括中英文文摘)

【中文题名】	基于 Web 服务的 WebGIS 应用模型研究
【作者】	王磊
【学院】	测绘科学与技术学院
【学科】	0816 测绘科学与技术

【专业】 081601 大地测量学与测量工程
【学位】 工学硕士
【语种】 chi
【导师1姓名】 梅文胜
【导师1单位】 测绘科学与技术学院
【分类号】 P208
【论文答辩日期】 2009－5－23
【英文题名】 WebGIS Application Research Based-on Web Service
【中文文摘】 随着计算机网络技术的不断进步,WebGIS也得到了长足的发展,使得用户可以通过互联网浏览空间数据、制作专题图,甚至是进行复杂的空间查询、空间分析等。但是当前WebGIS站点大多是相对孤立的,而且内部实现逻辑都是采用紧密耦合的方式。这使得WebGIS站点之间很难实现共享和互操作,对计算资源、功能资源、存储资源等的整合应用也十分困难,根本无法满足人们对地理信息和GIS功能共享、互操作的需求。Web服务技术遵循一系列开放标准和协议,可以将不同机构连接起来,实现机构之间应用程序、数据等的跨平台、跨语言共享和互操作。它给分布式异构数据的共享和互操作以及GIS的分布式计算带来了新的解决方案。鉴于此,本文对Web服务技术、WebGIS模型、地理信息的组织和显示方法以及相关标准等进行了深入的研究,并在现有研究成果的基础上,根据实际项目需求提出了一种新的基于Web服务的WebGIS应用模型。然后对模型的通信机制进行的研究和测试,给出了模型最佳通信方案。此模型不但可以集成使用多种GIS开发软件的封装的Web服务功能模块,而且还可以实现地理位置相关数据Web服务的客户端集成应用,这些服务也可以在其他网站中单独调用。模型主要有以下几个创新点:1)提出了Ajax异步与Web Service异步的组合通信方式,不但可以大大提高系统的通信效率,而且可以带来更灵活的客户端用户体验;2)借鉴多种地理信息描述标准,提出了基于

XML 标准的自定义格式来描述和存储地理信息的方法，它不用考虑现有地理标记语言(如 GML、GeoRSS、KML 等)的存储规则，只需遵循 XML 标准即可，更易于扩展，具有更高的灵活性;3)模型的业务逻辑层采用与 GIS 开发平台无关的逻辑组织方式，客户端通过 XML 标准格式实现与 Web 服务的通信，从通常的客户端与服务端的紧密耦合方式转变成了松散耦合方式;4)借鉴了地图 Mashup 的理念，可以通过 Web 服务获取地理位置相关数据，并表达为基于 XML 标准的自定义格式，在客户端进行标记。在本文最后结合 WebGIS 在城市公共安全应急领域的应用，基于此模型设计并实现了一个城市公共安全应急平台，并对系统进行了展示。

【外文文摘】

With the incessant progress of computer network technology, we have realized a great development on WebGIS, with which ,users can browse the spatial data via the Internet, create thematic maps and even complex spatial query, spatial analysis etc.. However, most of the current site is relatively isolated and the internal logic is realized by way of the tight coupling approach, which makes it difficult to achieve sharing and interoperability among the WebGIS site and integration applications of computing resources , functional resources and storage resources are also very hard to come true, that is, current WebGIS can't meet people's demand for geographic information and GIS function sharing, interoperability. Following a series of open criteria and protocols, Web service technology can connect different agencies and inplement cross-platform, cross-language sharing and interoperability on procedures, data among agencies. Based on actual demand of project, it also provides a new Web-service-based model of WebGIS applications for sharing and interoperability on distributed heterogeneous data. This model can not only use Web service function modules developed by a variety of integrated GIS software packages, but also achieve integrated client applications on Web services of location-related data. Moreover, they can be transferred to other site separately. The innovations of the model is as follows: 1) It proposes a combined communication of asynchronous Ajax and asynchronous Web Service, not only improves communication efficiency greatly, but also leads to more flexible client-side user experience; 2) It uses many different standards on description of geographic information for reference, puts forward methods that use custom storage format based on XML to describe and store geographical information, which don't have to consider storage rules on the existing geographic marker language (such as GML, GeoRSS, KML, etc.), just follow the XML standard, so it is easier to expand and with more flexibility; 3) The Business Logic Tier of model uses logic organization irrelevant to GIS development platform, client communicates with Web service in the XML standard format, which changes the usual client and server mode of the tight coupling approach into a loosely coupled one; 4) It draws on the concept of map Mashup, so that we can use Web services to access location-related data which is expressed in custom storage format based on XML with tags on client. At the end of the article, considering WebGIS applications on public safety emergency in urban areas, I designed and implemented a city public safety emergency platform and displayed it in detail.

【中文关键词】 Web 服务；WebGIS；GML；Ajax

【外文关键词】 Web Service；WebGIS；GML；Ajax

【研究方向】 地理信息系统及其应用

【参考文献数】 36

【插图总数】 36

【插表总数】　1
【总页码】　66
【馆藏号】　MCK2009(0058)
【馆藏地】　信息分馆
【条码号】　0215M0005466

②学位论文编目存在的问题

A. 部分高等院校学位论文编目不完整。部分高等院校采用学位论文提交系统直接转换成学位论文书目数据,主题揭示仅有关键词,没有分类标引,而关键词是学位论文提交系统在学位论文标题和正文中抽取的关键词。这些关键词随意性很大,不具备规范主题词的唯一性、一致性、简明性以及相对稳定性。

B. 部分高等院校纸本学位论文未进行系统编目。部分高校早期(2000 年以前)收藏的纸本学位论文,尚未进行正规编目,仅做简要登记,然后分配馆藏流水号,按顺序上架,再提供服务。目前,尚未建立学位论文提交系统的高等院校仍然维持这种简单整理的方式。

(4)学位论文全文数据库建设现状

①自建学位论文全文数据库的基本情况

随着信息技术的发展,计算机的广泛普及,研究生学位论文都采用计算机进行撰写与编辑,这为电子版学位论文的采集提供了便利。由于电子版学位论文具有比印刷型学位论文更方便、更快捷的保存和利用方式,自 2000 年以后,清华大学、北京大学等高等院校图书馆率先开始了学位论文全文数据库的探索与建设。2003 年,中国高等教育文献保障系统(CALIS)二期“高校学位论文全文数据库”项目正式启动,作为项目承建和牵头单位的清华大学图书馆,确立了“元数据集中于项目中心、数字对象(全文)分散在参建馆”的分布式体系架构,结合项目技术路线、标准规范和实际需要,测试并推荐了 4 套成熟的学位论文全文数据库系统供参建单位选择使用。截至 2010 年,已有 97 所高校(大部分是“211”工程学校)安装运行了本校的学位论文全文数据库系统,其中 98% 的高校选用了项目组推荐的系统,2% 的高校采用了自行开发的软件。各高校学位论文系统均采用了项目组统一制定的标准规范(如元数据标准、唯一标识符、数字对象命名规则、OAI/METS 收割标准等),在满足系统基本功能(提交、审核、编目、文档标准化、发布等)的基础上各有特色,既保证了各高校学位论文系统之间以及与 CALIS 学位论文中心系统之间的互操作,也保持了本地学位论文系统的特色。

我们调研的39所高校，自建学位论文数据库的达94%，参加CALIS数据库建设的达到87%（见表3－11）。

表3－11　39所高校学位论文全文数据库建设情况一览表

高校名称	自建数据库	参加CALIS	备注
北京大学	√	√	
中国人民大学	√	√	
清华大学	√	√	CALIS牵头单位
北京航空航天大学	√	√	
北京理工大学	√	√	
中国农业大学	√	√	
北京师范大学	√	√	
中央民族大学			
南开大学	√	√	
天津大学	√	√	
大连理工大学	√	√	
东北大学	√	√	
吉林大学	√	√	
哈尔滨工业大学	√	√	
复旦大学	√	√	
同济大学			
上海交通大学	√	√	
华东师范大学	√	√	
南京大学	√	√	
东南大学	√	√	
浙江大学	√	√	
中国科学技术大学	√	√	
厦门大学	√	√	
山东大学	√	√	
中国海洋大学	√	√	
武汉大学	√	√	
华中科技大学	√	√	
湖南大学	√		
中南大学	√	√	

续表

高校名称	自建数据库	参加 CALIS	备注
中山大学	√	√	
华南理工大学	√	√	
四川大学	√	√	
重庆大学	√	√	
电子科技大学	√	√	
西安交通大学	√	√	
西北工业大学	√	√	
西北农林科技大学	√		
兰州大学	√	√	
国防科学技术大学	√		
百分比	94%	87%	

②学位论文使用授权

由于学位论文是未公开发表的文献，著者对学位论文的使用授权，对于学位论文的合理使用至关重要。为了保护知识产权，合理利用学位论文资源，国内各高等院校对学位论文使用授权均有明确规定，要求学生在提交学位论文时，必须签署“学位论文使用授权书”，同意本校及相关机构拥有在著作权法规定范围内使用学位论文的权限。

据知，目前39所高校图书馆的网站及国家图书馆收藏的纸质学位论文均载有“学位论文使用授权书”。特别是2003年以后，几乎所有高等院校都通过与研究生签订协议的方式获得学位论文使用权，以避免侵犯知识产权的风险。由于高等院校是学位论文的主要产出单位，其所拥有的学位论文全文数据库，相比其他收藏机构，特别是商业化学位论文数据库，在版权处理方面具有得天独厚的优势。

学位论文作为知识产品的价值，总是从社会传播与利用中体现出来，而利用者的目的是求知还是营利，一直为产权人所关注。图书馆在产权人与利用者（读者）之间往往处于两难。鉴于版权法本身仍有许多回旋的空间，图书馆更着重于学位论文得到社会广泛传播与利用，学位论文产出单位则持保守、谨慎，甚至过于封闭的态度。调查发现，在39所高校中仅有清华大学的“学位论文使用授权书”中表述了向接受呈缴的单位（如：国家图书馆）报送可以公开的学位论文，但就如何使用并未明确授权（见样例1）。另有调查显示，只有苏州大学在“学位论文使用授权声明”中明确表述了向接受呈缴的单位送交学位论文并授权其使用与保存(见样例2)。

样例1:清华大学学位论文使用授权说明

本人完全了解清华大学有关保留、使用学位论文的规定,即:清华大学拥有在著作权法规定范围内学位论文的使用权。其中包括:(1)已获学位的研究生必须按学校规定提交学位论文,学校可以采用影印、缩印或其他复制手段保存研究生上交的学位论文;(2)为教学和科研目的,学校可以将公开的学位论文作为资料在图书馆、资料室等场所供校内师生阅读,或在校园网上供校内师生浏览部分内容;(3)根据《中华人民共和国学位条例暂行实施办法》,向国家图书馆报送可以公开的学位论文。

本人保证遵守上述规定。

(保密的论文在解密后遵守此规定)

论文作者签名:___　　　　导师签名:___

日　　　期:___　　　　日　　期:___

样例2:苏州大学学位论文使用授权声明

本人完全了解苏州大学有关收集、保存和使用学位论文的规定,即:学位论文的著作权归属苏州大学。本学位论文电子文档的内容和纸质论文的内容相一致。苏州大学有权向国家图书馆、中国社科院文献情报中心、中国科学技术信息研究所(含万方数据电子出版社)、中国学术期刊(光盘版)电子杂志社送交学位论文的复印件和电子文档,允许论文被查阅和借阅,可以采用影印、缩印和其他复制手段保存和汇编学位论文,可以将学位论文的全部或部分内容编入有关数据库进行检索……

论文作者签名:___　　日　期:___

导 师 签 名:___　　日　期:___

③学位论文全文数据库建设存在的问题

部分高等院校早期收藏的纸本学位论文尚未进行数字化加工,全文数据库尚不能提供早期纸本学位论文的服务;部分高等院校学位论文全文数据库收录不全,不能反映本校学位论文的全貌;少数高等院校缺乏学位论文提交系统详细的规范操作手册,导致学生对提交系统的具体操作了解和掌握不够,不能及时、准确提交;多数高等院校对学位论文的文本格式培训不够,学生制作文本时不注意细节,导致提交时出现问题,不能顺利进入数据库。这些原因影响了高等院校学位论文全文数据库的建设质量及后续的服务与利用。

(5)高等院校学位论文服务状况

①学位论文的服务对象及制度规定

高校的学位论文服务呈现越来越开放的趋势。就学位论文的服务对象而言，39 所高校中，除为本校师生提供服务外还面向社会提供服务的所占比例为 51%（见表 3-12）。各高校针对本校读者以及社会读者均制定了学位论文服务相关的规章制度，其中，开展社会服务的高校一般对校外人员提供纸本学位论文的阅览和学位论文全文数据库的访问（须凭办理的阅览证），但不开展外借服务。例如，北京大学规定：校外读者须持本单位介绍信和本人有效证件（身份证、工作证或学生证）办理临时阅览证，凭此证可到本馆阅览室、阅览区查阅学位论文等书刊资料。一些高校图书馆还可为读者提供国内外学位论文的原文传递服务，以及负责国外学位论文的全文订购。

表 3-12　39 所高校学位论文服务对象一览表

高校名称	只为本校师生服务	为本校和社会服务
北京大学		√
中国人民大学		√
清华大学		√
北京航空航天大学		√
北京理工大学	√	
中国农业大学		√
北京师范大学	√	
中央民族大学		√
南开大学		√
天津大学		√
大连理工大学	√	
东北大学	√	
吉林大学	√	
哈尔滨工业大学	√	
复旦大学		√
同济大学		√
上海交通大学	√	
华东师范大学	√	

续表

高校名称	只为本校师生服务	为本校和社会服务
南京大学	√	
东南大学	√	
浙江大学		√
中国科学技术大学		√
厦门大学		√
山东大学	√	
中国海洋大学	√	
武汉大学		√
华中科技大学	√	
湖南大学	√	
中南大学	√	
中山大学	√	
华南理工大学		√
四川大学	√	
重庆大学		√
电子科技大学		√
西安交通大学	√	
西北工业大学	√	
西北农林科技大学		√
兰州大学		√
国防科学技术大学		√
百分比	49%	51%

②学位论文的服务范围

入藏学位论文的高等院校图书馆，一般提供学位论文的阅览、查询、复制服务。除此之外，还开展馆际互借、文献传递、科技查新、学科馆员、实时咨询、新生培训等（见表3－13），旨在为读者提供更为方便、专业的特色服务，有效地提高学位论文资源的利用率。

表 3－13　39 所高校学位论文特色服务一览表

高校名称	服务范围				
北京大学	科技查新	课题咨询	参考咨询	查收查引	学科馆员
中国人民大学	文献传递	代查代检	引文统计	实时咨询	新生培训
清华大学	科技查新	代检代查	SCI 服务	“酷”服务	学科服务
北京航空航天大学	原文传递	文献检索	课题查新	引用证明	统一检索
北京理工大学	文献传递	科技查新	定题服务	代查代检	馆际互借
中国农业大学	馆际互借	文献传递	学科馆员	教学培训	文印服务
北京师范大学	文献传递	馆际互借	学科馆员	参考咨询	RSS 阅读
中央民族大学	原文传递	文献检索	参考咨询	搜索引擎	培训课件
南开大学	课题查新	馆际互借	引用查证	专题检索	学科馆员
天津大学	馆际互借	查新服务	查收查引	参考咨询	文献传递
大连理工大学	馆际互借	课题查新	基本服务	咨询热线	学科导航
东北大学	科技查新	课题咨询	学科咨询	馆际互借	收录引用
吉林大学	馆际互借	科技查新	学科导航	在线参考资料	教学与培训
哈尔滨工业大学	原文传递	科技查新	代查代检	SCI 咨询	EI 咨询
复旦大学	科技查新	文检教学	文献传递	读者荐购	学科服务
同济大学	学科服务	科技查新	文献传递	RSS 服务	立体阅读
上海交通大学	馆际互借	咨询服务	课题查新	RSS 服务	学科馆员
华东师范大学	科技查新	课题检索	学习园地	异地借还	论文收录与引用
南京大学	馆际互借	资源导航	查收查引	科技查新	新书通报
东南大学	科技查新	原文传递	代查代检	学科服务	用户培训
浙江大学	科技查新	查收查引	文献传递	咨询服务	通知服务
中国科学技术大学	馆际互借	课件天地	科技查新	查收查引	文献传递
厦门大学	馆际互借	科技查新	学科馆员	在线咨询	培训讲座
山东大学	馆际互借	文献传递	科技查新	学科馆员	收录引用
中国海洋大学	在线咨询	馆际互借	科技查新	收录引用	学科服务
武汉大学	科技查新	文献传递	学科服务	收录引用	教学培训

续表

高校名称	服务范围				
华中科技大学	文献传递	科技查新	学科服务	读者培训	统一检索
湖南大学	馆际互借	文献传递	虚拟咨询	科技查新	用户培训
中南大学	科技查新	馆际互借	代查代检	定题服务	读者教育
中山大学	参考咨询	读者培训	科技查新	收录引用	书目查询
四川大学	馆际互借	代查代检	科技查新	学科馆员	校外访问
重庆大学	馆际互借	科技查新	文献传递	参考咨询	定题服务
电子科技大学	馆际互借	文献传递	学科服务	查新/检索	读者培训
西安交通大学	馆际互借	科技查新	查收查引	学科馆员	网络服务
西北工业大学	文献传递	学科导航	科技查新	专题研究	查收查引
西北农林科技大学	科技查新	文献传递	查收查引	学科服务	读者培训
兰州大学	馆际互借	文献传递	科技查新	情报研究	参考咨询
国防科学技术大学	文献传递	查收查引	科技查新	学科服务	参考咨询

③学位论文数字资源的开放与限制

目前,各高等院校在自建或购买的数据库如何利用方面都作出了相应规定,以保护著作权,维护正常的阅读秩序。我们搜集了北京地区部分高等院校关于学位论文数据库利用的相关规定,通常是在高校图书馆网站上以版权声明形式发表,或直接对数字资源的利用进行限制,详细地列举各种侵权行为,并明确规定处罚条款,以期学位论文数字资源合理利用得到保障。例如,清华大学明确规定:不得使用网络下载工具批量下载图书馆购买的电子资源;不得连续、系统、集中、批量地进行下载、浏览、检索数据库等操作;不得将所获得的文献提供给校外人员,不得将个人网络账号提供给校外人员使用本校电子资源,更不允许利用获得的文献资料进行非法牟利。

④学位论文服务存在的问题

学位论文作为高等院校重要的信息资源是国家的宝贵财富。虽然各院校学位论文资源建设是为教学与科研提供保障与服务,如都能接待校外读者,将不仅使国家投资高等院校图书馆的信息资源发挥更大的作用,还可以促进学位论文传播,进而全面提升学位论文的社会效益。从调研中可以看出,39 所高校中尚有 49% 的高校不接待社会人员，如此大的比例，表明高校对社会开放学位论文服务的力度有待进一步加强。

3.2.2 CALIS 高校学位论文全文数据库

“高校学位论文数据库”是中国高等教育文献保障体系（CALIS）的一个自建数据库项目，该项目由国家教委和 CALIS 管理中心协调，向各高等院校发文，要求进入“211 工程”的重点学校承担共建任务。项目建设采用“元数据集中于项目中心，数字对象（论文全文）分散在参建馆”的分布式系统架构建库。数据库先由各成员馆按照 CALIS 制定的元数据标准和数据规范，在本校建立学位论文全文提交系统及全文检索系统，再由中心采用 OAI 协议收集汇总分布在各校的学位论文元数据、文摘及全文前 16 页，集中提供检索服务，全文通过 OpenURL 链接到各参建馆或通过文献传递实现全文服务。“高校学位论文数据库”现有参建高校 97 所，学位论文元数据、文摘数据 42 万条。

“高校学位论文数据库”解决学位论文版权问题主要从两方面着手，一是中心制定“学位论文版权使用授权书”的规范文本，由参建馆参照制定本校“学位论文版权使用授权书”，并获得学生授权；二是通过技术手段，限定用户只能在线浏览，不能下载、打印和编辑。由于获得了学生授权，“高校学位论文数据库”学位论文著作权保护优于其他中文学位论文数据库。

“高校学位论文数据库”目前依托的“CALIS 学位论文中心服务系统”除提供数据检索服务外，还提供“学科浏览”，用户可按照工学、理学、经济学等 12 个学科浏览学位论文数据。用户还可以通过该系统选择发送电子邮件、打印、下载的方法保存检索结果。

虽然“CALIS 高校学位论文数据库”的建设由于存在多系统互操作，导致学位论文元数据、文摘数据的上传经常发生问题，检索界面不如其他机构或数据公司直观、便捷，关联信息也并不丰富，但是其在建设理念与著作权保护方面则优于其他中文学位论文数据库。在采用 OAI 协议收集元数据、通过 OpenURL 链接获取学位论文全文以及推荐学位论文提交系统等方面具有借鉴意义。

3.3 科研信息机构与数据公司学位论文资源建设与服务

鉴于我国科研信息机构与数据公司数量庞杂，又变化频繁，而港澳台地区情况尚未深入调研，这里仅就内地最具稳定性、影响力的主要科研信息机构与数据公司的学位论文收藏与服务情况作简要介绍。

3.3.1 中国科学技术信息研究所学位论文资源建设与服务

中国科学技术信息研究所(以下简称中信所)成立于1956年10月,是国家科学技术部直属的国家级公益性科技信息研究机构。1983年国务院学位办公室下发(83)学位办字003号文件,明确规定中信所为我国自然科学领域硕士以上学位论文收藏机构。截至2011年4月,累计收藏学位论文1 726 593篇,其中博士学位论文211 184篇,硕士学位论文1 509 159篇,博士后出站报告6250篇,年增量22万余册。①

中信所中文学位论文依据《中国机读目录格式》进行著录,依据《中国图书馆图书资料分类法》进行编目。编目加工后的纸本学位论文在中信所特种文献闭架区提供阅览服务,读者需要先在计算机公共目录(OPAC)或卡片中查找到馆藏索取号,并在服务台填写提书单,由工作人员提取所需学位论文。

此外,为了加强中文学位论文的宣传报道,1985年—1994年中信所编辑出版了《中国学位论文通报》(期刊),每年6期,专门通报中信所新入藏的学位论文,以方便读者利用。1995年在《中国学位论文通报》的基础上,开发建设"馆藏中国学位论文文摘数据库",将1988年以来收集的学位论文进行编目和文摘加工,形成数据库产品向用户提供服务。2000年以后学位论文的采集、编目、加工以及全文数据库建设均由中信所1993年成立的万方数据公司承担。

在网络环境下,中信所依托万方数据公司建立的"学位论文全文数据库"为注册用户提供学位论文原文请求服务。用户在中信所网站上检索到该所所藏学位论文,可以通过原文传递服务获得所需要的学位论文全文复印件。提供方式包括电子邮件、普通信函、平信挂号、传真或特快专递等。文献检索无需注册也无需付费,全文提供则需要注册并需支付文献复制费及相应的邮费。

中信所网站的学位论文检索非常简明、便捷。网站主页的检索框上方明确设有学位论文的选择项,点击进入可选择题名、作者、导师、关键词、摘要、授予单位等检索字段访问该所自建与购买的全部中外学位论文资源。此外,还提供"结果中检索"、"高级检索"等检索方式。值得一提的是,检索出来的学位论文还可分别按年度、学科和学位级别进行分类提取,达到了精确检索的目的。

---

① 数据来源:中国科学技术信息研究所。

3.3.2 中国科学院学位论文资源建设与服务

中国科学院研究生院成立于 1978 年。是经国务院批准创办的第一所研究生院,属于专门从事博士、硕士研究生教育的研究型高等教育机构,还是我国第一个理学博士和工学博士学位论文的产出单位。中国科学院既是学位授予单位,承担研究生教育与培养,同时还进行学位论文资源建设与服务工作。根据国务院学位委员会公报显示,自 1980 至 2010 年,中国科学院研究生院产出博士学位论文36 357篇(不含 1982 年),硕士学位论文43 171篇(不含 1982 年)。这些学位论文分别收藏于中国科学院下属研究所和中国科学院国家科学图书馆(原中国科学院文献信息中心,以下简称中科院图书馆),并为本系统读者提供服务。

中科院图书馆从 1980 年开始收藏博士、硕士学位论文,经过 30 年的积累,目前纸本博士、硕士学位论文以及博士后研究报告近 6 万篇,于工作日的周一至周五在图书馆 5 层阅览区提供阅览、复制服务。

为了充分利用计算机网络技术收集学位论文,中科院图书馆建立了一套完善的学位论文提交系统进行电子版学位论文的采集,中国科学院研究生院为此专门下发了《关于中国科学院研究生院研究生学位论文电子版提交的通知》。根据《中国科学院研究生院学位授予工作细则》规定,从 2010 年起,中国科学院系统的博士、硕士学位申请者须向中国科学院研究生院提交学位论文电子版全文一份,要求学位论文必须完整,包括封面、目录、正文及参考文献等信息,并统一制作成一个 PDF 文档。学位论文提交系统的应用、研究生管理部门相关规定的下发,为中国科学院系统电子版学位论文及时、完整地收藏与利用提供了技术和制度的保障。

为了加强学位论文的宣传与报道,中科院图书馆很早就建立了“中国科学院学位论文数据库”,收录 1980 年以来的博士、硕士学位论文、博士后出站报告。数据库内容包括题名、论文作者、学位信息,中英文关键词、中英文文摘和导师等信息。截至 2009 年,数据总量为59 914条。目前该数据库通过“中国科学院学位论文检索系统”提供学位论文元数据、文摘和全文的检索功能,包括快速检索、高级检索、二次检索和智能扩展等多种检索手段;还提供按学科专业浏览学位论文的检索功能。系统注册认证用户在获取文摘的同时可以免费浏览学位论文原文的前 16 页(PDF 格式),并提供打印、复制和下载服务。

3.3.3 中国社会科学院图书馆学位论文资源建设与服务

中国社会科学院图书馆(又称中国社会科学院文献信息中心,以下简称社科院图书馆)的前身是中国科学院哲学社会科学学部的情报研究室,成立于1957年;1963年改名为学术资料研究室;1977年以学术资料研究室为基础组建了中国社会科学院情报研究所;1985年10月情报所与院图书资料中心筹备组合并组成文献情报中心;1992年10月改名为文献信息中心;1994年起组建中国社会科学院图书馆。现在的中国社会科学院图书馆和文献信息中心为一个实体两个名称。

1984年国务院学位办公室下发(84)学位办字011号文件,指定社科院图书馆前身原社科院情报所为社会科学学位论文的收藏机构。明确规定全国学位授予单位必须向社科院图书馆呈缴社会科学博士、硕士学位论文。从1984年至2007年年底,中国社会科学院图书馆已收藏博士、硕士学位论文约24.7万篇。

社科院图书馆收藏的学位论文是由学位授予单位按年度汇总后,直接寄送到馆的。工作人员将学位论文按年代排序后,进行登记,按照规定的流程进行采集与整理。学位论文按照《中国文献编目规则》进行规范化、标准化的信息描述,采用CNMARC格式作为著录标准,并依据《中国图书馆分类法》分类。2003年年底社科院图书馆已完成全部馆藏学位论文的书目数据回溯。

编目加工后的学位论文,入藏社科院图书馆典藏流通部的特藏库,并通过计算机查询系统检索,为用户提供服务。为了宣传报道社会科学学位论文,1991年社科院图书馆编制出版了《中国社会科学学位论文文摘》一书。

3.3.4 CNKI《中国优秀博硕士学位论文数据库》(清华同方知网)

中国优秀博硕士学位论文数据库包括《中国博士学位论文全文数据库》(China Doctoral Dissertations Full-text Database,简称CDFD)和《中国优秀硕士学位论文全文数据库》(China Master Theses Full-text Database,简称CMFD),是中国知识基础设施工程(CNKI)的系列产品之一,由中国学术期刊(光盘版)电子杂志社与清华同方光盘股份有限公司共同研制,得到了全国博士、硕士培养单位的大力支持与协助。重点收录"985"工程、"211"工程高等院校的优秀博士、硕士学位论文,具有覆盖学科广、文献量大、全文收录、每日更新、使用方式灵活等特点,是我国较具权威的博士、硕士学位论文数据库。截止到2012年2月15日,《中国博士学位论文全文数据库》收录国内产出的博士学位论文170 714篇,《中国优秀硕士学位论文全文数据库》收录国内产出的硕士学位论文共1 323 174篇。[①]

清华同方知网学位论文数据库是以电子期刊的形式出版,包括WEB版(网上

① 数据来源:http://dlib.cnki.net/kns50/index.aspx。

包库)、镜像站版、光盘版、流量计费等。以支付稿酬的方式解决版权问题。学位论文作者(本人或单位)需填写“学位论文出版授权书”,授权为非专有使用权。清华同方光盘股份有限公司向博士学位论文的作者一次性支付价值 400 元人民币的“阅读卡”和 100 元人民币的现金稿酬,向硕士学位论文的作者一次性支付价值 300 元人民币的“阅读卡”和 60 元人民币的现金稿酬。若授权为专有使用权,则稿酬由清华同方光盘股份有限公司与作者另行约定。

《中国博士学位论文全文数据库》与《中国优秀硕士学位论文全文数据库》分为十大专辑:基础科学、工程科技Ⅰ、工程科技Ⅱ、农业科技、医药卫生科技、哲学与人文科学、社会科学Ⅰ、社会科学Ⅱ、信息科技、经济与管理科学。十专辑下分 168 个子专题。

检索方式:新版 CDMD 提供快速检索、标准检索、专业检索、科研基金检索和句子检索等检索功能。其中标准检索的检索字段有主题、题名、关键词、摘要、目录、全文、参考文献、中图分类号、学科专业名称以及作者、导师、第一导师等。提供全文下载服务,方式为在线浏览、章节下载和分页下载等。基本价格为 0.5 元/页,在线阅读全文、下载全文均等同计费。

3.3.5 万方数据公司《中国学位论文全文数据库》

《中国学位论文全文数据库》由我国第一家生产数据库的万方数据股份有限公司研制出品。《中国学位论文全文数据库》是万方数据资源系统中的子数据库,前身为《中国学位论文文摘数据库》,其特点为:学位论文来源可靠;学位论文收集时间长,数量多;覆盖的院校多,自然科学类学位论文收录较全。

《中国学位论文全文数据库》的数据来源为中国科学技术信息研究所提供的自然科学类的纸本学位论文,2007 年后,数据库建设开始征集电子版学位论文。《中国学位论文全文数据库》收录了 1980 年以后产出的自然科学类博士、硕士学位论文,截至 2012 年 5 月 25 日,共收录学位论文数据2 205 299条。

《中国学位论文全文数据库》版权解决方案是由万方数据股份有限公司直接与作者签署《学位论文使用授权书》,授权公司将其撰写的学位论文进行数字化、信息网络传播与汇编。为此,万方数据股份有限公司向博士生作者一次性支付价值 400 元人民币的“阅读卡”和 100 元人民币的入库费;向硕士研究生作者一次性支付价值 300 元人民币的“阅读卡”和 60 元人民币的入库费。

《中国学位论文全文数据库》按哲学、经济学、法学、教育学、文学、历史学、理学、工学、农学、医学、军事学、管理学等 12 个学科专业分类,提供了快速检索、经典检索、高级检索和专业检索等检索功能模块。经典检索提供学位论文题目、作者、导师、学校、专业、中图分类号、关键词、摘要和全文 9 个检索字段。检索出的学位论文还可以按经典学位论文优先、相关度优先、最新学位论文优先排序。《中国学位论文全文数据库》面向机构用户和个人用户提供全文下载，国内个人用户收费标准为：学位论文 30 元/篇；文摘 1 元/篇。

从以上资料可以看出，我国科研信息机构、数据公司学位论文资源建设与服务同国家经济建设、科技进步形影相随，得益于社会开放、信息畅通。诚然，由于体制滞后、社会管理尚待完善，当前还需总结经验，深化改革，不断提升学位论文资源建设与服务水平。以下对上述机构、公司在学位论文资源建设方面的优劣势做一小结：

(1)中信所网站学位论文检索界面值得借鉴，其首页可以检索到该所收藏的全部中文、英文学位论文，非常直观、快捷。同时提供按地区、学校、“211 工程”学校的首字母等途径检索学位论文；检索结果还可分别按年度分类、学科分类和学位级别分类提取学位论文，从而达到精确检索的目的。

(2)1993 年成立的“万方数据公司”是中国第一家生产数据库的专业公司，至今走过了 20 年，目前其学位论文商业化数据库已形成一定规模，从学位论文数量上看远远超过任何一个机构的学位论文数据库。

(3)中国优秀博士硕士学位论文数据库与中国学位论文全文数据库解决版权的方式初见成效。其无论面向学位论文作者，还是面向学位论文产出单位，或请求投稿，或邀请加盟，在获得作者授权的基础上，均向博士、硕士研究生支付了同等价值的“阅读卡”和现金。尽管解决方式与现金数量不尽如人意，但是商业化运作解决学位论文版权问题已见初步成效。

(4)中国优秀博士硕士学位论文数据库与中国学位论文全文数据库学位论文收录不全，内容重复。这两家公司虽都号称收录百万种博士、硕士学位论文，但与我国已经产出的研究生学位论文 413 万多篇却相距甚远。我们选择最能体现我国博士学位论文水平与价值的全国优秀博士学位论文 198 篇(2009 年与 2010 年全国优秀博士学位论文)，核查了中国优秀博士硕士学位论文数据库与中国学位论文全文数据库的收录情况。检索发现，即使冠名为《中国优秀博士学位论文数据库》其全国优秀博士学位论文收录率只有 40%，尚未过半；《中国学位论文全文数据库》收录数量更低，仅占 32%。未收录的博士学位论文主要集中在重点院校、中国科学院系统。此外，两者学位论文不仅收录不全，且内容重复率高达 28%。

3.4 台湾地区学位论文资源建设与服务

鉴于港澳地区学位论文资源建设与服务除几所大学外，尚未形成规模，而台湾地区“中央图书馆”学位论文资源建设与服务颇具特色，于此做重点介绍。

台湾“中央图书馆”依据台湾教育部门的委托，负有搜集、典藏与阅览台湾地区产出的博士硕士学位论文的职责，自 1956 年至今已收藏有纸本博士、硕士学位论文 69 万余篇，电子版学位论文 21.8 万余篇，全文影像学位论文 1.6 万余篇。① 此外，还收藏有欧美等国家有关汉学研究的博士学位论文数万篇。

3.4.1 纸本学位论文资源建设与服务

(1)纸本学位论文的收集

台湾“中央图书馆”从 1986 年起依有关规定向每一位研究生收缴一本学位论文(纸质)，1994 年新修订的台湾《学位授予法》规定：博士、硕士学位论文应以文件、录影带、录音带、光碟或其他方式，于“中央图书馆”保存之。台湾教育部门也多次专门发函要求：“为促进学术传播，博、硕士论文应以公开为原则，若作者欲延后公开则需确定合理期限，其期限至多为 5 年，且应避免永不公开之情况。”②

上述法律法规明确了台湾“中央图书馆”学位论文收藏与服务的法律地位。在尚未建立学位论文数据库之前，台湾“中央图书馆”学位论文的采集一般是由各学校、研究所将作者签署的授权书与纸本学位论文统一送交台湾“中央图书馆”。

(2)纸本学位论文的编目

台湾“中央图书馆”学位论文编目与普通图书一致，都是依据台湾“中央图书馆”在 UNIMARC 的基础上制定的《中国机读编目格式》(CMARC)，1989 年出版的《中国机读编目格式》第三版一直沿用至今。台湾“中央图书馆”学位论文的分类，原来采用《中国图书分类法》(增订 7 版)，自 2008 年起启用《中文图书分类法》(2007 年版)。

(3)纸本学位论文的服务

台湾“中央图书馆”设有专门的学位论文阅览室，开架陈列台湾各大学近 3 年的硕士学位论文，读者可依类别次序自行取用阅览。已超过开架年限的硕士学位

---

① 数据来源：http://ndltd.ncl.edu.tw/cgi-bin/gs32/gsweb.cgi/ccd=VtQm3./webmge?mode=basic。

② 台高通字第 0970140061 号函。

论文移至典藏书库,读者可利用馆藏查询系统直接在线调阅,发出请求只需等候约15分钟。博士学位论文及毕业超过8年的硕士学位论文,存放在远程书库,使用方式为“时段调阅”,即每日4个不同时段集中从远程书库提取。学位论文阅览室备有8台复印机,同时还安装了一台网络打印机,提供学位论文的复印与打印服务。

台湾“中央图书馆”设在科技大楼内的“资讯图书馆”也提供部分纸本硕士学位论文服务,以台湾各大学校院资讯工程、信息管理、信息科学、信息教育、电子工程等研究所的硕士学位论文为主,主要提供2001年以后授予的硕士学位论文。

3.4.2 学位论文数据库建设与服务

(1)学位论文数据库建设

1994年台湾“中央图书馆”受“教育部”委托,并获得经费支持,开始实施“全国博硕士学位论文摘要建档计划”。相继在1998年完成博硕士学位论文摘要检索系统和博硕士学位论文摘要网上建档系统的开发与应用;1999年完成博硕士学位论文全文影像系统的建设,对博硕士学位论文进行全文回溯扫描;2000年推动全国博硕士学位论文电子全文授权上网计划,建立博硕士学位论文电子全文网上送存机制,在原有的“全国博硕士学位论文摘要网上建档系统”中,新增电子全文上传和电子全文网络免费使用授权书的网上填写、打印功能,持续推动全台湾博硕士学位论文电子全文上网。同时,进一步整合了“全国博硕士论文资讯网”在线数据库的共建共享服务。2004年推出第二代“全国博硕士论文资讯网”,全面提升了服务效能。2009年12月起,台湾“中央图书馆”开发第三代学位论文服务平台,并于2010年6月10正式更名为“台湾博硕士论文知识加值系统”。目前,该系统免费提供的博士硕士学位论文在线服务,在高峰时段同时上线人数已突破1.5万人次,每天提供检索人次超过80万次。“台湾博硕士论文知识加值系统”已成为台湾地区最重要的学术文献查询网站之一。

“台湾博硕士论文知识加值系统”除了继续本着开放存取(Open Access)以及自由、平等、开放的精神,推动台湾学位论文资源共建共享,坚持以政府资源取之于民、用之于民的服务理念之外,还执行着以下几大功能:一是协助大学与研究生将学术研究成果向全球发布,取得学位认证和抢先于国际学术领域公开发表的绝佳机会;二是协助大学在国际学术领域取得更高的曝光率、被引用率与学术影响力;三是借助学位论文公开来促进学术传播机制,发挥监督与保护作用,进而遏止学位论文抄袭与代写的歪风;四是协助大学永久保存和免费获取电子学位论文全文。

今后,“台湾博硕士论文知识加值系统”还将摆脱传统的数据库检索系统设计思路,加强知识加值与知识管理等系统功能,朝着学位论文虚拟专家系统的目标迈进。

(2)学位论文提交与版权处理

从1999年至今,台湾教育当局每年均以信函的方式通知台湾的各大学校院系所,要求他们向台湾“中央图书馆”报送博士、硕士学位论文(包括电子版)。2000年发文要求各大学应届毕业生在办理离校手续时,均需配合台湾“中央图书馆”在“博硕士学位论文摘要建档系统”上填写研究生个人档案及学位论文相关信息。从2001年起,则进一步发文要求各大学校院协助研究生上传学位论文全文电子版,以及办理学位论文全文网络使用授权事宜,否则,不予办理离校手续。这些行政要求为台湾“中央图书馆”的博士、硕士学位论文收藏与利用提供了可靠保证。

作者提交学位论文时,系统会自动生成学位论文电子全文授权书,作者可以自行下载授权书,并选择自己的学位论文网上全文公开浏览的时间,授权书以纸本形式寄回台湾“中央图书馆”保存。台湾“中央图书馆”在通过与每位研究生签订授权书的同时,获得了其学位论文的网络传播权与使用权。

(3)学位论文全文数据库的服务

台湾“中央图书馆”建立的学位论文门户网站“台湾博硕士论文知识加值系统”,面向一般民众、研究人员、校院系所及研究生分别提供简易查询、进阶查询、指令查询、智慧型选题、虚拟学科专家以及浏览查询等检索途径。其中智慧型选题查询最为新颖,它主要针对已暂定学位论文题目的读者,可借助此功能自行分析与其他性质相同学位论文的相关度,以及相关主题历年研究重点与热门程度,以作为调整个人学位论文题目的参考。虚拟学科专家查询允许读者在对话框中提问,还可选择学科领域及关键词,系统会推荐相关学位论文。此外,还有热门排行榜、登录和在线人数等统计功能,其中热门排行榜包括:学位论文全文授权数、被引用数、被点阅数和全文下载数。

目前,台湾当地有一百多家大学一千多个研究所加入了“台湾博硕士论文知识加值系统”。截止到2012年2月15日,该系统显示:累计登录为64 539 771(自2010年6月)人次,检索次数为586 946 410(自2010年6月)人次。此外,2010年10月25日,台湾“中央图书馆”正式成为国际组织博士与硕士学位论文数字图书馆网络(NDLTD)的会员,这一举措进一步提升了台湾地区学位论文的传播与国际影响力。

可以说,台湾“中央图书馆”博士硕士学位论文资源建设系统较为有序、有效,信息服务也较为到位、充分，其成绩的取得有赖于下面几个因素：

第一，主管部门的支持。上级主管部门的全力支持是台湾“中央图书馆”学位论文资源建设与服务持续发展的重要推手。首先，于 1994 年修订了台湾《学位授予法》，明确规定“中央图书馆”是台湾唯一法定学位论文寄存馆；其次，从 1999 年至今，台湾教育当局每年以信函的方式通知全台湾的各大学校院系所，要求他们向“中央图书馆”报送博士硕士学位论文（包括电子版）；再次，台湾教育当局持续提供财政经费，支持“中央图书馆”学位论文数据库建设与服务，使其成为提升学术研究风气，向全球展现台湾高等教育学术研究成果的重要平台。内地于 1981 年出台的《学位条例暂行实施办法》中规定向国家图书馆缴送学位论文，虽比台湾早，但是从未正式修订过，电子版学位论文的缴送至今议而不决；国务院学位办公室曾于 1983 年、1984 年和 1988 年三次下发通知要求学位授予单位继续做好学位论文缴送工作，但最后一次下发通知距今已有 20 多年，法律法规约束效应明显减弱，已经无法适应网络环境下学位论文资源建设与服务。

第二，项目承办人与传播人的双重角色。台湾“中央图书馆”受教育部门的委托，自 1994 年实施“全国博硕士论文摘要建档计划”起，在台湾学位论文数据库及门户网站的建设中一直扮演着项目牵头人、承办人和传播与推广人的角色。作为牵头人，在学位论文数据库及门户网站建设的升级、换代等关键节点和发展时期发挥了制定规划、上报预算等牵头主导作用。同时又是具体承办人，在系统开发、标准规范、日常维护、技术支持、学位论文上传审核等方面承担了大量的日常工作。作为传播与推广人，负责向全台湾各大学宣传推广“台湾博硕士论文知识加值系统”，积极争取更多的研究生授权“中央图书馆”在网上传播学位论文。研究生个人可以随时向台湾“中央图书馆”的项目负责人寻求帮助或提供各种建设性意见。目前，台湾学位论文资源建设已形成以台湾“中央图书馆”为主导，台湾所有大学和研究生共同参与共建共享的信息资源系统。

第三，学位论文数据库建设的不断完善。台湾纸本学位论文全面、系统地收藏与利用起步比内地要晚，但在持续推动学位论文数据库建设，特别是全文数据库和学位论文门户网站的建设方面却走在了我们的前面。台湾“中央图书馆”从 2000 年在“全国博硕士论文摘要在线建档系统”基础上，开始接收上传的学位论文全文，经过十多年的建设与完善，目前，台湾“中央图书馆”的“台湾博硕士论文知识加值系统”已经成为知名的学术资源门户网站。

3.5 我国学位论文资源建设的对策

我国学位论文资源建设从20世纪80年代初草创,如今已经走过30多个春秋。多年来,我国学位论文资源建设工作者经过不懈努力取得了巨大成绩,特别是在学位论文数据库开发与利用方面有了很大进展。然而由于我国学位论文的收集与整理、开发与利用工作起步较晚,仍处于探索、积累阶段,与图书、期刊等传统文献工作不可同日而语,同发达国家的学位论文资源建设与服务的发展现状亦不能匹敌。特别是在学位论文宏观控制和管理以及数字化、网络化、集成化、国际化与发达国家相距甚远,主要表现在:(1)管理体制问题。目前我国学位论文收藏除学位授予单位保存本单位产出的学位论文外,主要由国家图书馆、中信所、社科院三家机构集中收藏,其主要分工为国家图书馆负责收藏全国所有学科的博士学位论文(近年国家图书馆已开始收藏重点院校的硕士学位论文,约占全部硕士论文的20%),中信所负责收藏自然科学类博士硕士论文,社科院文献信息中心负责收藏社会科学类博士硕士论文。分属文化、教育、科研等多系统领导,条块分割,各自为政,缺乏统一的管理,宏观调控薄弱,基本上是以行政隶属领导关系为主的体系,受行政约束。(2)各家数据库系统互相争雄,难以建立全国唯一学位论文资源建设保障中心,彼此缺乏协调,难以形成合力。(3)各家数据库普遍存在学位论文收录不全、相互重复、时滞过长、揭示欠准等问题。

我国学位论文管理工作的"瓶颈"不是技术、方法问题,关键是管理体制问题,必须首先从体制、法制的层面上去思考,立足全局,锐意创新,努力开拓学位论文工作的新局面。

3.5.1 改革我国学位论文各自为政的管理工作格局,建立跨行业、跨系统的学位论文资源建设集中管理体制

就全国学位论文资源建设发展现状来看,国家图书馆、中信所、社科院文献中心、CALIS学位论文资源建设长期存在着职能重复、条块分割、资源浪费,产生的负面效果是明显的;重复建设给用户使用带来困难,致无所适从;重复业务造成人力、物力资源的消耗、浪费相当严重。根据国际学位论文资源建设的发展趋势,一般应采取全国中心或国家图书馆统筹管理,淡化系统内的联盟,以克服条块分割,全面提升资源建设集成效率。目前,我国学位论文资源建设管理体制选择:一是维持现状,多家机构并存;二是由国家图书馆统筹全国学位论文资源建设工作,将各系统

和行业学位论文资源建设工作纳入一个统一的“全国学位论文资源建设管理中心”；三是由多个机构合作，在充分协商的基础上，共同搭建一个全国学位论文资源共建共享（联盟）网络平台，共同开展学位论文资源建设与服务。鉴于国内各家学位论文收藏机构客观存在，现阶段合并各收藏机构为一个统一的机构难度较大，但从多家机构的合作联盟逐渐发展为一个“全国学位论文资源建设管理中心”应是大势所趋。这样可以集中人力、物力、财力，强化对学位论文事业的凝聚力。为此，按照国际惯例，建议成立以国家图书馆为主导、由各大学位论文收藏机构共同参与的全国学位论文资源建设管理的权威机构，直接由教育部、文化部、科技部共同领导，以全面统筹全国学位论文的资源建设与服务工作，减少交叉收藏、重复建库的浪费，促进学位论文整体化建设。其工作目标为建立国家学位论文资源建设管理中心（以下简称“国家学位论文中心”），创建“大中华学位论文”门户平台，全力整合中文学位论文的书目资源以及全文数据，全面提升我国学位论文资源建设的规模与速度，打造中国学位论文资源建设的航母，唯有如此，才能融入世界发展潮流，赶上发达国家水平，实现真正意义上的我国学位论文资源建设与服务新的跨越式发展。国家学位论文中心应下设办公室、专家咨询委员会、学位论文采集部、学位论文编目部、学位论文服务与推广部、学位论文技术与法律支持部，具体职责如下：

（1）办公室。按照国际惯例，该办公室应设在国家图书馆，负责全国学位论文资源建设的行政管理工作；负责组织协调“全国学位论文资源建设专家咨询委员会”的日常工作；统一协调科技部、教育部、文化部、社科院以及各学位授予单位的学位论文资源建设；定期召开全国学位论文资源建设工作会议等。国家图书馆作为国务院学位委员会指定的全国学位论文收藏中心，应充分发挥国家图书馆在学位论文收藏与服务中的资源保障作用，借鉴加拿大国家图书馆与台湾“中央图书馆”学位论文资源建设经验，投入人力、物力、财力持续推进我国学位论文资源建设的发展。

（2）全国学位论文资源建设专家咨询委员会。该专家咨询委员会应由国务院学位办、文化部、科技部、全国研究生院院长以及专家学者组成。专家咨询委员会将为学位论文资源管理的制度建设和发展规划，提供决策咨询，负责制定学位论文相关政策、制定学位论文共建共享相关技术标准、定期召开会议解决学位论文共建共享中存在的问题等。

（3）学位论文采集部。负责采集内地各学位授予单位、情报机构纸质与电子版学位论文全文、书目数据；负责向内地以外华人地区各学位授予单位征集学位论文及相关采访工作；负责采集国外（非华语国家、地区）学位论文（电子版或/与缩微品)及学位论文数据库。

(4)学位论文编目部。负责各语种学位论文(纸质文本与缩微品)的著录、分类、标引等编目工作;负责学位论文编目规则、细则的研究、制定与推广(机构间的联合编目);负责对纸质学位论文进行数字化与在线化处理;负责电子版学位论文及元数据在线提交的审核工作(提交格式的统一化、不同元数据的相互转换等),以及电子学位论文元数据标准(如:ETD-MS)及相关细则的制定,以用于今后与国际学术资源库的对接(开放文库计划协议下的元数据收割等)。

(5)学位论文服务与推广交流部。负责中外文学位论文的阵地与网络服务;负责开展专业化的学科相关的咨询服务;负责指导读者利用学位论文门户网站查询学位论文全文数据库;负责中国内地产出的学位论文国内外宣传与推广。

(6)学位论文技术与法律支持部。负责提供一个使用方便、技术先进、功能完善、运行可靠、容易维护,并能在不同软件环境和操作系统中都能通过的数据库管理系统;负责学位论文门户网站的内容更新与维护,以及为上述各机构具体业务的实现提供技术支持;负责与国务院学位办、学位授予机构及研究生联系,解决学位论文的授权许可以及相关的法律问题。

3.5.2 完善学位论文呈缴制度和管理办法

由于我国学位论文呈缴制度和行政管理办法不完善,致使国家总书库缺失一大批宝贵的学术资源。例如1981年颁布的《中华人民共和国学位条例暂行实施办法》未将硕士学位论文以及电子版学位论文纳入缴送范围。为此,建议国家图书馆作为国家学位论文资源建设管理中心的牵头单位积极开展工作,敦促有关主管部门进一步确立其为国内学位论文唯一法定收藏机构,同时进一步完善博士、硕士学位论文以及电子版学位论文的呈缴制度及相关行政规章制度。

(1)授权国家图书馆为国内学位论文唯一法定收藏机构

根据发达国家学位论文资源建设的经验,国家图书馆在学位论文收藏与服务中均处于主导地位,学位论文除了学位授予机构收藏外,基本上都是由国家图书馆一家收藏。而我国目前有三家机构收藏,重复建设给学位授予单位带来不便与负担。中国国家图书馆应积极向上级有关部门反映情况,表明承担全面收藏学位论文的积极态度,抓住修订《中华人民共和国学位法》的有利时机,使其获授权成为中国内地纸质与电子版学位论文唯一法定收藏机构,同时获授权将收缴来的学位论文用于公益性服务等,以确保学位论文资源建设与服务有法可依。据此可广泛宣传,向公众昭示公益性与商业化的根本区别(中国科学技术信息研究所、中国社会科学院文献信息中心两家法定学位论文收藏机构的学位论文资源建设与服务均已商业化)。事实证明,唯一公益服务机构的学位论文法定收藏能够充分体现国家图书馆的法律地位,以及国家学位论文集中保存制度,强化学位论文资源的国家管理,有利于学位论文的有效开发利用,同时也有助于学位论文加工整理的标准化、规范化。这样既可以减轻学位授予机构的负担,又可避免重复建设。

(2)出台学位论文管理法规

由于国家立法程序复杂,旷日持久,在修订的《中华人民共和国学位法》尚未出台之前,国家图书馆应积极通过文化部与教育部协商,商请国务院学位委员会尽早发文,明确规定学位授予机构向国家图书馆呈缴电子版博士、硕士学位论文,以及学位论文作者将学位论文的复制权、使用权、网络传播权授予国家图书馆用于公益性服务。建议国务院学位委员会办公室借鉴台湾省教育部门的办法,每年下发一个红头文件,不断重申学位授予机构向国家图书馆呈缴学位论文的法律义务,明确规定及时缴送、定期检查、违者处罚、通报批评,直至通过媒体曝光,以形成社会舆论压力。这样既可以规避国家学位论文中心在学位论文收藏与服务中的法律风险,又能保障公众获得知识的权利,跟上国际发展趋势和时代发展的步伐。同时,建议国务院学位委员会借助一年一度的博士学位论文抽检工作,将被抽检学位授予单位的漏缴情况作为问题纳入学位评估中去,从而有效地监督学位论文的缴送工作,为“大中华学位论文”门户提供政策与资源保障。

3.5.3 统一学位论文呈缴系统及其技术平台,保障电子学位论文的采集

由于没有政策法规支持,我国三大学位论文集中收藏机构的电子版博士、硕士学位论文的采集极为零散,加之技术手段落后,当前尚未步入正轨。在计算机和网络技术飞速发展的今天,美国、加拿大、英国、俄罗斯等国家图书馆,我国国内高等院校与中国科学院研究生院等学位授予机构,几乎都是利用统一的技术平台采集学位论文。未来的国家学位论文中心应在充分调研全国学位授予单位学位论文提交的软件与标准的基础上,尽快开发能确保学位论文顺利上传的“学位论文呈缴系统及其技术平台”,通过这一统一的技术平台,开展采集和收割各学位授予单位产出的电子版学位论文与元数据,力争早日与国际学位论文资源建设与服务同步。鉴于我国每年产出的博士、硕士学位论文数量巨大(超过50万篇),国家学位论文中心可先从采集电子版博士学位论文做起,摸索经验,逐步扩大到硕士学位论文。

3.5.4 完善学位论文编目规则,提高书目数据标准化、规范化水平

(1)做好学位论文编目细则的制定

学位论文是非正式出版物，其编目有自身的特点，很多在普通图书编目中基本不会遇到的情况，在学位论文编目中却是不可回避的。例如，由于学位论文编写格式本身不规范引起的著录信息源选择的问题，保密及限制使用对象的问题，由于内容专深而导致标引困难的问题，对于学位论文来说至关重要的学位授予信息的著录问题等。

我国学位论文在编目、加工方面虽然取得了阶段性成果，但目前仍然局限于传统的工作方法，对学位论文的特性、编目理论和技术手段的发展缺乏深入、具体的研究，尚未根据学位论文的特点建立起一整套编目规则，包括著录与主题标引细则等，使之成为能在全国推广实施的标准化、规范化的文献管理工具。为此，应进一步加强学位论文编目、加工等信息组织方法的研究。投入一定经费，采取科研立项、工作项目等方式，对学位论文这种特殊文献进行专题研究，总结30年来我国学位论文的编目成果，编辑出版《学位论文著录细则》《学位论文分类与标引细则》，成为能在全国推广实施的标准化、规范化的编目工具。除上述传统的著录与标引规则外，在图书馆数字化、网络化以及知识共享全球化的时代，基于书目数据本身的研发也应不断发展，需要制定新的元数据标准以实现数据在不同系统间的互操作性（如：NDLTD的电子学位论文互操作性元数据标准），并寻求不同元数据间的有效转换，终极目的是为我国学位论文资源建立一个规范性的、功能强大的电子学位论文全文数据库并实现同国外同类学术资源库的无缝对接。

（2）加强学位论文规范控制

目前，我国学位论文的编目仍然停留在客观著录的层面上，尚未开展规范控制工作，有必要进行研究与改进。学位论文书目数据规范控制工作主要包括两方面内容：一是建立个人名称、团体名称的规范库；二是建立学科专业和研究领域名称以及关键词规范库。上述规范库的建立可为完善"大中华学位论文数据库"的检索、阅览等功能性服务提供有力的保障。例如，可通过门户网站内链接的个人名称规范库直接获取相关作者所著的所有学位论文资料；而机构名称、学科专业及关键词亦可限定用户检索的范围从而大大缩短文献获取的时间。建议实行学位论文编目规范控制资源共享，以促进《中国文献编目规则》完善，进而与世界各国开展学位论文书目情报交流，扩大我国书目控制的影响力。

A. 个人名称规范

学位论文书目数据中的个人名称主要包括博士、硕士研究生和指导教师名称。将个人名称进行规范，可以对博士、硕士研究生及导师的所有文献加以汇集，全面展示其研究领域与成果。为博士、硕士研究生建立规范记录不仅可以从源头上汇集他们所有的著作，同时还可以为其他文献如普通图书、连续出版物、非书籍资料的规范控制奠定基础。

B. 团体名称规范

学位论文书目数据中的团体名称主要包括学位授予机构以及研究生培养单位。目前我国有博士、硕士学位授予机构与研究生培养单位千余家。由于学位与研究生教育的不断发展与壮大，学位授予机构因合并、重组、升级而更改名称十分频繁，这些变化给学位论文的编目以及检索造成了诸多不便，建立名称规范库，可以对照其历史沿革，汇集同一学位授予机构不同时期及名称下的所有学位论文。

C. 学科专业及研究领域名称规范

我国建立学位制之后，1983 年颁布了《高等学校和科研机构授予博士和硕士学位的学科专业目录》（试行草案）。此后，为适应经济发展与科技进步，教育部分别于 1990 年、1997 年、2011 年对该目录进行了修订。历次修订均有学科专业更名、合并、拆分，不仅学科专业名称变化很大，而且学科门类、一级学科、二级学科（学科、专业）数量也有变化。此外，由于学位论文属非正式出版物，由研究生自己编辑，未经过严格审核，新旧专业名称混淆、专业名称错误等时有发生，给学位论文的编目以及读者检索造成不便，因此，有必要建立学科专业及个人研究领域名称规范库进行控制。

D. 关键词（自由词）规范

目前，我国学位论文主题标引，一般采用叙词法和关键词法，其中尤以关键词标引使用为最。以自然语言形式构成的关键词由于更专指、更方便、更能表达学位论文的主题内容而备受研究生和广大读者的青睐。然而，随着博士、硕士学位论文涉及的研究领域的不断扩展以及学科之间的相互交叉、渗透与融合，新理论、新方法、新材料、新工艺相关的术语层出不穷，这些术语也因研究的深入在不断地发生变化，还存在着标准名称与简称以及不同的中译名等问题，造成了关键词标引的前后不一致与不规范，影响读者的查全率与查准率，进而影响学位论文资源的有效利用。因此，应对学位论文书目数据库中已存在的关键词进行规范化处理，确定关键词选取原则与标准，建立新的学科术语规范库（或叙词表），既可弥补主题词表词汇的不足，还可对学位论文关键词标引进行后控。

3.5.5 加强学位论文全文数据库建设

根据笔者对国内外学位论文全文数据库的调查数据，俄罗斯国立图书馆学位论文全文数据库共收录 65 万种博士、副博士学位论文全文和内容摘要；加拿大国家图书馆的“加拿大学位论文”收录电子版学位论文约99 000件；台湾省“中央图书馆”电子版学位论文与全文影像学位论文 18.4 万余篇；各个国家与地区学位论文全文数据库的建设蔚然成风。我国学位论文全文数据库建设起步并不晚，但是由于法制不健全、收藏单位不唯一、数据公司恶性竞争等原因，至今未形成一个能代表中国、收藏年代悠久、门类齐全、数量完整，且在国际上具有影响力的学位论文全文数据库。随着中国的崛起和经济的腾飞，这种状况越来越不适应发展的需要，为此，有必要构建起一个内容丰富翔实、查询便利准确、易于获取的“大中华学位论文数据库”，通过这个平台，全力整合中文学位论文以及海外中国学学位论文文献资源，及时报道学术研究最新成果，这是我们对世界的责任，更是世界对我们的挑战。

(1)制定与实施学位论文全文数据库相关标准

为了建设高质量的“大中华学位论文数据库”，首先应由国家图书馆牵头，组织科研与信息机构加紧制定共建共享学位论文全文数据库的收藏规范与相关技术标准，以方便数据交换与服务。在收藏规范方面，所调查的国内外学位论文全文数据库，一般均采用 PDF 格式存储电子版学位论文的文本；在元数据提交格式方面，无论是集中共享模式还是分布共享模式都突出了元数据标准和互操作协议利用的一致性。目前国际上学位论文共享系统使用的元数据标准有 MARC、DC、RFCl807、IJANL、CAS 等，互操作标准主要有 OAI、Z39.50、Dienst 等。我国数字图书馆标准规范建设项目于 2002 年 10 月份启动，已发布了一系列通用数字图书馆规范，在学位论文方面已制定《学位论文著录规则》《学位论文描述元数据著录规则》等建设规范，但是尚未统一实行，国家学位论文中心应在国际国内现有规范的基础上，借鉴国内外数字化学位论文数据库建设的经验，确定“大中华学位论文数据库”建设标准与规范，以便加快全文数据库的建设步伐。

(2)共建共享学位论文全文数据库

建设“大中华学位论文数据库”，除了利用学位论文提交系统收缴学位论文之外，还可以借鉴国内外学位论文资源共建共享的建设模式，加快学位论文全文数据库的建设。首先，要按照资源共享、优势互补、互利互惠、自愿参加的原则，建立以国家图书馆为主导、各学位授予机构参加的学位论文共建共享协作系统；其次，需要选择一个使用方便、技术先进、功能完善、运行可靠、易于维护，尤其是可以顺利接收参建单位上传学位论文元数据、文摘和全文的数据库建设系统，采用集中与分散相结合的模式进行学位论文全文数据库建设。初步设想为两种方案。

方案一：先由各参建单位按照统一规范的文本收藏格式(PDF 或 Word)接收、整合、存储学位论文，制作书目数据(如：DC 元数据)，依据 OAI 协议建立各自的学位论文机构库(Institutional Repository),然后国家学位论文中心利用自身的操作系统在 OAI 元数据收割协议下收获各参建单位的学位论文元数据,并将不同来源的元数据进行整合,最后上传至“大中华学位论文”门户(见图 3-10)。

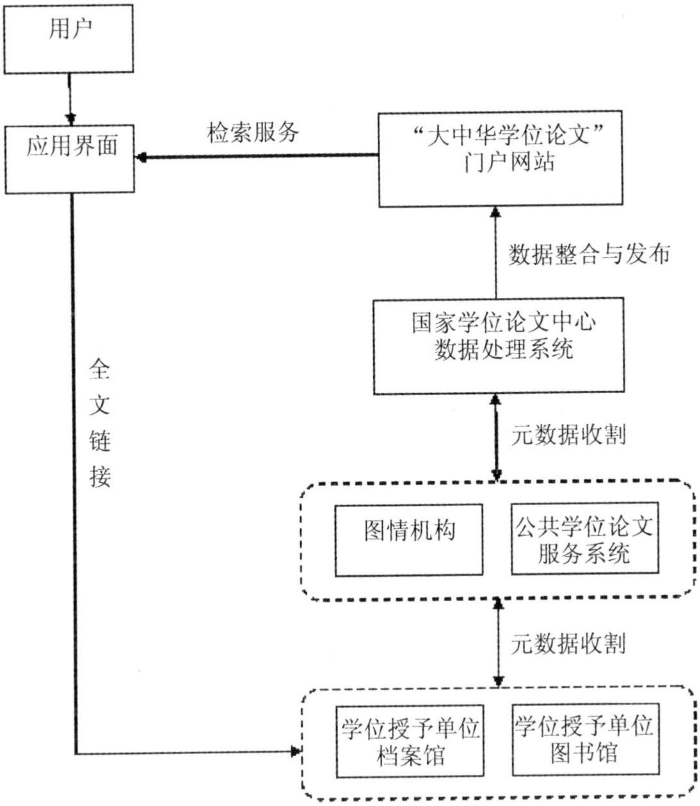

图 3-10　大中华学位论文数据库建设方案之一

方案二:各参建单位通过国家学位论文电子呈缴系统,按照统一的文本格式要求将学位论文摘要、全文以及相关信息(如:使用授权书)提交至中心库,元数据由系统自动生成,而后由国家学位论文中心进行数据校验、整合、存储,统一上传至“大中华学位论文”门户;同时鼓励学位论文作者将自己的学位论文及相关资料以个人的方式进行提交(见图 3-11)。

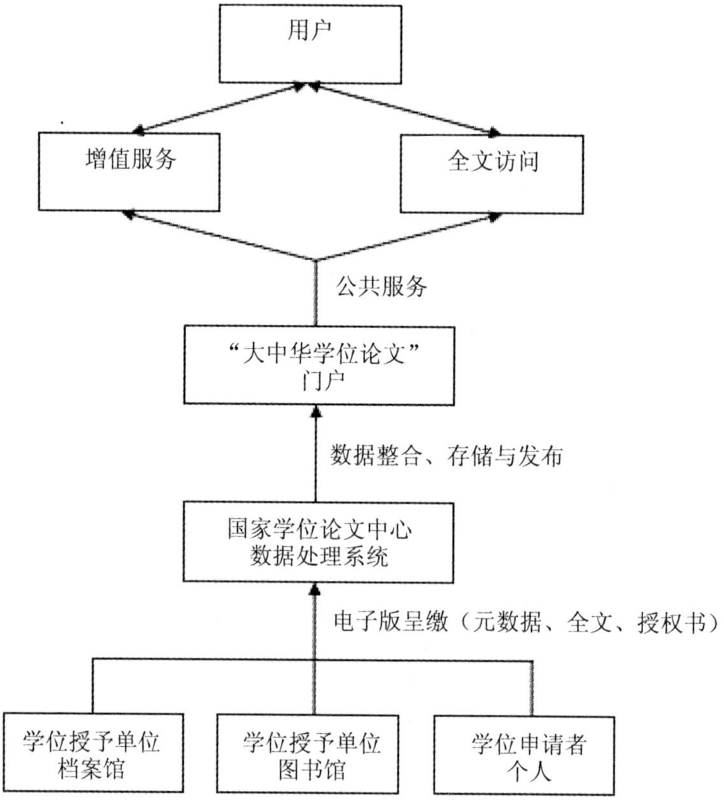

图 3－11　大中华学位论文数据库建设方案之二

从长远发展来看,“集中式建库”应为终极选择:大中华学位论文数据库呈现的将不仅是一种数据的连接模式,更应是一类具有中国特色的实体型国家学术资源典藏。

(3)实施版权问题的解决方案

学位论文的版权问题是建设“大中华学位论文数据库”的瓶颈。由于未获得学位论文作者的使用授权,目前多数图书馆已经数字化的学位论文全文仅能提供前16—24页浏览服务,极不方便科研工作者了解相关领域的研究进展,以至于大量学术资源未能得到最有效的利用。作为国家法定学位论文收藏与服务单位,国家图书馆在未来国家学位论文中心有关版权问题的处理中理应发挥核心作用,建议从以下三个层面着手进行解决:

第一,国家图书馆应积极与文化部、教育部以及立法部门沟通,从国家层面立法解决国家电子学位论文服务的版权问题。

第二,国家图书馆可面向学位授予单位及学位论文的作者进行广泛宣传,呼吁他们为国家与社会的科学发展做贡献,将学位论文的非专有使用权授予国家图书馆用于公益性服务。有两种方式可以尝试:

A. 委托学位授予机构解决学位论文知识产权问题。针对入藏的学位论文的版权问题,各国国家图书馆的处理惯例都是委托学位授予机构先行签署与学位论文作者之间的非排他性版权许可协议。国家图书馆应利用学位授予单位得天独厚的优越条件,在解决本单位学位论文使用授权的同时一并解决国家图书馆使用授权的问题。其做法:首先学位授予机构与国家图书馆签订合作合同,由学位授予机构向国家图书馆提交学位论文全文与文摘,依据合同条款由该机构承担与作者的法律责任。合同主要内容为:双方的合作不是经营性活动,任何一方不能从中获取利润并私下分配。然后学位授予机构再与学位论文作者签订合同,保证作者向国家图书馆提交的纸质学位论文与电子学位论文内容一致,保证用户有利用电子版学位论文的权利等。

B. 由作者个人直接向国家图书馆授权。国家图书馆可借鉴俄罗斯国立图书馆的经验,即作者从国家图书馆网站下载使用授权书文本,双方签字后各执一份,合同主要内容为:作者向图书馆提交博士学位论文或副博士学位论文全文和文摘,保证印刷版和电子版内容一致,图书馆将提交的学位论文录入全文数据库,并在合同规定的范围内有权利用和复制等。

第三,借鉴商业化数据库解决版权问题的经验。目前,国内一些商业化数据库在获得作者授权的基础上,向博士、硕士研究生支付了同等价值的“阅读卡”和少量现金。采用商业化运作的方式初步解决了版权问题,使得学位论文全文阅读得以实现。在国家相关法律法规尚未出台之前,国家图书馆可借鉴这些商业化数据库的学位论文版权解决方案,积极争取资金,仿照商业化数据库解决学位论文使用授权问题,加快“大中华学位论文数据库”的建设,为我国学位论文全文服务的网络化、国际化铺平道路。

3.5.6 推出“大中华学位论文”门户(Pan-China Theses)

(1)电子学位论文门户是学位论文资源建设的新趋势

为了适应学位论文数字化、网络化、集成化的发展,各主要发达国家纷纷建立了在线学位论文门户,最大限度地为用户提供方便快捷的服务。应在建立学位论文收缴系统远程采集电子学位论文,进而整合所有学位论文数据库资源,形成“大中华学位论文数据库”的基础上,尽早推出学位论文门户网站,提供全方位的学位论文服务，其建设目标应该是学位论文的采集、审核、存储、发布与服务全部在线完成，用户轻点鼠标就能方便获得目标论文。

（2）“大中华学位论文”门户的服务功能与特色

根据国内外调研了解到，2004 年，加拿大国家图书馆推出了“加拿大学位论文”门户（Theses Canada）。该网站最大限度地为读者提供免费电子版学位论文的服务，使其成为国际知名的查找加拿大学位论文的学术资源库。台湾省“中央图书馆”在 2002 年整合推出、2004 年更新换代的“全国博硕士论文资讯网”的基础上，2009 年 12 月开发了新一代学位论文服务平台，并于 2010 年 6 月 10 日正式更名为“台湾博硕士论文知识加值系统”。该门户网站声称将摆脱传统的数据库检索系统设计思路，加强知识加值与知识管理等系统功能，朝着学位论文虚拟专家系统的目标迈进。与上述网络平台相比，内地的图书馆、信息机构对于学位论文资源的在线建设还处于初级阶段，特别是国家图书馆仅在官方网站的三级页面上展示了博士学位论文这一特色资源，在“用户界面友好”方面有很突出的问题：由于设置不够醒目、直观，潜在的利用者无法在第一时间获得进入该资源库的“钥匙”；其检索功能相对简单化，没有充分纳入更多的限制性条件（如：国籍、学位授予年等）；学位论文全文仅能提供前 16—24 页浏览。因此，尽早推出集接收、整合、存储、服务于一身的、在线的“大中华学位论文”门户是当务之急。该门户网站应具备如下功能：

第一，接收学位论文及博士后研究报告。任何机构与个人，只要愿意将拥有的学位论文授权国家学位论文中心，均可通过“大中华学位论文”门户网站发布学位论文以及相关文献。

第二，使用授权。制定使用授权书，任何机构与个人可方便下载，可在上传学位论文及博士后研究报告之前，完成学位论文及博士后研究报告的使用授权。

第三，方便读者获取。读者无需注册，均可免费访问、下载已经授权使用的学位论文及博士后研究报告元数据、文摘和全文。

第四，提供强大的检索功能。包括一般检索、二次检索、高级检索、智能检索、虚拟学科专家等，帮助读者简单方便地检索所需的学位论文。还可分别按学位类型、授予年代、授予单位等进一步缩小检索范围。

第五，提供多角度的浏览功能。包括分类号、关键词、学位论文标题、作者、指导教授、学位授予机构、学位授予年、学科专业与研究方向等，帮助浏览者从不同角度汇集学位论文。

第六，检索结果显示。检索结果可直接浏览元数据和文摘，需要原文可进一步深入，并提供打印、下载的功能。同时提供参考文献、相似文献等相关学术研究信息。

第七，设置排行榜。包括全文授权排行榜、被引用数排行榜、被点阅数排行榜、全文下载排行榜、优秀学位论文排行榜等。将机构与个人学位论文全文授权数量公布于众，以表彰他们热心公益服务的精神；将学位论文利用情况以及学术方面取得的进展公布于众，以促进学术研究并致力于提升大众的科学文化素养，践行国家图书馆“以文化服务社会”的宗旨。

第八，提供“个人研究室”的功能。包括读者的账户申请、登入系统、我的论文数目清单、我的检索历史、我的研究领域、查询网页设定、其他工具下载等。

第九，提供学位论文选题研究。研究生有了研究选题，可输入系统，系统可分不同时间段，将同类型选题以及相关选题集中显示，供研究生参考以确定学位论文的选题，避免重复研究。

第十，提供相关链接。包括教育部官方网站、国务院学位委员会办公室网站、全国学位与研究生教育发展中心网站、各学位授予机构网站、国外各机构的学位论文门户网站等的超级链接。

3.5.7 增进国际交流与合作，将中国学位论文推向世界

党的十七大对兴起社会主义文化建设新高潮、推动社会主义文化建设大发展大繁荣做出了全面部署。文化作为国家重要的软实力之一，在国家大政方针中的位置得到了明显提升，我国文化走出去的战略方针在文化教育等各领域得到了积极响应和实践。国家学位论文中心应借助我国文化发展的大好时机，通过建立“大中华学位论文”门户网站，搭建起传播中华科学文化的重要网络平台，进一步加强与国际同行的交流与合作，展示我国学位论文的新成果，以践行文化走出去的发展战略，这对于提升国家文化软实力，促进国际学术界交流与学习具有重要的积极作用。一方面，可以通过国家图书馆牵头，联合各学位授予机构对热点研究领域或研究外国专题的优秀博士学位论文进行评选，以年为周期向国外的国家图书馆（如：美国国会图书馆、加拿大国家图书馆）进行选送；另一方面，通过技术上的革新，本着开源共享的原则，与国际学位论文资源的共享中心（如博士与硕士学位论文数字图书馆网络）实现无缝对接，将中国的学术资源融入更为广阔的世界体系中来。

改革开放30多年来，我国在政治、经济、文化、科学和教育等领域取得了举世瞩目的巨大成就，综合国力和国际影响力得到了前所未有的提升。一个古老而又年轻、传统而又现代的东方大国正以崭新的姿态屹立于世界文明之林。值此盛世，

继承老一辈图书馆人的优良品质和作风，跟踪国际图书馆事业发展的趋势与潮流，铸就中国图书馆事业新的成就和辉煌，是我们这一代图书馆人的神圣使命。我们必须也一定能够肩负起我国学位论文事业从业人员的神圣职责，以建立国家学位论文资源建设管理中心为契机，以“大中华学位论文”门户为平台，全力整合中文学位论文的书目资源以及全文数据，全面提升我国学位论文资源建设的规模与速度。我们深信，只要目标明确，措施得当，一定能不辱使命，大有作为。

4 学位论文资源的采集、整理与读者服务工作实践

4.1 学位论文资源的采集

4.1.1 学位论文采集工作概述

作为一类具有重要学术价值的灰色文献，学位论文的采集历来是高校图书馆、公共图书馆以及一些专业图书馆等文献情报机构业务工作的重要组成部分，是文献采访的一个分支，在丰富馆藏资源与促进图书馆社会职能发挥等方面有着不可替代的作用。为了进一步阐释学位论文资源的采集工作，有必要先理清两个概念：文献采集及其派生出的“学位论文采集”。

我国文化悠久，典籍丰富，文献采集古已有之。最早的文献采集可以追溯到汉武帝时代，据顾敏所著《图书馆采访学》一书记载，“汉武帝曾派陈农求遗书于天下，唐朝魏征等人曾建议太宗请购天下之书”。[①] 真正意义上的文献采集或称文献采访（包括对文献的访求、调研及采购、获得等）是伴随着图书馆的起源而产生的。特别是 19 世纪末，由西方国家倡导的公共图书馆事业在世界各地广泛兴起，图书馆的文献采集工作随着图书馆事业的发展和文献数量不断增长而备受瞩目，逐渐发展成为文献采访学。

对于“文献采访”或“文献采集”的定义，专家学者以及工具书有着不同的表述：

前苏联斯多利亚洛夫与阿列菲也娃所著的《图书馆藏书》（1979 年）将图书馆的文献采集归于藏书建设中的藏书补充，认为：“图书馆藏书补充是指以符合图书馆任务和读者需求的出版物来建立藏书并不断地予以更新。”[②]

美国阿瑟·柯利与多萝西·布罗德里克所著的《图书馆藏书建设》（1985 年第六次修订）将文献采集归于选书和采访两个环节，认为选书应由专业人员即图书馆员完成，而采访可由非专业人员即图书馆中的业务人员来实现，这里的“采访”主

---

① 顾敏. 图书馆采访学. 台北：台湾学生书局，1979

② （苏）斯多利亚洛夫，阿列菲也娃. 图书馆藏书. 北京：书日文献出版社，1983：46

要指文献选择后的获取。

《中国大百科全书·图书馆学卷》在编纂中结合了上述观点,通过词条"文献收集"进行释义:"(指)图书馆及其他文献情报机构根据各自的目标和读者需要,选择文献并通过购买等多种方式获取文献,以积累和补充馆藏的工作。在中国习称采访工作或藏书补充。"①应该指出,文献的采集与一般物资的采集有所不同,它不是普通物流周转、获得的意义。文献采集重在"访",即注重调研文献的源流、质量及读者需求,特别是对学位论文的采访工作来说就显得尤为重要。

所谓学位论文采集,是指图书馆或其他文献情报机构,为建立学位论文馆藏而进行的学士以上学位论文的调研、选择、获取等工作,亦称学位论文采访。

同其他类型的文献一样,学位论文采集包含了四个方面的要素,即行为主体、行为目的、行为对象、行为方式:①行为主体——图书馆或其他文献情报机构中执行学位论文采集的业务部门。②行为目的——建立学位论文馆藏。如:纸质学位论文文库及/或电子学位论文全文数据库。③行为对象——(国内外)学位论文。如:学士学位论文、硕士学位论文、博士学位论文,海外学位论文。④行为方式——如何对学位论文进行调研、挑选,以及通过哪些方式进行获取。如,缴送、接受赠送、交换、购买、复制等,均为学位论文的重要获取方式。

学位论文采集的一切行为都是围绕如何建立学位论文馆藏这个目的开展的。学位论文馆藏不是随意的文献堆积集合,而是系统化的有序的学位论文的整合体,这种整合体首先要通过学位论文采访馆员的不懈努力,有目的、有计划地采集学位论文,而后由分类、编目等岗位组织而成,是一个逐步积累、更新和完善的过程。

4.1.2 学位论文采集的原则

对图书馆工作来说,"采集"就是对文献资源进行调研、搜集、挑选与获取的过程;"原则"是文献调研、观察、追踪、处理问题的标准或准则。采集原则其实质就是利用科学的方法,在调查研究基础上,根据图书馆性质任务和读者需求选择各种文献。包括实用性原则、系统性原则、时效性原则、特色性原则、经济性原则。学位论文采集的指导原则与所实施的方式方法决定了馆藏学位论文资源建设的规模、学位论文的体系结构以及读者需求的满足状态。由于学位论文属于非正式出版

---

① 中国大百科全书编撰委员会. 中国大百科全书·图书馆学情报学档案学. 北京:中国大百科全书出版社,1993:484

物，具有与其他类型文献不同的特征，因此，针对其开展的采集工作也有其自身的特点。为保障学位论文及时、系统和全面地入藏，在采集工作中应充分考虑并遵循以下原则：

（1）实用性原则

实用性原则，也称针对性原则或目的性原则。体现在藏以致用，入藏以利用为目的。这是文献资源建设的根本性原则。其含义：一是针对本馆工作任务要求；二是针对读者对象需求。这两方面均取决于图书馆自身的类型与功能。

根据国际标准化组织与国际图联（IFLA）制定的相关标准（ISO 2789：1991），图书馆可分为六大类型：国家图书馆、高校图书馆、公共图书馆、学校图书馆、专业图书馆及其他非专业图书馆。每一类型图书馆的服务目的与所执行的功能各不相同，因而所收藏的学位论文的范围与重点也有区别，采集工作的开展应与各自的业务范畴相适应，如：国家图书馆作为全国学位论文收藏中心，为广泛满足社会的各种不同需求，对国内所有产出的博士硕士学位论文要采集齐全；高校图书馆一般应将本校各院系产出的学位论文收藏齐全，以作为该校学位论文的“存储库”；专业图书馆（如：中国科学院数学研究所图书馆）应全面收录相关学科专业领域内产出的学位论文。

此外，不同类型图书馆的读者对象存在一定的差异性，学位论文的采集应紧密结合本馆读者的实际需求，掌握他们利用文献的特点。如：高校图书馆的读者主要是教师、大学生以及研究生，学位论文的采集在保证全面性的基础上应突出专业性与先进性，力求为本校师生提供相关领域的高水平学位论文。对于国家图书馆以及其他公共图书馆而言，由于是面向社会所有成员开放，读者对象是多层次的（既有专家学者，也有大众读者），因此，公共图书馆学位论文的采集工作不仅应着眼于为科研工作者提供优质的学术资源，还应满足不同类型读者对学习和接受教育的需求，才能突显其作为社会教育中心和学习中心的角色。

（2）系统性原则

系统，通常指由若干要素以一定结构形式联结构成的具有某种功能的有机整体。这里系指由学科专业的部分构成有机联系、密切关联的整体的意思。学位论文作为一种重要的文献资源也是由相互作用、相互依存的若干部分结合而成具有特定功能的有机整体。系统性原则就是在学位论文采集过程中要坚持完整性、连续性与稳定性。目前我国研究生教育设置的学术型学位涵盖了 13 个学科门类，包括一级学科 110 个，涉及社会科学、人文科学和自然科学各领域。另外还设置了侧重职业应用的 39 个专业学位。由于学位论文涉及学科众多，因而，保持学位论文入藏的系统性与完整性是图书馆采集学位论文必须坚持的原则。就所采集的某一学科领域的学位论文来说，应该对该学科及其各个分支以及相关学科不同时期的文献采集齐全，同时还要注重历史的连续性；就采集的所有学科的学位论文而言，各学科之间应按一定的比例进行采集，避免有的学科入藏数量相对集中，有的学科缺藏或零散。

学位论文采集的系统性是长期积累的结果，绝非一朝一夕所能完成，在工作中一定要注意某些学科或专业的继承性、连续性，尽可能使之完整无缺（如：一些国家基金项目的研究常持续数年，而其中每一学位申请者的研究侧重点又不尽相同）。专业图书馆与高校图书馆，在无法全面收藏学位论文的情况下，要重点结合本单位学科专业的特点，尽量保持某一学科专业及相关研究领域学位论文的系统完整入藏，逐步形成学科知识体系完整、层次结构分明的学位论文馆藏，便于科研人员与专业读者查阅参考。

（3）时效性原则

所谓时效性，就是时间的有效性，指在进行学位论文采集时要注意学位论文内容的现实时效。学位论文是作者针对具体科研课题开展调研，并追踪国内外相关文献后所做出的独创性研究成果，反映了特定专业领域、研究方向的前沿与最新进展，承载着重要的科学信息，对科学事业发展有着前瞻性及开拓性的作用。由于一些学科、专业的发展非常迅猛，使得文献半衰期大大缩短，新陈代谢加快。有资料显示，在当代，科技文献利用如果延误1.5年到2年，其情报价值将损失30%。学位论文的收集、整理、提供越及时，情报价值就越大。尤其是能反映学科前沿与具有现实意义的博士硕士学位论文，其时效性更为突出。反之，如果不能及时将这些学位论文资源进行采集继而加以流通与利用，不仅降低了学位论文的情报价值，而且会给科研工作造成直接损失，更无法综合反映国内外先进的科学水平，使其信息能量的影响力大打折扣。只有及时的科学信息才能真正发挥耳目、尖兵和参谋的作用，为政府决策和广大科研人员服务。

学位论文采访馆员应牢固树立时间观念，避免学位论文的老化、失效，根据“藏以致用”的原则，及时了解学位论文产出的各种信息，掌握学位授予单位学位论文产出的时间，在最佳时效期间开展工作，确保图书馆对所采集的学位论文的加工、流通、开发和利用达到最优化，为广大科研工作者将潜在的科学能力转化为科技成果助力，进而促进科学技术的发展。

（4）特色性原则

学位论文采集的特色性原则，就是学位论文的选择、收集在学科内容上的专门化。由于学位论文数量巨大,国内仅博士硕士学位论文每年产出就高达50多万篇,除国家图书馆外,任何一家学位授予机构图书馆都不可能也无必要将所有学位论文收集齐全。每个图书馆只能根据本馆的学科特色,选择几个重点学科,特别是前沿性尖端学科的学位论文作为特色馆藏建设的对象进行采集,即在收齐各院系产出学位论文的基础上,尽可能多地采集相关特色学科的学位论文资源(如:通过馆际交换、购买数据库等手段),力保本馆的特色资源建设,走学位论文馆藏资源建设特色化、专业化的道路。例如,农业院校的图书馆可以根据本校的学科建设特色选择诸如农学、园艺、食品科学及生命科学等学科、专业的学位论文进行集中收藏。

(5)经济性原则

经济性原则,主要是指在学位论文采集过程中要讲究经济效益。这里包含两层意思:一是用最少的钱采集到最多且价值最高的学位论文资源;二是要保证读者使用的高效益,最大限度地激发读者的创造性思维与潜能,并能将学位论文中的知识转化成生产力,促进社会进步与科技创新。坚持经济性原则,要求我们必须在采集学位论文(学位论文为非卖品)特别是学位论文全文数据库和国外学位论文时要做到精心选择,比较价值与价格,确保采集到的数量与质量最优化,使其发挥最大效用。同时,也不能一味节约经费,导致应采集的学位论文资源未能收藏齐全。

除上述原则外,在学位论文采集工作中还应注重采集计划的制订,包括长期、中短期及临时计划,以便根据本馆的性质以及学位论文采集对象的差异性有效地开展工作。

4.1.3 学位论文采集方法

学位论文采集的方式主要包括:调研、呈缴、征集、赠送、交换、采购、复制与电子版制作等。

(1)调研

调研是学位论文采集工作的始点,必须根据学科发展对学位授予单位产出的学位论文资源的动态有所了解,具有“踏破铁鞋”的执著精神,全力访求,以获得新的信息源,及时满足社会需求。

(2)呈缴与征集

呈缴与征集是图书馆免费获取学位论文的主要方式。所谓呈缴本制度是指一个国家或地区为完整地收集和保存全部出版物,用法律或法规形式规定所有出版机构或负有出版责任的单位,凡出版一种出版物,必须向指定的图书馆或出版主管机关免费缴送一定数量的样本。此样本叫呈缴本、样本或缴送本。在我国,呈缴本制度最初仅限于正式出版物;1981 年 5 月 20 日国务院颁布的《中华人民共和国学位条例暂行实施办法》将学位论文正式纳入呈缴本范围,其中第二十三条规定:"已经通过的硕士学位和博士学位的论文,应当交存学位授予单位图书馆一份,已经通过的博士学位论文,还应当交存北京图书馆(现国家图书馆)和有关的专业图书馆各一份。"根据这一规定,有权接受呈缴的图书馆,如学位授予单位图书馆、国家图书馆、专业图书馆等,可以免费获得学位论文。

征集是指图书馆采用发函、登广告或派人登门访求的方式,有针对性地从有关机构或个人手中获得学位论文。如 20 世纪 90 年代国家图书馆会同教育部留学生司发函对海外华人华侨学位论文进行的征集等。

(3)赠送

赠送是指个人、单位或社会团体主动地将其所撰写、发表或收藏的学位论文自愿捐赠给图书馆或相关文献机构。学位论文赠送的主要来源有:海外留学生、研究生指导教师、国外一些友好人士与社会团体。

图书馆需要及时了解有关单位和个人的赠送信息,掌握所赠送学位论文的基本情况,收到所赠学位论文后要在专用交接本上登记,然后查重、记到并给赠书者寄发感谢函。

(4)交换

交换是指两个或两个以上图书馆之间,以及图书馆与其他性质相似的文献收藏机构之间直接进行,或通过有关协调部门间接开展的学位论文的互换行为,是图书馆等文献机构获取学位论文的一种常用手段。通常是以本单位多余的学位论文的拷贝进行交换,达到互通有无、调剂余缺、丰富馆藏资源的目的。

各图书馆可根据本单位的性质、业务范围及要求,与国内外有关机构建立交换关系。一般是双方填写"学位论文交换卡",确定双方的交换关系,印制交换单位投递标签并向对方邮寄所交换的学位论文。收到对方交换的学位论文后,应及时登记验收并回函表示感谢。

(5)采购

由于学位论文为非卖品,其采购主要是指图书馆或相关文献机构使用货币向数据公司订购不同类型的学位论文数据库、缩微平片等。如:国家图书馆每年从 ProQuest 公司 UMI 出版部购入美国博士学位论文的缩微平片,以及国内各高校图书馆订购国内外学位论文数据库(PQDT,清华同方学位论文全文数据库,万方学位论文数据库等)。各图书馆可依据本单位制定的学位论文采集政策与规定,选择符合要求的不同类型的学位论文数据库,然后进行查重,以避免重复购买。

(6)复制

学位论文属于非正式出版物，绝大多数作为内部出版物，一般只供给研究生管理部门和相关图书馆，故很难从市场上获得。复制是图书馆等文献机构获取、补藏学位论文不可或缺的重要手段，复制方法包括：静电复印、照相复印、缩微复制和数字化扫描、电子文本制作等。图书馆可根据经费情况，确定所要复制的学位论文并制作清单，按照清单查找纸质学位论文入藏单位，派人前往进行复制或委托学位授予单位代为复制，并支付相关费用；亦可通过馆际互借方式由本馆复制。

4.1.4 学位论文的登记与催缺

通过接受呈缴、赠送、交换、采购以及复制等不同方式获取的学位论文到达图书馆后，要对学位论文进行登录与催补，主要包括下列步骤：

(1)验收

A. 学位论文到馆后，先按学位授予单位(或院系)集中，然后拆封，拆封要小心谨慎以避免损坏学位论文，要将外封上学位授予单位的地址、电话、联系人裁剪一份存查，以便发回执、催补、联络或更改地址时备用。

B. 拆封后依据清单逐一核对学位论文的种、册数量。确定准确无误，及时将记录学位论文作者信息的回执寄给送交方。如果出现误差，应及时与送交方联系，进行相应的替换或补充。

C. 逐一检查学位论文的外观形态和题名页信息是否完整无缺。若发现有错书、残书、缺页、污损、错装等情况，尽快与送交方联系退换事宜；对个别缺项(如题名、作者、导师、专业)的学位论文应及时与送交方联系，给予补充完整。

(2)登记

A. 总括登记

总括登记是对每批到馆的学位论文进行总的记录，制作统计报表，记录学位论文的种、册数量，学位类别、学位授予时间、登记时间(收到时间)等，为了解学位论文的馆藏数量动态提供最原始的参考。工作单样式如表 4－1 所示。

表 4－1 总括登记工作单样式

学校名称：						
类别	种数	册数	学位授予时间	登记时间	登记人签名	备注
博士学位论文						
硕士学位论文						
学士学位论文						

B. 个别登记——记到

个别登记(记到)又称分别登记、分别记到,是指对入藏的学位论文进行逐一的登记。个别登记包括以下流程:

①查重。是指在对学位论文进行个别登记之前,以学位论文的作者与题名等作为检索点来检查、核对本馆是否已经入藏,避免不必要的重复,保证学位论文的入藏质量。操作时,应注意如下问题:

• 同一学位申请者的不同学位论文稿件(完成稿、答辩稿、修改稿、终稿)分散在不同采集批次中入藏。对某些学位论文而言,稿件之间的差异是极细微的,需要采访馆员认真比较并及时向缴送方甚至是学位办咨询,以确保入藏的学位论文为获得相应学位的正本。

• 同一种学位论文的不同语种的文本分散在不同采集批次中入藏。此类情况需要采访馆员将不同语种的文本集中、核查,待确认无重复语种文本后,进行合订处理。

②馆藏记到。包括:盖馆藏章、加磁条、贴条形码、扫条形码。

③采访数据制作。此为建立学位论文馆藏书目数据库的前期步骤,通常是以图书馆自动化集成管理系统为操作平台,采用特定的机读目录格式对学位论文的外在特征进行著录。常见的操作系统有:文津图书馆综合管理系统、丹诚系统(DataTrans)、ILAS Ⅱ 2.0 系统与 ALEPH500 系统等。图书馆可根据自身的规模及业务特点进行选择。就机读目录格式而言,图书馆馆际间所遵循的标准不一,如:MARC 21、UNIMARC、CNMARC。著录项目包括:学位论文语种、题名与责任说明项、学位授予单位、学位授予时间,以及载体形态项等。以下为中国国家图书馆学位论文采访数据的著录样例,格式采用的是基于 UNIMARC 的 CNMARC:

LDR　^^^^^nam0^22^^^^^^^^^450^

001　005689755

005　20120322083430.0

010　$b 精装 $d 缴送

100　$a20120321d2011^^^^k^^y0chiy50^^^^^^ea

1010　$achi

105　$ay^^^m^^^000yy

2001　$a 英国传统大学与工业关系发展研究 $b 博士论文 $f 徐继宁著 $g 周川指导

215　$a287 页 $d30cm

328　0 $ e 苏州大学 $ d2011

701　0 $ a 徐继宁 $ 4 著

702　0 $ a 周川 $ 4 指导

801　0 $ aCN $ bNLC

(3)催缺

催缺是学位论文采集最重要也是最艰巨的工作。所谓催缺,是指采集的学位论文未能按时到馆,需要通过信函、电话、电子邮件以及登门催索予以补齐。

我国学位授予单位数量众多、分布地区广泛,且分属不同系统,既有高等学校,又有科研院所,还有军事单位;学位授予单位的学位授予时间(批次)各有不同,有的学校一年两批,有的甚至三至四批(见图 4－1)。这些因素给催缺带来了很大困难,因此,需要工作人员经常关注、搜集、获取各个学位授予单位的学位授予信息。如:可通过学位与研究生教育主管部门(国务院学位委员会办公室、学位与研究生教育发展中心)获得每年学位授予名单,还可以通过学位授予单位的官方网站获取学位授予信息。

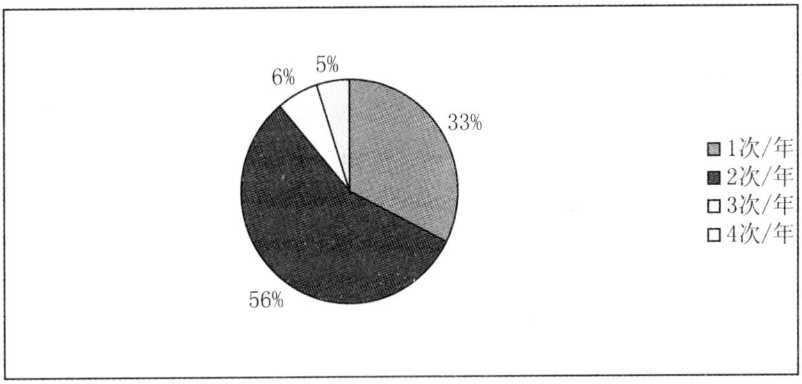

注:根据内地 307 所博士学位授予单位统计得出。

图 4－1　不同学位授予批次高校所占比例

此外,为了便于学位论文催缺,应建立《学位授予单位相关信息一览表》,包括学位授予单位的名称、地址、联系方式与联系人以及学位论文产出批次、时间、数量等信息,并根据变化及时进行更新,以便准确掌握各学位授予单位学位论文产出的数量,计算入藏比率。并经常与联系人保持联系,亲善关系,搞活人脉。

4.1.5 涉密学位论文的处理

所谓涉密学位论文是指学位论文中部分或全部内容涉及国家机密，包括军事机密、技术机密或商业机密。对于涉密学位论文，图书馆在采集工作中应谨慎对待并采取特殊的处理办法。一般是依据《中华人民共和国国家标准——文献保密等级代码与标识》（以下简称《代码与标识》）进行处理（见表4－2）。

表4－2 文献保密等级

保密等级	保密等级的定义
公开级	文献可在国内外发行和交换
限制级	文献内容不涉及国家秘密，仅限在一定时间范围内交流和使用
秘密级	文献内容涉及一般国家秘密
机密级	文献内容涉及重要的国家秘密
绝密级	文献内容涉及最重要的国家秘密

需要特别指出的是，不同学位授予单位学位论文的保密标识出现的位置各不相同，有的在学位论文的封面、题名页，有的在授权页、封底等。因此，工作人员要认真仔细查找，及时发现涉密学位论文，严格按照国家保密规定妥善保存。

学位论文的解密也须严格按照相关规定执行，通常遵循《代码与标识》中的相关说明：(1)限制级文献的保密期限，由其业务主管部门确定和变更；(2)国家秘密文献的一般保密期限为：秘密级文献不超过10年，机密级文献不超过20年，绝密级文献不超过30年；(3)特殊情况下，根据实际工作需要，有关重要国家机关可确定某文献保密期限短于或长于一般保密期限。

在确定学位论文的保密年限后，需要对涉密学位论文的收藏情况进行登记、整理。一般来说，通过建立保密学位论文数据库记录学位论文的保密状态（为安全起见通常采用脱机记录），包括保密级别、保密年限及解密时间等，便于日后查找。

此外，为防止涉密学位论文内容泄露等情况发生，图书馆需配备专门的保存库，并制定相应的管理制度和排架规则：

(1)明确规定保存库的管理制度，限定可以出入保存库的管理人员，其他人员不得随意进入，如有需要，须出示相关部门证明；严格控制出入保存库的时间，除存放涉密学位论文和取出已解密学位论文外，其他时间不能擅自进入；详细登记进出库原因。由于涉密学位论文具有特殊性，在保存方式上应该更加予以重视，否则将会给国家或学位论文作者带来不可估量的损失。

(2)保密学位论文的排架,一般可以将解密时间作为第一排序标准,学校作为第二排序标准,作者姓名作为第三排序标准。将在同一年份解密的同一学位授予单位的学位论文集中存放在固定位置,再按照作者姓名排序;待到达解密时间后,统一取出进行编目、分类、加工等整理工作。

4.1.6 学位论文采集面临的变化及其应对

近些年来,随着高等教育事业的深入发展,学位教育的主、客体均发生了不同程度的变化,表现为:学位授予单位的合并与变更以及研究生的进一步扩招;与此同时,学位论文采集的对象已悄然由纸质型向电子版过渡,这些改变都给传统的学位论文采集工作带来挑战,需要图书馆与时俱进,及时应对,以适应新时代学位论文馆藏建设的需要。

(1)学位授予单位发生变化

我国教育事业的高速发展促进了学位教育主体的改革进程,有权授予学位的单位的数量也由此发生了变化,以硕士学位授予单位为例:1981—1990年间为586所,1991—2000年间为655所,2001—2010年间为697所,30年递增约19%(见图4-2)。此外,高等院校的设立、分立、合并、变更等调整现象也时有出现,面对这些情况,图书馆必须与教育管理机构及高等院校保持密切联系,及时跟踪和掌握变化发展的信息,以便第一时间获取新产出的学位论文,避免遗漏现象发生。

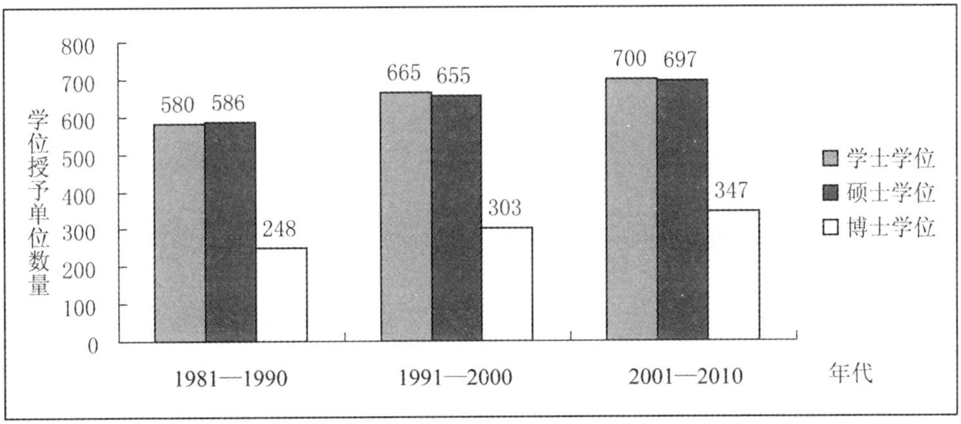

图4-2 30年间学位授予单位数量增长图①

① 数据来源:学位与研究生教育信息网。

(2)学位论文数量发生变化

由于国内高等院校与科研院所扩大研究生招生规模与速度,学位论文的数量近十年增长迅猛,其中:硕士学位论文 1991—2000 年间产出量为363 610篇,2001—2010 年间产出量为2 626 443篇,增幅逾 600%;博士学位论文 1991—2000 年间产出量为57 596篇,2001—2010 年间产出量为321 903篇,增幅逾 450%(见图 4 -3)。数量的增长给图书馆学位论文采集工作造成了不小的压力。如果图书馆采访馆员数量不足,加之工作繁忙,疲于应付,使得学位论文采集特别是催缺、外联工作不深入、不扎实,将无法应对学位论文数量增加的局面。图书馆应科学核定工作岗位,根据采集数量,合理地配备学位论文的采访馆员,加强学位论文采访馆员的综合修养,以应对学位论文数量不断增长的局面。

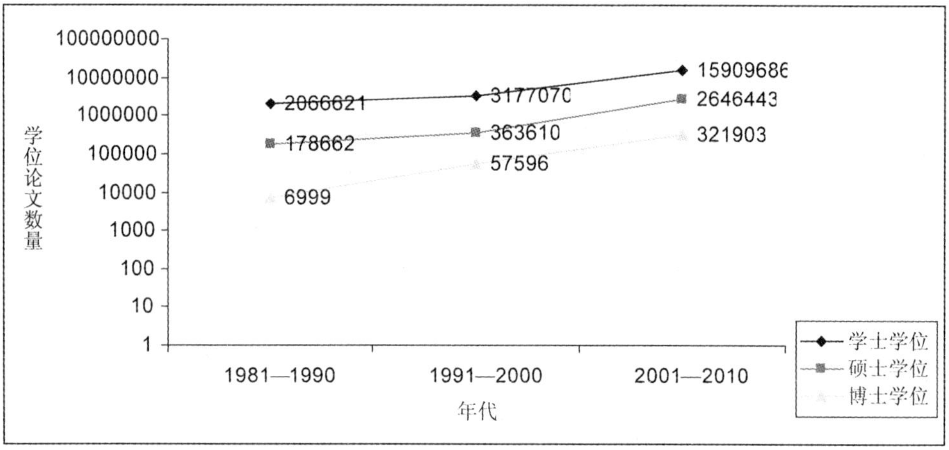

图 4 -3　三十年间学位论文产出数量增长图①

(3)学位论文载体发生变化

随着计算机技术、网络技术的飞速发展及其在图书馆中的广泛应用,文献信息的载体形态和检索方式发生了根本性的变革,给传统的图书馆采集工作带来了质的转变。对于学位论文而言,其文献载体已经逐渐由纸质型、缩微型向电子版本转变,大部分学位授予单位都已建成学位论文提交系统,要求学生按规定格式将电子学位论文上传至学位论文提交系统,进而通过人工干预和机器标引形成本地数据库。而伴随着电子学位论文(ETDs)的兴起,研究型用户对于学位论文在线开放服务的需求日益迫切,这无疑给图书馆学位论文采集提出了新的课题,也带来了新的挑战。除了传统的采集方式外，图书馆应思考如何在网络环境下最优化地整合不同来源的学位论文数字资源（如：通过电子呈缴系统或元数据收割等途径），开启学位论文采集的自动化进程，以建立新型的特色学位论文馆藏（包括书目数据、学位论文全文以及相关名称规范信息等）。其中，资金的筹措，系统、软件和设备的购买，以及专业人才的引进都是不可或缺的先决条件，与此同时，还应随时关注并吸收国际先进经验，如："加拿大学位论文门户"、"德国学位论文在线"等。

目前，国内学位论文收藏机构（如，学位授予单位图书馆）电子学位论文呈缴系统的流程设置如下图所示：

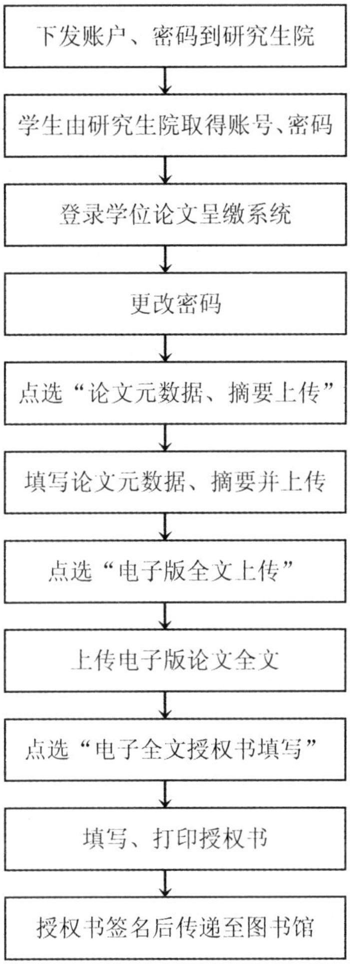

4.2 学位论文资源的编目

4.2.1 学位论文编目概述

学位论文编目指集中反映一个文献机构（通常指图书馆）学位论文收藏情况的目录编制，或者一个地区、国家内两个以上文献机构学位论文联合目录的编制。具体地说，就是依据一定的规则、方法，对学位论文的内容与形式特征进行分析、选择、描述，做出客观记录，确定标准名称、检索标目，并将其组织成目录，以反映一定范围的学位论文收藏状况及其科学系统。

随着我国学位与研究生教育事业的发展，学位论文的数量与日俱增。为了提升学位论文资源的建设与利用水平，更好地服务读者，图书馆界在学位论文编目方面进行了诸多实践，目前，学位论文编目方式已经从手工编目（卡片式或书本式目录编制）发展为计算机编目（机读式目录编制），学位论文编目规则也从无到有，逐步完善。学位论文编目的标准化、规范化水平在实践中不断得以提高。

学位论文编目包括学位论文的著录、标准名称的确定、学科及主题内容的标引以及目录检索点的建立。著录是对受编学位论文的物质形态进行分析、选择和记录的过程；标准名称的确定是对学位论文责任者（作者）全称与简称、正称与别称，或者学位论文题名的规范；标引是通过分析学位论文所论述的主题内容来揭示其内容特征，它以学科分类和主题标引及编制相应款目的工作为重点；而检索点的设置则是通过提供各类规范名称以编制出完整的书目记录，从而实现书目数据的检索与汇集。

（1）学位论文的客观著录

学位论文的著录就是在编制学位论文目录时，按照一定规则，对学位论文的形式特征和内容特征进行分析、选择的基础上，进行客观记录的过程。学位论文著录的规则主要依据《中国文献编目规则》（第二版），其中规定学位信息必须在附注项进行描述，包括学位论文的学位级别、学科专业和研究方向、学位授予单位和授予日期等。学位论文著录格式依据的标准为《新版中国机读目录格式使用手册》与《学位论文编目实用指南》。

A. 著录项目。学位论文的著录项目与普通图书基本相同，一般分为八项：题名与责任说明项、版本项、文献特殊细节项、出版发行项（日期项）、载体形态项、丛编项、附注项、标准编号与获得方式项，每一项目包含一个或若干个著录单元。其中学位论文的载体形态如电子版、缩微品著录于文献特殊细节项，正式出版的纸质文本学位论文应著录出版发行项、丛编项。

B. 著录信息源。一般情况下，学位论文的著录信息源即著录根据在学位论文本身的各个组成部分。印刷型学位论文各著录项目的规定信息源及其选取的先后顺序如下：

表4-3　学位论文各著录项目的规定信息源

著录项目	规定信息源
题名与责任说明项	题名页、封面、摘要页
版本项	整本文献
日期项	整本文献
载体形态项	整本文献及附件
附注项	任何信息源

C. 著录用文字。题名与责任说明项、版本项、文献特殊细节项，一般按学位论文本身的文字照录，如确认某题名或作者姓名因笔误或打印错误，可给予改正，但需在附注项说明原题具体情况；外文字母的大小写、标点符号等应遵照其语言文字的书写规则著录；无法照录的图形及符号，可改用相应内容的其他形式著录，置于方括号内。一般文献类型标识、载体形态项、附注项、标准编号与获得方式项，除要说明的外文题名及被引用部分外，均应采用中文著录。版次、日期项、学位授予时间附注、载体形态项的数量、尺寸以及价格等数字一般用阿拉伯数字著录。凡采用中文繁体字撰写的学位论文一律采用规范汉字（简化字）著录。

D. 著录级次。著录级次指文献著录时的操作详简层次。著录的详简级次应根据图书馆的性质、编目政策、用户检索需求、服务方式等实际情况加以选择。通常著录详简级次可区分为简要级次、基本级次和详细级次。根据《中国文献编目规则》（第二版）中规定的学位论文主要著录项目、选择著录项目，以及作为著录详简级别的区分层次。

凡仅著录学位论文主要项目的称为简要级次，包括以下著录单元：正题名、第一责任说明、版本说明、日期项（论文完成时间）、数量及特定文献类型标识、尺寸、附件、学位论文附注。

凡除著录学位论文主要项目外，还著录部分选择项目的称为基本级次，包括以下著录单元：正题名、一般文献类型标识、并列题名、其他题名信息、第一责任说明、其他责任说明、版本说明、日期项（论文完成时间）、数量及特定文献类型标识、其他形态细节、尺寸、附件、附注、获得方式(限定说明)、学位论文编号。

凡著录主要项目和全部选择项目的称为详细级次。

国家书目和联合编目应采用详细级次,其他各图书情报部门可根据本单位的性质与规模、人力与物力、重要读者群等实际情况决定,也可以按照学位论文的价值或学位级别来选择。例如,对博士、硕士学位论文采用详细级次著录,学士学位论文可采用简要级次著录。

(2)学位论文的名称规范

由于文献著录以原题的题名或责任者的客观描述为前提,为建立规范化的检索点(检索途径中的规范名称),必须对原题的名称进行人为控制。比如,对同一机关团体(学位授予与培养机构)名称的不常用简称、缩略语,以及同一责任者在不同时期的名字的规范,以确保目录的查准率、查全率。这就有必要按一定原则加以控制,避免文献编目随意性,造成误检或漏检现象的发生。

(3)学位论文的内容标引

学位论文标引指对学位论文内容的分析研究形成论述主题的概念,也可以称为内容主题分析,实为"概念分析";将经过提炼的具有检索意义的主题概念再转换成情报检索语言的标识,如分类号、检索词、代号等。学位论文标引的目的就是通过标引人员把学位论文与用户联系起来,使用户能在海量的学位论文资源中全面、迅速、准确检索到所需要的信息资源。学位论文标引包括分类标引与主题标引。

A. 分类标引

学位论文的分类标引指对学位论文内容主题进行分析后赋予分类标识(分类号)。分类号的确定是根据一定的分类规则对学位论文进行内容分析,并依照文献内容的学科属性和特征,分门别类地组织文献。学位论文通常采用《中国图书馆分类法》(以下简称《中图法》)进行分类标引,只有熟悉《中图法》,了解其编制目的、使用范围、分类原则和体系结构,熟练掌握各个类目的涵义、类目之间的关系、标记符号的使用方法、编制说明,才能顺利地进行学位论文标引。学位论文分类标引的规则如下:

①学位论文分类必须以学位论文内容的学科、专业属性为主要依据,而时间、空间、形式、研究方法、研究角度等特征是分类标引的辅助依据。

②学位论文分类标引必须遵守与体现《中图法》特有的系统性与逻辑性。就是说,《中图法》学科类目上、下位类的从属属性、同位类的并列属性、类目涵义受类目体系限定的逻辑关系、总论与专论的处理等,都应体现在分类标引中。

③学位论文分类标引必须具有专指性，将学位论文分入最恰如其分的类目。

④学位论文分类标引要保证标引结果的一致性。将相同主题的不同学位论文归入相同的类，从而提高检索效率。

⑤学位论文分类标引要体现全面性，将学位论文中有价值的情报内容充分揭示和标引出来。随着科学技术的发展和创新，大量新学科不断涌现，并相互交叉渗透，使得学位论文的研究内容不局限于本学科专业，往往形成多学科、跨学科。因此，分类标引对这类学位论文，应增加互见号，提供足够多的检索途径。

B. 主题标引

主题标引指在分析学位论文主题内容的基础上，以一定的词表或标引规则为依据，将学位论文中具有检索识别意义的特征转换成相应的主题概念，并将其组织成表达信息资源内容特征的标识（主题词）。主题标引是文献检索和利用的关键环节之一，有助于揭示文献的深度，弥补分类标引的不足。学位论文的主题标引必须以主题检索语言为依据，通常包括叙词法和关键词法。

①叙词法

叙词，也称主题词，指专门为文献的标引或检索，从自然语言中挑选出来，并加以规范化和优选处理，收入《汉语主题词表》《中国分类主题词表》或其他专业词表的词或词组。叙词法也可称为主题词法，它是吸取多种情报检索语言原理和方法，对文献内容进行描述，以规范化语词进行组配的标识系统。叙词法的基本原理是概念组配。学位论文主题词标引的规则如下：

第一，学位论文的主题标引要以文献研究的内容为主要依据，所选的主题词应能直接客观地反映学位论文的主要内容，切忌掺杂标引人员的个人观点。

第二，所选的主题词必须是主题词表中的正式主题词，书写形式必须与主题词表一致。

第三，选词时优先考虑选用最专指、最贴切内容的主题词，不能用上位主题词或下位主题词代替。

第四，没有专指的主题词时，应选用直接相关的几个主题词组配（组合相配）标引。

第五，如果组配仍无法满足要求，应选用最直接的上位主题词标引，必要时可选择适当的自由词（或关键词）标引。

第六，当上位主题词标引不合适时，可建议增补新的主题词，并建立与该词有关的各种参照关系，以备词表修订之用。

第七，当某一主题概念，词表中已规定有组代主题词时，应选择组代的几个主题词进行组配标引，不得选用其他的主题词标引。

②关键词法

所谓关键词(Keyword)，是指出现在文献的标题(篇名、章节名)以及摘要、正文中，对表征文献主题内容具有实质意义的语词，也就是对揭示和描述文献主题内容来说是重要的、关键性的、可以作为检索入口词的语词。关键词法就是将文献原来所用的，能描述其主题概念的，具有关键性的词抽出，不加规范或只作极少量的规范化处理，按字顺排列，以提供检索途径的方法。它是在情报检索中直接使用自然语言的一种方法，具有以下特点：反映新概念的能力较强，克服了受控主题词表词汇冗余、更新滞后的缺点；符合广大读者的检索习惯，使得文献信息检索方便灵活，便于用户使用；专指性强，检准率较高但检全率较低。当关键词法直接使用于电子计算机检索系统时，可以采用后控制词表来提高检全率。

关键词主要选择名词和名词化的词组，形容词只有在构成名词性词组的时候才能选作关键词，动词只有在它们名词化或是确实对学位论文主题表达起关键作用且具有检索意义时才选作关键词。无实际检索意义的词不能作为关键词，例如冠词、介词、连词、感叹词、代词、部分副词、部分形容词、部分名词(如"理论"、"报告"、"试验"、"学习"等)、连系动词、情态动词、助动词，以及一些虽有实义但使用频率过高而失去检索意义的词。关键词标引时应注意以下几点：

第一，词和符号的改写。即将希腊字母、数学符号、化学符号等计算机不能处理或容易混淆的词和符号改写成计算机能够处理和不易混淆的形式。如果计算机字符比较完备，可以不作改写。

第二，关键词不能随意使用缩写和简称。如"白细胞介素"不能使用缩写"IL"。

第三，词的分拆和组合。如果一个复合词分拆后能提供更多的检索入口时，就将其分拆成两个关键词；相反，如果由两个词组成一个专有名词，没有必要用第二个词作为检索入口时，就将这两个词用连字符连接起来成为一个关键词。

第四，同义词的统一。同义词应选用最通用的作为关键词，如果不能判断，应在所选关键词后注明该词的缩写，便于日后有条件时作规范。

第五，外文文献标题、摘要、正文中选取的关键词应翻译为中文后使用。

第六，学位论文中涉及的地点、机构、人物、历史事件、文献资料的名称以及产品名称、型号及技术参数、重要数据等，如在主题词表中未查到，应依照学位论文中记述的自然语词标引。

(4)学位论文的检索点选择

学位论文编目从名称规范、内容的标引(含分类、主题标引)都旨在建立学位论文的检索点。检索点(Access Point)也称排检点,是指用作书目记录检索标识的数据单元,如学位论文的各种名称、术语、代码或编号以及学位论文内容的学科类别、论述主题等。检索点通常是从编目对象(学位论文)中选出的、具有实际检索意义的文献特征。包括学位论文作者名称、导师名称、学位授予机构名称、学位论文题名,以及学科分类号、主题词。学位论文检索点的选择应遵循以下原则:

第一,检索充分原则。为了满足书目数据的使用者从不同角度检索学位论文的需求,凡是具有检索意义的文献特征,都应尽可能提供检索点。

第二,数量适中原则。在考虑检索需求的同时,还应根据学位论文的重要程度和使用的实际情况确定所选择检索点的数量,选取数量应合理、适当。

第三,标目统一原则。当某一特定的检索点具有不同的形式时,为了实现相同文献在同一条标目下集中,应确定规范标目的统一形式,提高书目记录的查全率。

4.2.2 我国学位论文书目编制格式——CNMARC

机读目录格式(MARC)是各国编制书目数据普遍遵循的一种规范,适用于描述印刷型、缩微品,以及形式相对稳定的学位论文数字资源,如光盘、数据库等。经过多年的发展,MARC已经成为系统完善、字段完备、标准严密的一种数据描述格式。MARC发端于20世纪60年代的美国国会图书馆,随着1977年国际图联(IFLA)推出UNIMARC格式,世界各国纷纷根据各自不同的编目实践和对于格式的功能需求开发了本国的MARC格式。我国中文数据普遍采用中国机读目录格式(CNMARC)。1996年,《中国机读目录格式》作为文化行业标准(WH/T 0503—96)开始实施。2004年,国家标准《中国机读目录格式》通过文化部组织的专家鉴定。

下面具体介绍采用中国机读目录格式(CNMARC)编制学位论文书目数据的方法。

- 记录头标

记录头标区的信息,除记录状态、执行代码和记录附加定义(字符位置5—8、17—18)外,其他均由计算机系统在转换成ISO 2709格式记录时自动生成。字符位置5—8、17—18的值,如果采用外来源数据,可以从原记录数据中通过转换程序生成;若是采用机读目录格式制作源记录,则由人工赋值。

(1)记录状态(字符位置5)

缺省值为“n”,反映当前制作的记录是新记录。

(2)记录类型(字符位置6)

学位论文机读记录通常使用代码“a”(文字资料印刷品)或“b”(文字资料手稿)。

(3)书目级别(字符位置7)

通常取值“m”,表示在编学位论文是一册或限定数量分册即可出全的单部/多卷册著作。

(4)层次等级(字符位置8)

学位论文记录间一般无层次关系,取值“0”(无层次关系)或“#”(层次关系未定或不采用层次结构)。

(5)编目等级(字符位置17)

缺省值为“#”,表示编制当前记录时曾核对过原文献,且记录完整。如果根据目录卡片制作书目记录,编制机读记录时未核对过原文献,则填写代码“1”。

(6)著录格式(字符位置18)

缺省值为“#”,表示当前记录采用ISBD格式。中国国家标准《文献著录规则》(包括各分则)与ISBD等效,完全采用国家标准者也用该代码标识。

• 010 国际标准书号

学位论文一般为非卖品,无ISBN号和价格,本字段著录装订标记和获得方式。获得方式可著录“赠送”、“缴送”等,部分学位论文记载有工本费也应照录。

例1:010## $ b 精装 $ d 缴送

例2:010## $ dTWD1800.00

• 100 通用处理数据

(1)出版时间1(字符位置9-12)

填写学位论文完成时间,倘若无法确定可以填写学位论文提交时间,或者序言、后记、简历等所题年代。本代码应和210字段日期项内容一致。

(2)阅读对象代码(字符位置17-19)

从左至右顺序填写,不足三位时用空位表示。学位论文常用阅读对象代码为:e = 青年(14-20岁),k = 科研人员,m = 普通成人。

(3)政府出版物代码(字符位置20)

本代码取值“y”(非政府出版物)。

(4)修改记录代码(字符位置21)

由于计算机配置的代码字符集的局限,为了适应特殊文字、特殊的数学公式,或其他无法完整写出的符号的需要,录入数据时不得不对原有字符作必要的变更,需采用音译或其他变通方法表示,这种情况可以认为是修改记录。若题名页上出现其他字符集也没有收入的符号或图形，因而无法照录，则不认为记录已被修改。

0 = 记录无变更

1 = 记录有变更

（5）编目语种代码（字符位置22－24）

学位论文的编目语种为中文，语种代码为“chi”。

（6）音译代码（字符位置25）

学位论文书目记录通常取值“y”（未使用音译方案）。

（7）字符集（字符位置26－29）

根据编目软件配置的字符集，学位论文书目记录可选用下列代码：

01 = ISO 646，IRV version（基本拉丁字符集）

10 = GB 2312－80（信息交换用汉字编码字符集基本集）

50 = ISO 10646 Level 3（Unicode 统一编码字符集）

例如，使用GB 13000（ISO 10646）统一编码字符集表达文字信息的机读目录，26－27字符位标识“50”，28－29字符位均标识空位。

（8）补充字符集（字符位置30－33）

如不使用补充字符集，上述字符位标识空位。

（9）题名文字代码（字符位置34－35）

《中国文献编目规则》（第二版）要求学位论文“规定信息源有两种或两种以上文种题名，应选择中文题名作为正题名。若这一规定不适用，可根据规定信息源的版式或顺序选择正题名”，因此学位论文正题名一般使用汉字（可含外文字或数字），本代码使用“ea”（广义中文）；若学位论文的正题名为西文，本代码使用“ba”（所有使用拉丁字符的文种）。

例：100## $ a20120117d2011####k##y0chiy50######ea

字符位置	值	注释
0－7	20120117	入档日期
8	d	以一卷或多卷在同一时间或同一年内完成的学位论文
9－12	2011	论文完成于2011年
13－16	####	具体完成日期不详
17－19	k	阅读对象为科研人员
20	y	非政府出版物
21	0	记录无变更

续表

字符位置	值	注释
22－24	chi	编目语种为汉语
25	y	未使用音译
26－29	50##	使用 ISO 10646 Level 3(Unicode 统一编码字符集)
30－33	####	未使用补充字符集
34－35	ea	题名文字为广义中文

• 101 文献语种

本字段指示符 1 为翻译指示符,标识文献是否为译著或含译文。学位论文为原著,指示符 1 置"0"(文献为原著);指示符 2 未定义,填空格。

学位论文的正文语种填入 $ a 子字段,缺省值为"chi"。当学位论文正文含有两种或两种以上语种时,重复 $ a 子字段。前言、引言和综述的语种应按正文语种著录,附录的语种不作为正文语种。外国语大学学位论文中的"翻译实践"部分应按正文著录两种语种;有些医学学位论文中有多语种的"病情介绍",也应按正文语种著录。

例:1010# $ achi $ aeng

• 105 编码数据字段:专著性文字资料

(1)图表代码(字符位置 0—3)

此代码通常与学位论文的载体形态描述中的术语有关,著录时注意与 215 字段 $ c 子字段对应。如使用"y",则其余三位标识空位。

a ＝ 图表

用于下列专指代码以外的其他图表类型,如示意图、曲线图或未专门编码的图表类型。

b ＝ 地图

c ＝ 肖像

个体或群体的肖像、画像、照片等。

e ＝ 设计图

如建筑平面设计图等。

f ＝ 图版

含有解说性事项的叶,有无文字说明均可,在文献中不计页数。

g ＝ 乐谱

指文字资料。录音资料的附件应使用代码"m"。

k = 表格

l = 样品

m = 录音资料

如书内附带的唱片、录音带。

n = 透明图片

如附在书袋中的一套透明图片,可通过投影仪投射放映。

y = 无图

只能使用一次,如:y###。

= 不需赋值

(2)内容类型代码(字符位置4—7)

为申请学位由作者提交的原始的毕业论文使用代码“m”。经过修订或以商业为目的再出版的学位论文使用代码“v”。

学位论文所附的分离于该学位论文主体部分的“详细摘要”等,应视为该学位论文的附件,内容类型代码不能使用“d”(文摘或摘要)。

(3)会议代码(字符位置8)

使用代码“0”(非会议出版物)。

(4)纪念文集指示符(字符位置9)

使用代码“0”(非纪念文集)。

(5)索引指示符(字符位置10)

0 = 无索引

1 = 有索引

(6)文学体裁代码(字符位置11)

使用代码“y”(非文学作品)。

(7)传记代码(字符位置12)

使用代码“y”(非传记)。

例:105## $ ay###m###000yy

• 106 编码数据字段:文字资料——形态特征

学位论文大都是规格为26—35cm的普通印刷品,本字段缺省值为“r”,或不著录本字段。

d = 大型印刷本(宽大于35cm)

g = 微型印刷本(宽小于5cm)

h = 手写本

i = 多种物理形态(如:一部普通印刷文献附带有作为补遗的光盘、缩微平片等)

j = 小型印刷本(宽小于10cm)

r = 普通印刷本

z = 其他形式

例1:106## $ ar

注:该学位论文为普通印刷本。

例2:106## $ ai

注:该学位论文附有光盘。

●200 题名与责任说明

学位论文的题名主要包括正题名、并列题名、副题名;责任说明主要包括学位申请人、导师。主要著录来源是题名页,无题名页时依次按封面—摘要页—目次页—书眉—学位论文数据集—使用授权页等著录。

需要说明的是,学位论文是非正式出版物,由作者自行编辑,学位论文本身缺乏规范性,经常会出现同一著录信息在规定信息源之间存在明显差异,因此,在规定信息源选择顺序上应优先以著录信息最完备的作为首选规定信息源。著录题名与责任说明项时,当没有题名页,且封面也没有出现题名信息时,就应以著录信息最完整的摘要页作为首选规定信息源进行著录。

(1)正题名($ a)

学位论文特别是理工科学位论文,与普通图书相比正题名比较冗长,其内容构成和编排形式更是多种多样,有的中文与西文字母混合,有的全称与简称并用,有的是繁体汉字,有的含化学符号或分子式,甚至经常有错字别字等。

①正题名中所含数字、汉语拼音字母、缩略词、外文字母、标点符号、分子式等均如实著录。正题名为中文繁体汉字,一般应采用规范的简化汉字进行著录。在著录时要注意区分繁体字与异体字或日文字,不能随意简化。

例1:2001# $ a 基元反应 $N(^4S)+O_2(X^3\Sigma_g^-)\rightarrow NO(X^2\Pi)+O(^3P)$的准经典轨线研究与辛算法计算

例2:2001# $ a 球∴模式论 $ e 中西营造文化比较的全息整体思维

例3:2001# $ a 尹湾西汉简牍章草书法的研究

注:题名页题“尹灣西漢簡牘章草書法的研究”。

例4:2001# $ a 閃鑠する青春 $ e 中国文学研究会会員武田泰淳

注:正题名中的“閃鑠”和“員”看似中文繁体字,实为日文,应如实照录。

②规定信息源有两种或两种以上文种题名,应选择中文题名作为正题名。若

这一规定不适用,可根据规定信息源的版式或顺序选择正题名。

例:2001# $a 承接、探索、选择 $e 二十世纪蒙古文论(1900—1949)的艰难历程

注:题名页载有蒙古文、中文、英文题名,正题名根据中文题名著录。

③规定信息源无正题名,可根据其他信息源著录,并在附注项说明。

例:2001# $a 重金属铅和镉单一/复合污染下土壤微生物量、酶活性和微生物群落结构变化研究

304## $a 正题名根据《国务院学位委员会公报》著录

④无总题名

无总题名文献,又称“合订题名”或“集合题名”。若没有主次之分,应按规定信息源所题先后顺序重复著录 200 字段的 $a 子字段,责任者著录于所有题名之后。

例:2001# $a 正常人耳软骨和先天性小耳畸形病人的残耳软骨的组织学及生物化学研究 $a 人残耳软骨细胞体外培养的生物学特性 $a 人残耳软骨细胞种植于聚羟基丁酸酯 - 聚羟基己酸酯共聚物支架形成组织工程软骨 $f 金骥著 $g 庄洪兴指导

⑤复合题名

复合题名是正题名的一种形式,它由共同题名、从属题名标识和从属题名构成。通常是同一导师主持的科研课题,由不同学生从不同的研究方向共同完成。共同题名著录在 200 字段的 $a 子字段,从属题名标识著录在 $h 子字段,从属题名著录在 $i 子字段。学位论文常见的复合题名有以下两种形式:

a. 复合题名由共同题名、从属题名标识和从属题名构成。

例 1:2001# $a 基因转移逆转椎间盘退变的实验研究 $h 第三部分 $i 成人退变椎间盘细胞模型的建立及 Ad/CMV-hTGF-β1 转染体外培养成人退变椎间盘细胞后的表达的研究 $f 谭延斌著 $g 胡有谷,陈伯华指导

例 2:2001# $a 基因转移逆转椎间盘退变的实验研究 $h 第四部分 $i 腺病毒载体 Ad/CMV-hTGF-β1 体内转染兔椎间盘髓核细胞的表达及其生物学效应 $f 季爱玉著 $g 胡有谷指导

b. 复合题名由共同题名和从属题名构成。

例 1:2001# $a 紫杉醇类似物的合成研究 $i 去甲二萜生物碱转化成紫杉烷类化合物中关键反应的研究 $f 陈巧鸿著 $g 王锋鹏指导

例 2:2001# $a 紫杉醇类似物的合成研究 $i 对映 - 贝壳杉烷型二萜转化成紫

杉醇类似物中关键反应的研究 $ i 去甲二萜生物碱转化成紫杉醇类似物合成路线的研究 $ f 徐亮著 $ g 王锋鹏指导

⑥变异题名

变异题名是指学位论文中出现的与在编学位论文相关但明显不同于题名页题名的各种题名，如封面题名、提要页题名、书脊题名、逐页题名、使用授权页题名、目次页题名、附加题名页题名等。变异题名可以在附注项说明，也可以著录在5－－相关题名块，以扩充题名的检索范围。

例1：2001# $ a 以林痴仙、连雅堂、洪弃生、周定山的上海经验论其身分认同的追寻

312## $ a 附加题名页题名：日据时期台湾传统文人的上海体验

例2：2001 $ a 工作家庭平衡研究

312## $ a 摘要页题名：团队人格组成、团队过程对团队有效性的作用机制研究

例3：2001# $ a 胶质细胞与神经元可塑性的关系

312## $ a 目次页题名：星状胶质细胞源的 D-serine 贡献于海马的长时程增强（LTP）

（2）一般文献类型标识（ $ b）

综合性图书馆的公共检索系统著录本单元时应依据国家标准 GB 3469—83《文献类型与载体代码》著录为“学位论文”或“XL”。独立建库的学位论文书目数据库不著录本单元。

（3）并列题名（ $ d）

学位论文题名页、封面有与正题名并列的英文题名，应作为并列题名著录在 $ d 子字段。著录英文并列题名时句首大写，专有名词词首大写，特殊符号和缩写客观著录，标点符号按规定空格。学位论文规定信息源中有两个以上文种的并列题名，其中有英文并列题名者，只著录英文并列题名。

例：2001# $ a 血友病 B 基因治疗研究 $ dStudy of gene therapy for hemophilia B $ e 载体构建、离体表达、动物试验、安全性研究和临床试验

（4）其他题名信息（ $ e）

其他题名信息一般出现在学位论文正题名前后，对正题名作进一步的限定、补充、解释。著录时应注意判断学位论文正题名前后的文字是否是其他题名信息，还是正题名的一部分，或是该学位论文的章节题名、附录题名或其他应在附注项说明的信息。其他题名信息按规定信息源所题顺序著录于 $ e 子字段。

例：2001# $ a 香江浪子悲歌 $ e 二战后25年香港小说人物形象论 $ dThe sad

song of the Hong Kong loafer $ ea study on the characters of Hong Kong novels during the 25 years after the Second World War

(5)责任说明($ f、$ g)

学位论文的责任说明,以学位论文的撰写者为第一责任者,著录在 $ f 子字段;以指导教师(导师)为其他责任者,著录在 $ g 子字段。撰写者的责任方式虽未在规定信息源中出现,但仍应著录为“著”,指导教师的责任方式著录为“指导”,并且“著”或“指导”可不加方括号。出现在规定信息源的协助指导教师、副导师、指导小组成员、答辩委员会主席、学位论文评阅人等可不予著录。

例:2001 # $ aPDZ 结构域蛋白与 ErbB 受体酪氨酸激酶相互作用调节 Neuregulin 的信号传导 $ f 黄扬中著 $ g 梅林,鲁白,饶毅,冯林音指导

• 205 版本说明

学位论文只有初版本(学位论文经修订后正式出版,应视为普通图书),无版次说明。学位论文的油印本、手抄本、合订本、摘要本等可作为版本说明著录在 205 字段的 $ a 子字段。

例:205## $ a 油印本

• 210 出版发行项

学位论文未正式出版,仅著录学位论文完成日期。若信息源中未出现学位论文完成日期或完成日期不确定时,可以著录学位论文提交日期。日期项用阿拉伯数字著录在 210 字段的 $ d 子字段,采用公元纪年,并省略“年”字样。本字段内容与 100 字段出版时间 1 内容一致。

例:210## $ d2011

• 215 载体形态项

(1)数量及特定文献类型标识($ a)

数量指学位论文的页数、卷(册)数等,用阿拉伯数字著录。特定文献类型标识(数量单位)按照不同载体选择合适的术语,用汉字著录,如页、册、张、光盘、缩微平片等。学位论文的数量及特定文献类型标识著录在 215 字段的 $ a 子字段。

(2)其他形态细节($ c)

学位论文内容中一般性图表不予著录。其他形态细节只著录重要的、数量较多的、印刷精美的图。学位论文中的插图包括图表、图版(无页码)、折图(图幅大于书页而折叠于书内的图)、彩图、地图(地质、地形地貌图)、照片等。著录本单元时还应相应填写 105 字段中的图表代码(字符位置 0—3),如 215 字段无 $ c 子字段,则 105 字段图表代码使用“y”。

(3)尺寸($d)

学位论文的尺寸一般著录封面高度,也可以按代表学位论文外表高度的书脊高度著录。著录采用阿拉伯数字形式,以cm(厘米)为单位,不足1cm的尾数,按1cm计算。当宽度不及其高度的二分之一或宽度超过高度,应先著录高度,后著录宽度,中间用乘号连接。尺寸著录在215字段的$d子字段。

(4)附件($e)

附件是指与学位论文内容相关,分离于学位论文主体部分,并与学位论文结合使用的附加材料。如附图、计算机程序、调查问卷、软盘、光盘等。学位论文附件的载体特征著录在215字段的$e子字段,著录时使用简短的附件名称。附件的数量用阿拉伯数字表示,单位可用张、袋、册、片、页、叶等。对附件载体形态特征的补充说明,著录于附件之后,并置于圆括号内。

例:215## $a120页$d38cm$e附录2册(341页;26×38cm)

• 300 一般性附注

本字段主要用来记录学位论文受资助与合作完成的情况,以及授权声明、版权声明、原创声明等其他有检索意义的文字。

例1:300## $a题名页载有:本学位论文受国家863计划(2003AA625020)资助

例2:300## $a题名页载有:中国科学技术大学理论物理研究所量子理论组版权所有

• 301 标识号附注

标识号附注是用来记录与在编学位论文或当前记录中出现的标识号有关的附注内容,例如学位论文的编号、学位申请人的学号、由国务院学位委员会颁发的学位证书编号等。

例1:301## $a学号:200320111110028

例2:301## $a论文编号:10006BY0108113

• 302 编码信息附注

学位论文的语种附注著录在302字段。

例1:302## $a第一章为英文,第二、三、五章部分内容为英文

例2:302## $a摘要语种包括中文、英文、日文、朝文

• 303 著录信息的一般性附注

有关在编学位论文实体描述方面的附注。无法记入更为专指的实体描述性附注字段,如304、305、306、307、310字段,可著录在本字段。

例:303## $ a 摘要页载有:本文篇幅过长,由于经费及有关技术问题,按学校有关方面指示,只选取部分内容(一、二、五章及附录)印制学位论文,其他从略

• 304 题名与责任说明附注

有关在编学位论文的题名与责任说明(200 字段)的附注,记入 304 字段。

例 1:304## $ a 正题名根据《国务院学位委员会公报》著录

例 2:304## $ a 中文题名、学位申请人及导师名称由学位授予机构提供

例 3:304## $ a 题名页载有另一蒙古文并列题名

• 307 载体形态附注

与在编学位论文载体形态有关的附注,即对学位论文所做的附加形态描述,以及对有关学位论文特殊形态特征的说明。

例 1:307## $ a 本论文缺第 17、36 – 98、127 – 269 页

例 2:307## $ a 附:染整加工后的亚麻落麻/涤纶混纺织物样品 1 幅(13 × 18cm)

例 3:307## $ a 附光盘:《黎志敏博士论文影像资料 – 中西诗人、诗评家访谈精选》

• 310 装订及获得方式附注

学位论文装订及获得方式的补充说明。

例:310## $ a 封三载有:工本费 30.00 元

• 312 相关题名附注

在编学位论文出现的、正题名和并列题名以外的任何其他题名(变异题名),包括封面题名、摘要页题名、附加题名页题名、目次页题名、使用授权页题名、卷端题名、书脊题名等应依原样记录在 312 字段。

例 1:312## $ a 中文摘要页题名:鸡血藤化学成分和生物活性研究

例 2:312## $ a 使用授权页题名:策略梯度增强学习及其在月球车多轮协调控制中的应用

• 314 知识责任附注

没有在题名与责任说明项著录的、对在编学位论文内容负有知识责任的个人或团体名称,可作附注说明。著录信息源中与责任说明有关的信息,如果比较重要,也可在附注项说明。例如,导师或学位申请人的各种名称、国别或民族、籍贯、生卒年、职称、职业、职务、学位、主要学术成就等。

例 1:314## $ a 厦门大学与中国科学院理论物理研究所联合培养

例 2:314## $ a 朱镕基,1928 年 10 月生,湖南长沙人,1949 年 10 月加入中国共

产党,1948 年 12 月参加工作,清华大学电机系电机制造专业毕业,大学文化,高级工程师。1984 年至 2001 年担任清华大学经济管理学院院长。1986 年 7 月被批准为技术经济专业的博士生导师。1998 年 3 月至 2003 年 3 月任国务院总理。

• 320 文献内书目、索引附注

学位论文除正文外,如有参考文献、索引等方面的内容,应作附注说明。著录索引附注时,还应相应地著录 105 字段中的“索引指示符”(字符位置 10)。

例 1:105## $ ay###m###001yy

2001# $ a 利盖蒂结构思维研究 $ f 陈鸿铎著 $ g 钱亦平指导

320## $ a 学位论文中所分析的利盖蒂作品索引:第 151 页

320## $ a 学位论文中涉及的人名索引(按人名的汉语拼音字母排序):第 152 –155 页

320## $ a 学位论文中涉及的专门术语索引(根据术语的汉语拼音字母排序):第 156 – 158 页

注:该学位论文后附三个索引,重复 320 字段;书中有索引,105 字段字符位置 10 填入“1”。

例 2:320## $ a 参考文献:第 100 – 129 页

• 321 被外部文献索引、摘要和引用附注

学位论文被引用的次数,是否被重要的索引、文摘类文献收录是学位论文学术水平与影响力的重要体现。321 字段指示符 1 为引用类型指示符,指明在编学位论文在被引用的文献中的描述范围:# = 未提供信息,指明本字段的内容采用自由行文方式或无须任何引导词;0 = 用索引、文摘方式收录,指明在编学位论文被哪些索引、文摘类文献所收录;1 = 用参考书目方式引用,指明在编学位论文被哪些文献所引用或被收录到哪些文献的参考书目中。指示符 2 未定义,填空格。本字段的附注可以是结构式的,也可以是自由行文式的。如果采用非结构式(自由行文式),应使用必要的著录标识符。

例 1:321## $ a 本学位论文被收入:中国博士学位论文提要,社会科学部分?:1981 – 1990 / 北京图书馆学位学术论文收藏中心编. – – 北京:书目文献出版社,1992

注:在编学位论文以提要的方式被其他文献收录。

例 2:321## $ a 本学位论文被收入:国外博士学位论文目录 / 丁路主编. – – 北京:书目文献出版社,1995

注:在编学位论文以书目的方式被其他文献收录。

例 3:3211# $ a 本学位论文被引用于:论盛唐诗中的水意象 / 杨帆著 ; 戴建业指导. - - 2006

注:在编博士学位论文被收录到另一篇硕士学位论文的参考书目中。

• 325 复制品附注

在编学位论文有复制品时,如光盘版、缩微平片、网络版等,应作附注说明。

例 1:325## $ a 扫描复制. - - 北京:国家图书馆,2005. - - DVD

例 2:325## $ a 有光盘版

• 327 内容附注

内容附注主要记录学位论文的篇名、部分题名、章节题名、目次、重要的参考文献、学习期间的科研成果等信息。本字段指示符 1 为完整程度指示符,它指明本字段的附注是否完整地记录了在编学位论文的内容:0 = 内容附注不完整,1 = 内容附注完整;指示符 2 为结构指示符,它指明附注内容是否结构式:# = 非结构式附注,1 = 结构式附注。

本字段包括两种结构形式,即结构形式和非结构形式。学位论文内容附注可采用非结构式形式,全部附注文字分别记入重复的 $ a 子字段,指示符 2 置"#"。尽量使用 ISBD 数据元素的定义和标识符。

例 1:3270# $ a 燕园地区中低龄老年人健康状况调查

注:本学位论文第一部分综述、第二部分研究成果、第三部分燕园地区中低龄老年人健康状况调查、第四部分特约稿件,只有第三部分题名具有检索意义。

例 2:2001# $ a 二〇〇一年硕士学位论文集 $ f 沈阳体育学院研究生部[编]

3271# $ a 对新中国 50 年来中西方体育文化冲突与融合的历史透视及原因剖析 / 茹秀英著 $ a 中小学体育教学中人际沟通问题的研究 / 裴岩著 $ a 西洋参茎叶总皂甙结合有氧运动对老龄力竭小鼠心肌一氧化氮含量的影响 / 肖宇著 $ a 运动对小鼠骨骼肌一氧化氮生成的影响 / 许云霞著 $ a 不同时间的缺血预处理对鼠骨骼肌缺血再灌流损伤保护的研究 / 孙永新著 $ a 不同时间的缺血预处理对鼠骨骼肌超微结构影响的研究 / 陈研著 $ a 对不同水平男子三级跳远运动员跨步跳踏跳技术及下肢承受能力的比较研究 / 李玉章著 $ a 男子背越式跳高二级运动员起跳腿起跳能力的生物力学分析 / 刘建著 $ a 不同水平篮球运动员 12 项感知觉指标的比较及与投篮命中率关系的初步综合研究 / 杨海平著 $ a 对辽宁队女排运动员三种不同扣球技术的比较分析 / 吕品著 $ a 辽宁省青少年足球训练管理体制现状及改革对策研究 / 张兴泉著 $ a 对我国自由式滑雪空中技巧国家集训队运动员横向飘移问题的专门研究 / 杜金玲著 $ a 自由式滑雪空中技巧国家集训队运动员

助滑速度知觉测量与训练的研究／郭云清著 $ a 中、韩女子短道速滑运动员 99’世界杯 1000 米比赛超越战术运用特点的比较研究／夏霜著 $ a 对我国 48 – 56 公斤级高水平男子散打运动员专项身体素质结构的研究及专项身体素质水平的评价／于慧著

注：内容完整、非结构式的内容附注，使用必要的著录标识符。

• 328 学位论文附注

本字段是学位论文书目数据必备字段。学位级别、学位类型、学科专业、研究方向、学位授予机构的名称以及学位授予时间等，是学位论文的重要信息，根据国际惯例应记入 328 字段，一般有三种著录形式：

第一，不区分结构式或非结构式，通常用于正式出版的学位论文。

328## $ a 学位论文附注

第二，非结构式，使用必要的著录标识符。

328#1 $ a 学位名称与级别：学科专业名称. 研究方向 ；学位授予单位，学位授予日期

第三，结构式，各学位信息记入相应子字段。

328#0 $ b 学位论文细节及学位类型 $ c 学位的学科领域 $ e 学位授予机构 $ d 学位授予时间 $ t 论文其他版本的题名 $ z 附注前后的文字说明

为便于检索，未正式出版的学位论文，书目数据应采用结构式著录学位论文附注。

（1）学位论文细节及学位类型（ $ b）

学位名称与级别应按照 GB 6864—2003《中华人民共和国学位代码》以及教育部公布的专业学位名称形式著录。国务院学位委员会 2011 年颁布的《学位授予和人才培养学科目录》中共包括 13 种科学学位和 39 种专业学位。

例 1：328#0 $ b 工学硕士 $ c 计算机软件与理论 $ e 北京邮电大学 $ d2011

例 2：328#0 $ b 工程硕士 $ c 软件工程. 通信软件 $ e 北京邮电大学 $ d2011

（2）学位的学科领域（ $ c）

学科专业名称目前主要按照国务院学位委员会办公室和教育部研究生工作办公室 1997 年修订的《授予博士、硕士学位和培养研究生的学科、专业目录》中的规范名称著录。研究方向客观著录于专业名称之后，其前用“. ”（句点、空格）标识。

学位论文是作者自行编写的，没有经过严格的专业编辑校对，所载的学科专业名称不规范的情况常有发生，编目人员要认真分析，正确著录。常见的有以下几种情况：

①学科专业不规范

例 1:328#0 $ b 经济学硕士 $ c 金融学 $ e 对外经济贸易大学 $ d2006

注:题名页题“专业:国际经济贸易学院金融学专业”。

例 2:328#0 $ b 法学博士 $ c 科学社会主义与国际共产主义运动 $ e 山东大学 $ d2007

注:题名页题“专业 科社与国际共运”。

②未载明学科专业

可著录学位论文上载有的一级学科或研究方向名称;如未载有任何学科领域信息,则 328 字段不著录 $ c 子字段。

例:328#0 $ b 文学博士 $ c 中朝比较文学 $ e 中央民族大学 $ d2003

注:本论文未载明学科专业,只著录研究方向。

③出现两个以上学科专业名称

应著录国务院学位委员会颁布的规范专业名称;两个都是规范专业,著录新颁布的专业名称;仍无法确定时,可根据题名页最先出现的专业名称著录。

例如某学位论文封二、题名页、附加题名页先后出现三个学科专业名称,其中“金属压力加工”不是规范名称,“金属塑性加工”是 1990 年颁布的专业名称,“材料加工工程”是 1997 年颁布的专业名称,著录“材料加工工程”。

又如某学位论文题名页同时出现两个规范专业名称,“物理化学”是理学专业,“工业催化”是工学专业,该学位论文是理学博士论文,应著录“物理化学”。

④学位授予单位自主设置的学科专业

自 2002 年国务院学位委员会开展在博士学位授权一级学科内自主设置学科专业的改革试点工作以来,每年都有大量自主设置专业新增或撤销,专业的频繁变更使编目人员很难进行规范统一。因此,当学位论文中未载明国务院学位委员会颁布的规范学科专业名称,且无法判断是否是规范名称时,依原题照录。

(3)学位授予单位附注($ e)

学位授予单位是依法经批准可以授予相应学位的高等学校及其他从事高等教育活动的组织和机构。著录时要遵循以下原则:

①著录具有学位授予权的机构名称。

例:2001# $ a 量子自动机的研究 $ f 郑红著 $ g 陆汝钤指导

328#0 $ b 工学博士 $ c 计算机软件与理论 $ e 中国科学院研究生院 $ d2003

注:不能著录为“中国科学院数学研究所”。

②学位授予单位名称应著录规范全称,不著录简称和外语翻译名称。

学位授予单位名称的著录主要依据国务院学位委员会办公室所编《中国学位授予单位名册》和《中国人民解放军学位授予单位名册》。

例如“中国科学技术大学”不能著录为“中科大”。

③学位授予单位合并或更名的,只著录合并或更名后的名称。

例 1:328#0 $ b 工学博士 $ c 化学工程 $ e 华东理工大学 $ d1996

注:题名页另载有“华东化工学院”,只著录更名后的名称。

例 2:328#0 $ b 医学博士 $ c 传染病学 $ e 复旦大学 $ d2000

注:题名页另载有“上海医科大学”,著录合并后的名称。

(4)学位授予时间附注($ d)

由于各学位授予单位的具体规定不同,授予学位的具体时间具有不确定性及不可知性,因此学位授予年代为必备,月、日可选用。若规定信息源未载有授予年代,应著录学位论文答辩时间。学位授予年代用阿拉伯数字表示,并省略“年”字。

例:328#0 $ b 教育学硕士 $ c 体育教育训练学 $ e 北京体育大学 $ d2005

• 330 提要或文摘附注

学位论文摘要撰写总的要求是:每篇摘要力求在较短的篇幅内概括出学位论文的主题思想和主要内容,揭示出学位论文的精神要义,反映出作者的学术观点和研究成果。

330 字段记录学位论文的摘要、文摘、注释或评论。采用自由行文方式,如要记入多语种提要或文摘,则每一语种应分别记入一个重复的 330 字段。

例:2001# $ a 生命 · 神祇 · 时空 $ e 雕塑文化论 $ f 孙振华著 $ g 史岩指导

330## $ a 本文提出了由生命、神祇、时空三个基本范畴所组成的雕塑文化模式的新概念,考察了生命意识、宗教观念、时空观念在雕塑文化模式中的作用,揭示了雕塑文化模式的生成、结构功能以及它在中外雕塑文化的历史演变。

• 333 保密级别与保密期限附注

凡有关学位论文秘密、机密、绝密以及限制使用等信息须在附注项说明。保密期限著录于保密等级之后的圆括号内。解密的学位论文应著录解密日期。

根据国家标准 GB/T 7156—2003《文献保密等级代码与标识》的规定,保密等级分为公开(GK)、限制(XZ)、秘密(MM)、机密(JM)、绝密(UM)五级。

例 1:333## $ a 秘密(5 年)

333## $ a 解密(2005 年 5 月)

例 2:333## $ a 限军内

• 334 获奖附注

本字段包含获奖说明（\$a）、奖项名称（\$b）、获奖年代（\$c）、颁奖国家（\$d）等子字段，记录在编学位论文获奖信息的附注。可选择使用或不使用子字段分别著录的方式。如有多条附注，则每条附注应分别记入一个重复的334字段。

例1：334## \$b全国优秀博士学位论文\$c2004\$dCN

例2：334## \$a部分内容获第十二届国际矿山测量协会（ISM）国际学术大会青年论文奖

• 510 并列正题名

并列外文题名（主要是英文题名）应作题名检索点。在西文题名中常出现首冠词，它们在句中不具有实际意义，因此在检索时不作为检索入口词，著录时应予省略。

例：2001# \$a香江浪子悲歌\$dThe sad song of the Hongkong loafer \$e二战后25年香港小说人物形象论\$f蔡益怀著\$g饶芃子指导\$zeng

5101# \$aSad song of the Hongkong loafer \$zeng

• 517 其他题名

凡具有明显的检索意义的学位论文的副题名、从属题名应选择作为检索点，记入517字段\$a子字段。

例1：2001# \$a追寻自由\$e论经济伦理自由范畴本义\$f罗干坤著\$g章海山指导

5171# \$a论经济伦理自由范畴本义

例2：2001# \$a基因转移逆转椎间盘退变的实验研究\$h第四部分\$i腺病毒载体Ad/CMV－hTGF－β1体内转染兔椎间盘髓核细胞的表达及其生物学效应\$f季爱玉著\$g胡有谷指导

5171# \$a腺病毒载体Ad/CMV－hTGF－β1体内转染兔椎间盘髓核细胞的表达及其生物学效应

• 600 个人名称主题

学位论文个人名称主题记入本字段。指示符1未定义，填空格；指示符2为名称形式指示符，用于指明名称是按直序方式著录，还是按倒序方式著录：0 = 直序方式，1 = 倒序方式。

例：2001# \$a曾巩研究\$f李俊标著\$g莫砺锋指导

600#0 \$c（宋）\$a曾巩\$f（1019－1083）\$x文学研究

• 601 团体名称主题

学位论文团体名称主题记入本字段。指示符1为会议指示符，指明名称是否为会议名称:0 = 团体名称,1 = 会议;指示符2为名称形式指示符,指明团体名称的著录形式:0 = 倒序方式著录,1 = 以地区或辖区著录,2 = 直序方式著录。

例:2001# $ a 国有(控股及参股)企业公司治理结构监督机制框架及鞍钢集团公司实践研究 $ f 胡乃民著 $ g 赵新良指导

6060# $ a 国有企业 $ x 法人治理结构 $ x 研究 $ y 中国

60102 $ a 鞍山钢铁公司

• 602 家族名称主题

学位论文家族名称主题记入本字段。指示符未定义,填空格。

例:2001# $ a 明代云南沐氏家族研究 $ f 李建军著 $ g 南炳文指导

602## $ a 沐氏 $ x 研究 $ y 云南 $ z 明代

• 605 题名主题

学位论文题名主题记入本字段。指示符未定义,填空格。

例:2001# $ a 大观园研究 $ f 王慧著 $ g 于天池指导

605## $ a 红楼梦 $ x 环境描写 $ x 文学研究

• 606 论题名称主题

作为学位论文主题标目的普通名词或名词短语记入本字段。指示符1为主题词层级指示符,用于指明主要词和次要词:0 = 未指定层级,1 = 主要词,2 = 次要词,# = 无适用信息;指示符2未定义,填空格。

例:2001# $ a 潮坪韵律沉积的形成和保存及沉积间断的定量分析 $ f 范代读著 $ g 李从先,陈美发指导

6060# $ a 海洋沉积 $ x 研究

• 607 地理名称主题

学位论文地名主题标目记入本字段。指示符未定义,填空格。

例:2001# $ a 隋唐两京丛考 $ f 辛德勇著 $ g 史念海指导

6060# $ a 都城 $ x 洛阳(历史地名) $ x 研究 $ z 隋唐时代

6060# $ a 都城 $ x 长安(历史地名) $ x 研究 $ z 隋唐时代

607## $ 2CT $ 3S007046 $ a 长安(历史地名)

607## $ 2CT $ 3S050322 $ a 洛阳(历史地名)

• 610 非控主题词

本字段记入学位论文关键词。在选用关键词时优先采用主题词表中的主题词,即使使用自由词,也尽可能规范统一,便于同类文献集中。关键词数量控制在3—8个,并进行排序,把最能揭示一篇学位论文核心内容的关键词排在最前面,次

要内容紧跟其后,依此类推。每个关键词在 610 字段重复子字段 $ a。610 字段指示符 1 为主题词层级指示符,用于指明主要词和次要词,通常取值“0”,表示未指定层级(不分主次或难分主次);指示符 2 未定义,填空格。

例:2001# $ a 关系营销中组织间人际信任研究 $ e 来自中国家电分销渠道的实证分析 $ f 王晓玉著 $ g 晁钢令指导

6100# $ a 家用电器 $ a 市场营销 $ a 信任 $ a 分销 $ a 人际关系

• 690 中国图书馆分类法

如果采用《中国图书馆分类法》对学位论文进行分类标引,分类号应填写在 690 字段。690 字段指示符未定义,填空格。690 字段包括两个子字段,其中 $ a 子字段填写根据《中图法》分配给在编学位论文的分类号,分类号中主类号的字母大写; $ v 子字段填写所使用分类法的版次号,由于目前通常使用《中国图书馆分类法》(第五版),分类法版本标识可设定缺省值为阿拉伯数字“5”,如果采用其他版本,则相应更改数字。整个字段填写的内容均用单字节表示。

例:2001# $ a 纵向岭谷北部三江并流区河谷地貌发育及其环境效应研究 $ f 明庆忠著 $ g 张林源指导

690## $ aP931.1 $ v4

690## $ aX144 $ v4

• 701 个人名称——等同知识责任

学位论文撰写者,即对学位论文知识内容负有主创责任的著者,其个人名称应作为检索点。

例:701#0 $ a 李超杰 $ c(外国哲学, $ f1962.11 –) $ 4 著

• 702 个人名称——次要知识责任

学位论文的指导者,即对学位论文知识内容创作过程进行指导、修改的导师,其个人名称应作为检索点。

学位论文指导小组、答辩委员会成员、学位论文评阅人,无论其是否出现在主要信息源上,一般不作为检索点。

例:702#0 $ a 启功 $ c(满族, $ f1912.7 –2005.6) $ 4 指导

• 712 团体名称——次要知识责任

学位论文的团体责任者主要是指学位授予机构,虽然他们不是学位论文研究内容的直接责任者,但他们对学位论文内容以及最终获得学位起关键作用,是重要的检索点。

例 1:71102 $ a 南京大学 $ 4 授予

例2:71102 $ a 中国科学院研究生院 $ 4 授予

• 801 记录来源

指示符1未定义,填空格。指示符2是功能指示符,指明子字段 $ b 中的机构的功能:0 = 原始编目机构

例:801#0 $ aCN $ bNLC

注:中国国家图书馆原始编目的书目数据。

• 850 馆藏机构代码

本字段用于记录收藏在编学位论文一个或多个复本的机构代码的一览表。由于目前还没有一部被国际上普遍接受的机构代码表,建议采用机构名称的英文缩写形式表示,如中国国家图书馆用"NLC"(National Library of China);也可以采用机构的中文全称或国家规定的代码。

例:850## $ aNLC $ aPUL

注:两个子字段分别记录拥有该学位论文的机构代码:国家图书馆、北京大学图书馆。

• 856 电子资源地址与检索

本字段用于记录在编学位论文电子资源的获取信息。该信息包括文献的电子地址,也包含通过指示符1的值所定义的文献的检索方法。如果未作337系统需求附注字段,则856字段必备。

本字段指示符1为检索方法指示符:# = 未提供信息,0 = 电子邮件(Email),1 = 文件传输协议(FTP),2 = 远程登录(Telnet),3 = 拨号入网(Dial - up),4 = 超文本传输协议(HTTP),7 = 在 $ y 子字段说明检索方法。指示符2未定义,填空格。

例1:2001# $ a 远缘物种基因组 DNA 导入水稻的研究 $ b 电子资源 $ f 赵炳然著 $ g 袁隆平指导

8564# $ uhttp://lsk. cnki. net/kns50/detail. aspx? QueryID = 9&CurRec = 1

例2:2001# $ a 夏商西周土地制度概论 $ b 电子资源 $ f 陈力著 $ g 徐中舒指导

8564 # $ uhttp://202. 96. 31. 42: 9080/doctor/servlet/getDob? id =012002613550

4.2.3 电子学位论文编目简介

在网络环境下,随着学位论文的编写形式愈发多样化(三维图像、音频、视频与

多媒体的运用）以及用户对于学术资源传递及共享的需求度日益高涨，单一的纸质文本（与缩微制品）已逐渐无法满足学位论文资源有效传播与利用的需要。因此，以电子版文本方式存储原始文献即电子学位论文（Electronic Theses and Dissertations，简称 ETD）成为目前较为流行的学位论文的存在形式。

对于电子学位论文如何有效组织使之长期生存是当前学位论文资源建设的重要研究内容，其中的核心为电子学位论文编目格式即元数据标准的制定。

（1）电子学位论文的元数据标准

同传统的学位论文编目一样，电子学位论文元数据的主要功能也是用于描述学位论文的内外部特征。目前国际上尚未有关于电子学位论文元数据的统一标准，图书馆等相关机构制作元数据一般是基于都柏林核心元数据元素集（DCMES，以下简称 DC）或机读目录格式（MARC），并结合本地化的需求进行格式的设计，最终通过置标语言（如 HTML、XML 等）进行编码和实现。

A. 基于 DC 的电子学位论文元数据标准

与 MARC 等传统的书目记录格式相比，DC 元数据具有简约性、可修饰性与易操作性等特点，已广泛用以描述电子文献资源；众多图书馆和情报机构也结合 DC 开发出了电子学位论文相关的元数据标准，如：不列颠图书馆的 UKETD-DC、德国国家图书馆的 XMetaDiss、巴西科技信息研究所的 MTD-BR，以及我国北京大学图书馆的学位论文元数据方案、清华大学图书馆的学位论文描述元数据规范（草案）等。其中最有代表性的是博士与硕士学位论文数字图书馆网络（NDLTD）推出的 ETD-MS，其元素集由来自 DC 的核心元素（13 个）与自定义的学位论文相关元素（1 个）构成，分别为：题名（必备）、创建者（必备）、学科主题（必备）、内容说明、出版者、其他责任者、日期（必备）、文献类型（必备）、文件格式、记录标识符（必备）、语种、时空范围、权限、学位相关。表 4－3 展示了 ETD-MS 定义的所有元素（主元素、子元素），以及同其他电子学位论文元数据标准建立的对应关系。

表 4－3 ETD-MS 的元数据元素兼与其他元数据标准的映射

ETD-MS（v1.1）	学位论文描述元数据规范（清华大学）	CNMARC（NLC）
Title（M）		
<dc. title>	<dc. 题名>	200 $ a + d，510 $ a
<dc. title. alternative>	<dc. 题名. 交替题名> *	312 $ a，512－517 $ a
<dc. title translated>		

续表

ETD-MS（v1.1）	学位论文描述元数据规范(清华大学)	CNMARC（NLC）
Creator（M） < dc. creator >	< dc. 作者 >	200 $ f,701 $ a
Subject（M） < dc. subject > < dc. subject. [source code] >	< dc. 主题 > < dc. 主题. [叙词表/分类法名称] >	610 $ a,675 –696 600 –607($2 = 系统代码)
Description < dc. description. abstract > < dc. description. note > < dc. description. release >	< dc. 附注. 文摘 >	330 $ a 3XX $ a 300 $ a
Publisher < dc. publisher >		210 $ g * *
Contributor < dc. contributor > < dc. contributor. role >	< dc. 导师 >	200 $ g,702 $ a
Date（M） < dc. date >	< dc. 日期 >	100 (bit 9 – 12) , 210 $ d, 328 $ d
Type（M） < dc. type >	< dc. 资源类型 >	105(bit 4),200 $ b
Format < dc. format >	< dc. 资源格式 >	135(bit 0),230,856 $ q
Identifier（M） < dc. identifier >	< dc. 资源标识 >	856 $ u
Language < dc. language >	< dc. 语种 >	101
Coverage < dc. coverage >		607,660,661,6XX $ y,z
Rights < dc. rights > < dc. rights value =0,1,2 >	< dc. 权限管理 >	100(bit 17 –19),333

续表

ETD-MS (v1.1)	学位论文描述元数据规范(清华大学)	CNMARC (NLC)
Thesis. degree		
< thesis. degree. name >	<学位.学位名称>	328 $ b
< thesis. degree. level >		328 $ b
< thesis. degree. level value = 0,1,2 >		
< thesis. degree. discipline >	<学位.学科>	328 $ c
< thesis. degree. grantor >	<学位.学位授予单位>	328 $ e

*“交替题名”使用有误,根据其定义,应为“变异题名”。

* *指电子学位论文制作者。

B. 基于 MARC 的电子学位论文元数据标准

作为传统文献资源书目记录的格式标准,MARC 在电子文献资源编目方面的应用并未滞后,以 MARC 21 为例,美国国会图书馆近些年除了增加相应的字段对电子文献加以补充说明外(如:347 字段——电子化文档的附注),还对 MARC 记录进行了 XML 化,以适应网络环境下的数据描述、整合、交换的需要。对于电子学位论文,许多图书馆和情报机构仍然沿用 MARC 格式进行编目,并通过使用相关字段以区别于印刷型学位论文(如:CNMARC 格式中电子学位论文的编目主要涉及 135、230、856 字段以及 200 $ b 子字段);也有一些机构基于 MARC 开发出了全新的电子学位论文元数据标准,如美国得克萨斯州数字图书馆(Texas Digital Library,简称 TDL)的 MODS ETD。元数据对象描述框架(MODS)是以 MARC 的元素及语义学为基础、以 XML 为编码语言的一类描述性元数据标准,具有很强的扩展性与灵活性,其元素集与大多数图书馆数据兼容,较之 DC 丰富,较之 MARC 简约。MODS 的元素结构富有层级性,由顶级元素及若干子元素组成,可描述多种类型的实体资源与数字资源,也适用于电子学位论文的编目。以 TDL 的 MODS ETD 为例,其元素集包含了 16 个顶级元素,分别为:题名信息、作者姓名、导师姓名、答辩指导小组成员姓名、学位授予单位名称、记录类型、内容类型、资源原生信息、语种、载体形态描述、提要、主题、标识符、资源定位、学位信息、记录信息。表 4-4展示了层级化的 MODS ETD 元素,并与 ETD-MS 及 CNMARC 的元素建立了对应关系。

表4－4 **MODS ETD的元数据元素兼与其他元数据标准的映射**

MODS ETD(TDL)	ETD-MS	CNMARC(NLC)
Title Information (M) <titleinfo> <title> <subTitle>	<dc. title>	200 $ a + d,510 $ a 200 $ e + i,517 $ a
Name of Author (M) <name type = "personal"> <namePart type = "given|family|date"> <role> <roleTerm type = "Author">	<dc. creator>	200 $ f,701 $ a
Name of Thesis Advisor (M) <name type = "personal"> <namePart type = "given|family|date"> <role> <roleTerm type = "Thesis advisor">	<dc. contributor> <dc. contributor. role>	200 $ g,702 $ a
Name of Committee Member <name type = "personal"> <namePart type = "given|family|date"> <role> <roleTerm type = " Committee Member">	N/A	N/A
Name of Degree Grantor (M) <name type = "corporate" authority = "lcnaf"> <namePart> Institution <namePart> Department <role> <roleTerm>	<thesis. degree. grantor>	328 $ e,712 $ a

续表

MODS ETD(TDL)	ETD-MS	CNMARC(NLC)
Type of Resource (M) < typeOfResource >	N/A	记录头标 (bit 6,7), 106 $ a
Genre < genre >	< dc. type >	105 (bit 4),200 $ b
Origin Information (M) < originInfo > < dateCreated > < dateIssued >	< dc. date > < dc. date >	328 $ d 100 (bit 9 – 12),210 $ d
Language (M) < language > < languageTerm type = " code" authority = iso639 – 2b >	< dc. language >	101
Physical Description (M) < physicalDescription > < form authority = " marcform" > < internetMediaType > < digitalOrigin >	< dc. type > < dc. format >	135,200 $ b,230 $ a 856 $ q 135 (bit 10),324
Abstract (M) < abstract >	< dc. description. abstract >	330 $ a
Subject (M) < subject > < subject authority = " source code" >	< dc. subject > < dc. subject. [source code] >	610 600 – 607 ($2 = 系统代码)
Identifier (M) < identifier >	< dc. identifier >	856 $ u
Location (M) < location > < url >	< dc. identifier >	856 $ u

续表

MODS ETD(TDL)	ETD-MS	CNMARC(NLC)
Degree Information (M) < extension > < etd:degree > < etd:name > < etd:level > < etd:discipline >	 < thesis. degree. name > < thesis. degree. level > < thesis. degree. discipline >	 328 $ b 328 $ b 328 $ c
Record Information (M) < recordInfo > < recordContentSource > < recordCreationDate > < recordChangeDate > < recordIdentifier >	 N/A	 801 100(bit 0 – 7) 005 001

(2)电子学位论文编目的发展方向

电子学位论文编目的发展方向主要体现在以下三个方面:

A. 在现有的元数据元素集中增加或扩展出新的、有用的元素(如:参考文献),得以丰富电子学位论文元数据标准并促进文献资源在学术界用户中的利用。

B. 将描述性元数据与其他标准或框架相结合,如:元数据编码与传输标准(METS)中的管理元数据,保存元数据实施策略(PREMIS)等,对电子学位论文整个生命周期给予关注,以促进电子学位论文持久的保存、管理与利用。

C. 最大程度地推进不同元数据标准间的兼容,在一个更为有效的平台上实现相互转换,以促进不同图书馆与情报机构间的无障碍数据交换。

4.3 学位论文的读者服务工作

无论从资源的入藏与配置、文献的开发与利用还是服务的多元与便捷等方面来看,图书馆事业在发展过程中都必须凸显其存在的价值——以读者为中心。以读者为中心、为读者服务是图书馆的终极目标、根本目的、一切工作的出发点和归宿。正如美国图书馆学家谢拉所说,服务是图书馆的基本的宗旨。当前图书馆事业的发展方向已经由资源为主轴转向以读者服务为重心,全面围绕读者的合理需求组织开展图书馆工作。对于图书馆采集、整理的学位论文资源，实现其馆藏价值的最佳方式就是有效地开展读者服务。

4.3.1 学位论文读者服务工作概述

学位论文读者服务工作（亦称用户服务）是指图书馆及情报机构根据读者对学位论文的需求，向读者（用户）提供学位论文和相关信息服务的各项活动，如：学位论文的借阅、宣传报道、阅读辅导、文献检索、网络信息导航，以及读者发展、读者研究、读者培训工作；此外，还包括各类信息与知识的参考咨询工作，如：科技查新、专利查新、定题信息服务等。简言之，学位论文读者服务工作的目的就是通过对学位论文的开发，为读者提供有效的信息服务。从发展历程来看，学位论文读者服务经历了从封闭到开放、从借阅服务到参考咨询服务、从信息服务到知识服务、从单一馆服务到馆际服务、从到馆服务到馆外服务、从纸质文献服务到电子文献服务的发展过程。目前，学位论文服务方式电子化、网络化、集成化、国际化已经成为学位论文服务工作发展的新趋势。相关调查显示，无论是高校图书馆还是国家图书馆及其他信息机构，学位论文已成为最受读者青睐的文献信息资源。面对如此巨大的读者需求，全面提升学位论文读者服务工作的质量与效益已成为衡量现代图书馆服务水平的重要标志。

学位论文读者服务工作是图书馆整体读者服务工作的重要一环，它主要通过开发利用学位论文及其他资源，去组织调研需求，服务社会，帮助读者有效利用学位论文，并从中获得知识、掌握信息，以实现学位论文的社会价值。是图书馆联系社会、服务社会的纽带，体现着图书馆的性质与功能，其社会意义在于：

第一，促进科学发展。学位论文具有某一学科的科学总结，或者某一学科的科学创新。开展学位论文读者服务工作，可以使科研工作者便捷地获取信息、从学位论文内容中开拓科研思路，将学位论文的创新思维转变成生产力，进而促进科学技术的发展与社会进步。

第二，推动教育发展。研究生教育是高等教育的重要组成部分，硕士学位论文与博士学位论文是研究生教育的重要成果。开展学位论文读者服务工作，可以开放展示研究生教育的发展及其成果，不断推动研究生教育事业的发展。

第三，促成人才的自我成长。学位论文读者服务最主要的对象是在校本科生和研究生，他们通过图书馆查找、阅读大量相关专业的学位论文，借助翔实的数据分析、反复实验，撰写具有创造性的学术研究成果。以充实知识，开发潜能，提升自我价值，去实现人生征程的一次重要飞跃。

4.3.2 学位论文读者服务工作的特点与原则

(1)工作特点

学位论文读者服务工作专业性较强,与其他文献类型的服务工作相比具有鲜明的特点:其一,学位论文学科广泛,前沿性、创新性强,新知识、新观点、新技术层出不穷。这就要求学位论文读者服务工作与时俱进,跟进科学发展与变化。其二,读者广泛,层次较高。其中,既有党政领导人,也有学术权威与青年学子。他们中间很多人都具有丰富的专业知识、较高的外语水平和较强的计算机操作能力。这就要求图书馆工作人员能够在更高的起点上帮助他们解决疑难问题。其三,学位论文内容专深,专业性强,读者知识层次较高,为此,必须逐步建立学科馆员的服务团队,具有一门或一个领域专业知识方能受到读者欢迎,保证读者可以从学科馆员那里获得专题咨询、资料综述等专业性的服务。凡此种种,都需要我们不断探索学位论文读者服务的新方法、新特点,不断提高服务能力和服务质量,满足读者不断变化的需求。

(2)基本原则

学位论文读者服务工作是架设在读者与藏书之间的桥梁,读者服务水平的高低,直接关系到学位论文被利用的程度以及满足读者需要的程度。为了满足读者对学位论文资源的需求,提高读者服务工作的质量,除应贯彻"服务至上"、"读者第一"等图书馆界普适性服务原则外,鉴于学位论文资源建设与读者服务工作的特点,在开展学位论文的服务过程中还应遵循以下几点服务原则:

A. 充分服务

所谓"充分服务",就是全面开发利用学位论文资源,最大限度满足学位论文读者的阅读需要。这里有两层意思:一是学位论文作为一种文献资源,其自身的价值只有在使用中才能得到实现。唯有提高学位论文使用频率,才能彰显其社会价值。二是学位论文服务工作要紧紧围绕读者(用户)需求展开,以多层次、多渠道、全方位满足读者需求为工作的出发点和归宿。这就要求在服务工作中采取各种有效措施,创造性地开展学位论文服务工作。充分服务要从以下几方面入手:

第一,扩大读者服务范围,提高学位论文使用率。有调查显示,除国家图书馆学位论文服务向社会开放外,我国只有51%的学位授予单位图书馆向社会开放(见3.2高等院校学位论文资源建设与服务)。这不仅限制了学位论文的知识传播,而且造成了文献资源的浪费。因此,学位论文服务工作要走出窄小的读者群,树立为所有社会成员服务的意识,以增加读者数量,扩大学位论文利用的覆盖面。

与此同时还应扩大学位论文读者服务的内容与领域，诸如：扩大中、外文学位论文以及相关学术资源（期刊、杂志、学报等）数据库的获取途径等，向读者展现全方位、多元化服务。

第二，做好学位论文的宣传报道。由于学位论文是非正式出版物，印数有限，流通渠道相对较窄，一般只上交学位管理部门、国家法定收藏机构或用于业内同行交流，读者难以查询。因此，要通过目录、题录、提要、索引等二次文献信息以及宣传推广活动，吸引更多的读者利用学位论文。

第三，跟踪读者需求的发展与变化。读者需求是学位论文服务工作的原动力，只有关注与研究读者需求特点及其发展变化，密切跟踪读者的现实需求和潜在需求，才能顺利地把图书馆服务推向社会，再把读者的需求拉回来，不断的"推拉"形成并促进了服务与需求的互动，生生不息地为读者提供充分服务。

B. 区别服务

区别服务即个性化服务，就是区别不同读者需求，有针对性地开展学位论文服务工作。学位论文读者中既有在校学生、教师，又有机关、企事业单位研究人员，他们的工作性质、业务范围、知识状况、研究领域、利用文献的能力、心理特征和职业各不相同，对文献的需求亦不相同。为此，通过对学位论文读者阅读需求的详细调查，了解分析读者需求层次、学科专业及阅读特点，是做好学位论文针对性服务的关键。区别服务，就是要克服服务工作的一般化，特别是粗放、简单的服务操作，要讲求科学方法和需求特点，所谓"一把钥匙开一把锁"，对学位论文服务对象、内容、方式进行科学论证，不能盲目；要注重图书馆服务本身和读者需求的差异，按照不同类型、不同层次、多种方式开展学位论文服务，如可以根据不同读者需求开展外借服务、阅览服务、复制服务、检索服务、学科知识服务等。公共图书馆（尤其是学位论文的法定呈缴机构）开展区别服务，应以全面、系统地入藏的学位论文及相关资源为基础，否则就无法针对读者不同需求开展个性化的知识服务；高校图书馆与专业科学图书馆则应突出资源特色，以建立本校本学科专业学位论文特色馆藏为基础，通过分析研究学生与教师的需求心理，满足他们的阅读需求。

C. 主动服务

主动服务原意是指企业员工在与一切企业利益相关的人或企业的交往中所体现的为其提供热情、周到、主动服务的观念与意识。图书馆的"主动服务"是相对于"被动服务"而言的，它是图书情报机构在读者（用户）尚未提出阅读要求时，自觉而主动地为读者提供文献信息服务的一种方式。随着网络社会的发展，图书馆的服务理念、服务模式、服务手段都发生了根本的改变。图书馆的读者服务工作已经从单向度的柜台式服务（被动的文献借阅与接受咨询）转向多元化的交互式服务，从“被动服务”转变成个性化的主动服务。学位论文的读者服务工作也不例外。学位论文服务工作者（或学科馆员）应主动“走进”读者，加强与读者的直接沟通与互动，推介学位论文的服务项目，征询读者对图书馆的要求与意见，及时将读者的需求回馈转化在服务体系中；主动推介文献知识内容，努力解决读者疑难。既担负信息、知识的提供者，还力争做读者学习的指导者以及科研的协助者等多重角色。此外，在与读者的互动交流方面，借助信息与网络技术的发展，在交互方式上多样化，力求有深度、有针对性。主动服务对于改进与加强学位论文读者服务工作，提高服务质量，具有十分重要的意义。

D. 延伸服务

由于学位论文中体现的科研成果多具有开拓性、前沿性、应用性，在一定程度上反映了特定专业领域的最新研究进展，很多研究涉及我国经济建设和社会发展，因而图书馆及信息机构在组织服务时应优先考虑如何分层次地向读者展示学位论文相关研究成果，以利于学术信息的快速传播。这需要图书馆服务人员站在学科发展的角度上看待问题，在服务的“背后”做足功课。如即时关注国内外相关研究热点的科研进展并与馆藏文献相关联，借助编目、标引等手段对文献的内容进行有效且丰富的揭示，力求为每一学科领域的目标读者群体提供具有较高学术价值的文献资源。此外，还应前瞻调研、预测读者对于信息提供与知识服务方面的新需求，随时跟进国内外图书馆行业在服务模式与技术方面的发展动态，并根据实际情况“为我所用”，使服务工作周而复始，不断延伸与深化，进一步促进学位论文读者服务的便捷化与高效化，提高读者的服务满意度。

E. 承诺服务

承诺服务是主动服务的深化。承诺，以诚信为本，旨在明确学位论文服务职责，为读者获得服务实惠。承诺服务能够克服传统服务工作仅流于“读者第一”等空洞口号，而无法落实服务行为，以及常见的所谓“没有”、“不知道”等推诿责任、敷衍读者的服务流弊。学位论文承诺服务原则可以根据实际情况而定，诸如，凡读者咨询必需在“?”小时内回答、馆际互借保证“?”天内实现等，凡通过各种努力尚无法解决读者问题者应具体说明，表示歉意，并建立服务效果反馈系统。承诺服务的目标应为“兑现大于承诺”。若能如此，读者将对图书馆服务树立信心，同时产生“图书馆意识”，提升对图书馆学位论文服务工作的忠诚，表现在对图书馆社会作用的认可、对图书馆热爱的情感、对图书馆学位论文信息需求的意向，以及自觉接受图书馆服务的行为。

F. 联盟服务

随着我国学位与研究生教育的蓬勃发展，学位论文读者的数量迅猛增长，读者需求层次日益多样化。在这种形势下，单靠某一馆的服务很难满足不同读者的不同需求。因此，各图书馆要共建学位论文馆藏，依靠群体，开展学位论文联盟服务。诸如，馆际互借、联合咨询，通过参与国家学位论文网络服务平台（门户网站）建设，为读者提供实时有效的信息，满足读者的特殊需要。

4.3.3 学位论文读者分类与需求

学位论文资源建设的终极目标是为读者提供信息服务。服务的对象是读者，读者的需求是学位论文读者服务工作的前提与关节点。学位论文的读者主要是学生、教师、科研人员，为了能最大限度地满足读者阅读需求，提高服务工作的质量和读者满意度，图书馆及情报机构必须重视研究和掌握各类型读者的阅读需求，以确立服务原则，有针对性地开展各种相关服务。

（1）学位论文读者的类型

图书馆学位论文服务必须对自己的服务对象（读者、用户）进行深入研究。因为各类型图书馆性质、任务不同，会形成相应的不同类型读者群。而不同类型读者群当具有自己的阅读需求。以下分别对不同类型的图书馆学位论文读者群进行说明：

A. 高校图书馆

学位论文读者一般为本科生、本科以上学历研究生及教师，阅读目的除日常学习外（例如，结课作业），主要在于撰写毕业论文、学术论文、科研报告等。

B. 专业图书馆

学位论文读者一般为硕士及硕士以上学历研究生，高校、科研院所的研究人员，阅读目的主要是撰写毕业论文、学术论文以及科研项目的研究报告等。

C. 公共图书馆（含国家图书馆）

学位论文读者虽含所有社会人员，但仍以高学历者及研究人员居多。以国家图书馆的一项调查为例：学位论文读者中具有本科及以上学历的读者占到97.1%（硕士占58.3%，博士占24.1%），其中以“撰写论文”为目的的读者所占比例最高，达到71.6%，其次是“科学研究”，占47.4%。

（2）学位论文读者需求特点

从以上各类型图书馆读者群可以看出，学位论文读者主要是以高校学生、教师以及科研人员为主。他们利用馆藏的目的（阅读动机）基本上可分为两种类型：研究型读者与应用型读者，其中研究型读者阅读学位论文的基本目的是为了解本学科最新发展动态，开拓新的知识领域，进行创造性的探索，以促进自己的科研和教学；应用型读者阅读学位论文的目的则为解决各种具体问题。他们的需求特点如下：

A. 研究型读者的需求

研究型读者阅读需求是为了解决某一研究课题或完成所担负的具体科研任务而产生的阅读需求。这类读者一般是中高级科研人员与学校教师，其阅读需求特点往往是围绕研究内容和教学内容开展阅读活动，以便了解研究动向，把握学科专业前沿。此类读者需求所涉及的阅读范围体现于长期稳定的专业需求，同时，在某一发展阶段也因科研课题的转移具有明确的指向性，往往具有为完成特定任务而执著追求的特点。也就是说，研究性读者一般都是根据自身的专业需要，阅读特定学科或研究领域相关的学位论文。例如，在选题阶段，科研人员多通过学位论文检索与查新，了解该选题的研究进展、研究成果及发展趋势，决定是否有继续深入研究的必要；调研阶段，研究型读者在选定课题的基础上，需要掌握与研究课题相关文献信息，包括课题国内外研究现状的资料、数据，以启迪思路、扩大视野、形成新的知识；总结或撰写论文（或报告）的阶段，核对已查询的资料，进行筛选等。在这些课题研究阶段中都需要图书馆工作人员提供相应的有针对性的学位论文资源服务。在文献内容上，既需要提供与研究课题有密切关系的专业文献资料，也需要提供相关学科的文献资料。在文献时限上，既需要提供最新、最近的文献资源，同时还要求提供内容新颖、时效性强、使用价值高的文献资料。

B. 应用型读者的需求

应用型读者的阅读需求，一般属于从事学习、工作和毕业论文撰写中遇到的具体问题所提出的文献需求。这类读者阅读需求除强调时效性、实用性等特点外，还具有以下特点：①所需文献涉及的学科范围广泛，不同专业的用户需要不同的文献；②所需文献有较大的不确定性，取决于所学课程（学校相关）或实际分配的任务（企业相关）；③经常需要具体的文献资料，咨询服务特别受到他们的青睐；④迫切需要尽快获得所需文献资料，但往往缺乏图书情报学知识以及文献检索技能，需要服务人员更多的帮助。

4.3.4 学位论文服务工作的内容

在传统的阵地服务与文献提供服务的基础上，现代学位论文读者服务的工作体系和内容可具体区分为：借阅服务、复制与传递服务、参考咨询服务、网络（数据库）服务。

（1）借阅服务

学位论文借阅服务是图书馆最基本的服务内容，一般称为图书馆工作的"第一线"。图书馆学位论文服务工作水平以借阅服务工作的质量高低为起点。

①阅览室服务

阅览室服务是读者利用学位论文的主要途径，读者可借此直接查阅学位论文原作的纸质拷贝、缩微制品或电子版本，还可以现场得到工作人员的辅导或其他形式的帮助。学位论文阅览服务方式包括闭架阅览、开架阅览、半开架阅览。阅览室服务应具有如下特点：

A. 环境良好

学位论文阅览室可以为读者查阅文献营造出良好的外部条件：宽敞的空间、舒适的桌椅、精良的设备、整洁的环境、安静的气氛。因此，在众多可供选择的学习场所中，阅览室最受读者欢迎。

B. 馆藏直观

学位论文阅览室为读者展现"超市"式的开放服务，读者可直观不同年代、数量众多的各种载体类型的学位论文，并提供种类繁多的工具书与参考书等实体文献以供读者参阅，例如，学位论文目录与学位论文提要。

C. 使用方便

读者可根据专业、课题研究的需要，通过阅览室的联机公共目录查询系统（OPAC）自行查询与特定知识、信息相关的学位论文文献，还可使用阅览室提供的特殊设备（如计算机设备、缩微阅读设备、视听设备等），访问与学位论文本体相关的资源（包括学位论文所附带的计算机文档、音频、视频资料等）。阅览室为读者利用学位论文资源，提供便捷的服务条件。

D. 交流顺畅

通过提供阅览室服务，图书馆员直接接触读者的机会增多，便于直接交流互动，观察了解不同类型读者的阅读需要、阅读倾向、阅读效果，有针对性地进行学位论文的推荐，开展导读、参考咨询等服务（例如，OPAC 及学术搜索引擎的使用），并听取读者的诉求，促进和谐阅读，及时整改服务工作。

②外借服务

学位论文外借服务由图书馆将部分学位论文进行出借，以满足读者馆外阅读。这种服务方式，读者可根据自己的需要挑选学位论文，办理相关手续后借出（包括：身份认证—文献检索—预约—获取），并在规定的期限内归还。外借服务作为图书馆的一项基本的、具代表性的服务工作，是读者利用学位论文的主要途径。

A. 个人外借

个人外借是图书馆外借形式中最主要的服务方式。读者可以凭图书馆发放的借书证，以个人读者的身份在图书馆设置的外借处借出学位论文。

B. 集体外借

集体外借是图书馆面向群体读者的服务方式。群体读者按照图书馆的规定办理集体借书证，然后由专人负责，代表集体成员或读者单位向图书馆借书处外借批量的学位论文，以满足集体读者和单位读者共同阅读的需要。

C. 馆际互借

馆际互借指在图书馆之间为满足读者的阅读需求，互通有无，共享资源，帮助读者借阅学位论文的一种服务方式。鉴于学位论文产出数量大、机构分布广泛，采集困难，仅靠某一图书馆（特别是高校和专业图书馆）很难将全部学位论文收藏齐全。唯有通过各图书馆之间以学位论文互借的方式去弥补某一馆藏的不足。这样既可避免学位论文采集的重复浪费，又能实现学位论文资源优势互补，形成强有力的学位论文保障体系，最大限度满足用户对学位论文的文献信息需求。目前，国内外的图书馆均以签订馆际互借协议，读者通过提交在线表单（Web Form）的形式，完成互借申请，最后经由邮寄或直接外借等方式，借阅所需学位论文。

（2）复制与传递服务

①复制服务

复制服务是图书馆利用静电复印、缩微摄影或数字化技术等方式，向读者提供文献复制件的服务工作。复制服务是传统外借、阅览服务的补充和延伸，为各类型图书馆广泛采用。它能满足读者对特定文献作为自己的收藏，自由使用的需要，在节省读者获取文献的时间、加快文献传递速度、开发文献利用的深度等方面，都起着积极作用，是最受读者欢迎的服务方式之一。应该指出，学位论文复制服务一般限于图书馆与学位论文作者（或学位授予单位）已签订的使用授权协议，允许对学位论文中的部分内容进行复制，目的在于读者学习和研究需要，与现行版权法有关对原作品的"合理使用"原则相符。图书馆的复制服务因材料与设施消耗，根据国际惯例需作复印材料的消耗补偿，一般按复印数量多寡向读者收取一定费用。目前各国图书馆对于学位论文篇幅的复制"尺度"（复制内容占原文内容的最大比例）有所不同，例如，俄罗斯国立图书馆规定"打印电子版学位论文不能超过总页码的15%"，我国图书馆一般规定"对于纸质学位论文的复印页数不超过原文总页数的30%"，作为"合理使用"范围。

②文献传递服务

文献传递服务指将读者所需的学位论文复制品，以有效方式和合理费用，直接或间接传递给用户。这是一种非返还式的文献提供服务，它具有快速、高效、简便的特点。文献传递依靠信息技术，从传统的邮局投递包裹方式发展而来，优于其他方式的馆际互借服务。图书馆提供的学位论文传递服务可以满足读者对于学位论文文献长久的利用，在一定程度上促进了学术信息的传播、交流。学位论文传递通常是由学位论文作者将原作复制品的使用权授予图书馆或图书馆服务商，再由后者向读者提供学位论文不同载体类型拷贝的订购服务，当前可以利用的学位论文传递的手段主要有：

A. 纯手工方式：平信发出请求—复印文献—快递寄出文献。

B. 半手工方式：传真发出请求—复印文献—传真文献或快递寄出文献。

C. 自动化方式：电子邮件发出请求—FTP 传送/Ariel 传送或快递寄出文献。

D. 网际文献传递系统：完全通过互联网的文献传递业务系统，包括自动传递文献请求和自动结算费用等许多复杂功能。

(3)参考咨询服务

参考咨询服务，或称参考工作，是面向高层次、多需求读者(含集体读者)提供的具有一定深度和广度的专题信息与知识服务。参考咨询服务是读者服务工作的深化和拓展，体现了图书馆服务的情报职能与增值作用。学位论文参考咨询服务是以学位论文为根据，通过个别解答的方式，有针对性地向读者提供学位论文、学位论文相关知识或学位论文获取途径的一项服务工作。

①服务方式

学位论文参考咨询服务方式主要分为传统咨询与网络咨询两大类。

A. 传统咨询。指使用计算机技术和网络通信技术之前，局限于文献，特别是书目、索引、工具书的参考咨询服务方式，常见的有咨询台咨询、电话咨询和书信咨询。

a. 咨询台咨询。是与读者面对面的口头咨询，由于直接交流沟通，从咨询内容到读者思想感情完全得到充分袒露，而深受读者欢迎。其咨询工作按照问题的难易程度、资源利用方式以及文献专业类型等标准划分，一般设立总咨询台和学科专业咨询台。总咨询台通常设在明显的位置，接受读者咨询，解答简单问题并引导读者接受进一步的咨询服务；专业咨询台多数分散在各个专业阅览室，属于阅览、外借、藏书、参考咨询相结合的“一条龙”服务形式。它视专业人员、文献资源等条件设立咨询台并配置相应设施。

b. 电话咨询。是读者从馆外获取图书馆信息最便利、最常用的渠道，限于解答一般的公共信息问题，也可借此引入其他更为专深的学科专业参考咨询。电话咨询多为设专线定点，对咨询问题解答要求快速、及时，语言表达准确，具有良好服务态度和一定的知识水平。

c. 书信咨询。是读者以信件的方式向图书馆进行咨询，属于远程咨询的一种常用方式。随着电话、网络的普及，利用这种咨询方式的读者越来越少。

学位论文的传统咨询服务，大都通过总咨询台指引读者前往学位论文阅览室，由学位论文阅览室的专业人员提供专业咨询，同时解答电话、书信咨询。

B. 网络咨询。网络技术的迅速发展和应用，使传统参考咨询的提问和解答方式发生了巨大的变化，以下各种网络参考咨询方式在学位论文读者服务中的应用，有助于在解答读者咨询时获得事半功倍的效果。

a. E-mail 方式。利用 E-mail 提问和解答是最简单和最流行的网络参考咨询方式。一般是在图书馆主页上设立“参考咨询”或“咨询馆员”的链接，上面有咨询员的 E-mail。读者点击链接就可直接将问题以电子邮件的形式发送给咨询员，咨询员在限定时间内将答案发回到读者信箱。利用 E-mail 开展参考咨询服务，不受时间、地点、区域和空间的限制。而且方便、快捷、及时、私密性强。

b. 在线表单咨询方式。在线表单咨询也是网络参考咨询服务的常用方式。读者按要求下载并填写表单，提出问题和信息需求，发送给图书馆的咨询员，咨询员在限定时间内对读者提出的问题给予解答回复。由于表单上一些字段的限制，读者提问语言应简练、清晰、具体，通过表单提问可以避免大量垃圾邮件的侵扰。

c. FAQ 信息服务。咨询馆员根据长期参考工作实践经验和对读者的调查，将读者在使用图书馆时经常会遇到的或最可能咨询的问题汇集起来，建立了常见问题解答数据库，读者有问题时可以首先参考该库的有关内容，解决不了才向参考咨询馆员进行咨询。这样可以大大节省读者和工作人员的时间。

d. 电子公告板系统（BBS）。BBS 是图书馆的一种虚拟参考咨询服务方式，注册读者可以在这个系统中提出自己的问题，发布在网页上，咨询员则定期浏览，并实时同步解答，也可以留言回复。

e. 虚拟参考咨询实时服务。为了在网络参考咨询中保持传统面对面的实时交互的优点，可以开展基于互联网的同步咨询式服务，目前采取的主要形式有：网络聊天室、网络白板、网络视频会议和网络呼叫中心等。读者和咨询馆员通过聊天室进行交流，可以显著促进咨询服务的互动性，极大地提高咨询服务质量。

②服务内容

从内容上划分，学位论文的参考咨询可分为基础咨询与高级咨询。

A. 基础咨询。指一些常规性服务项目，例如，关于规章制度的介绍、检索技能的培训、学术搜索引擎的提供等，其目的在于为读者提供基本的信息线索，指导读者利用图书馆，方便读者获取文献。此类咨询的服务对象多为应用型读者，例如，撰写毕业或结课论文的高校学生。

B. 高级咨询。指专门性、有针对性的咨询服务，具有科研与学术指向性，不限于提供文献线索与文献本身，属于某一课题有关的信息，诸如，数据图像、人物、史实、动态等，往往超文本、跨时空，必须通过网络搜索、文献开发以及专家参考咨询。此类咨询的服务对象多为高级专业人员，诸如科研人员、大学教师（教授）等研究型读者。高级咨询服务一般包含以下几项内容：

a. 高级检索。基于文献内容或文献内容特征的检索，比如：主题词、关键词、分类号等，有时要运用逻辑连接词或检索算符，需要掌握一定的检索技术与技巧，从而帮助读者检索目标学位论文。

b. 科技查新。科技查新服务是针对某一研究课题，通过查阅国内外大量的相关文献（不仅是学位论文），对这些文献进行总结和归纳，并将该课题与总结、归纳的结果进行比较，从而对课题的新颖性进行判定。

c. 定题跟踪。是在读者的某一研究课题的研究过程中定期或不定期地连续为其提供文献信息的过程。一方面，要跟踪某一课题相关学科（专业）的发展前沿，例如，近期权威的学术会议所发布的信息；另一方面，跟踪某一课题本身的研究进展，围绕该课题的研究情况实时地提供相应的文献、信息与知识。

d. 情报汇总。指根据科研人员的某一课题，查找相关的一系列文献，对其进行总结、分析，确定该课题目前的研究热点、未来的发展方向，并撰写出相关的文献述评，供科研人员作参考之用。

（4）网络（数据库）服务

20 世纪 90 年代起，随着现代信息技术在图书馆的不断应用，学位授予单位、学位论文收藏单位以及商业公司开始进行学位论文的网络数据库建设，由此，在线电子版学位论文（数据库）的服务在图书馆广泛开展起来，其服务方式分为学位论文局域网服务方式和学位论文互联网服务方式。

①局域网服务方式

局域网是指一种覆盖一座或几座大楼、一个校园或者一个厂区等小范围区域的计算机网。提供局域网服务的学位论文数据库的建成方式主要有两种：一是订购由商业公司以营利为目的建设的学位论文数据库（如：CNKI《中国优秀博硕士学位论文数据库》、ProQuest 公司的 PQDT 数据库），图书馆可根据经费情况及读者需求确定购买学位论文的整体或一部分；二是自建数据库，学位授予单位和学位论文收藏单位依托自身资源，为了方便利用，自行建立学位论文数据库，例如，我国众多高校图书馆通过 TRS 或 TPI 系统建成的学位论文的本地库。

商业数据库一般仅允许在图书馆局域网范围内提供读者服务，读者检索、下载必须到图书馆电子阅览室或学位论文阅览室进行操作。各单位自建的学位论文数据库，由于版权问题，部分数据库也只能提供局域网服务。

图书馆在局域网所提供的学位论文数据库服务，一般在电子阅览室、数字资源共享空间或学位论文阅览室安置计算机、打印机等设备，以便于读者检索、查询、下载、打印等使用。

②互联网服务方式

互联网是指由多个信息网络（广域网、局域网及单机）相互连接而成的最大的开放式计算机网络。学位论文互联网服务方式没有馆区、校区的限制，凡是网络能够连通的地方，读者都可以通过学位论文数据库进行文献资源的查询。由于存在知识产权保护的问题，一些数据库仅提供书目数据与文摘索引，或是学位论文前20—24 页的浏览，不提供全文下载。随着互联网的发展以及研究型读者对于学术信息共享日益迫切的需求，国际上越来越多的科研、教育、信息机构选择创建具有开源性质的机构库①为读者（用户）提供高效的服务，包括全文的浏览与下载。

目前，世界各国非常重视学位论文的网络化服务，纷纷整合国内学位论文资源，建立了依托于学位论文数据库的门户网站，为读者提供全方位的学位论文服务。

在图书馆设置的可访问互联网的终端机上，读者不仅可检索国内相关的学位论文数据库，还可以访问各国高校图书馆的机构库以及国家学位论文门户，从而可获得最新、最前沿的学术资源。

4.3.5　学位论文读者服务的发展趋势

随着社会的发展与科技的进步，特别是网络信息、数据库等新技术在图书馆界的广泛应用，图书馆学位论文读者服务发生了根本性的变化，除传统的服务内容外，正越来越多地以主动参与的姿态，面向新的学术信息需求，并致力于将服务与

---

① 机构库（Institutional Repository，简称 IR），又称做机构知识库、机构仓储，是基于机构的服务，对机构所创建的内容进行存储、传播、管理和监管。

读者自身的活动进行有机的融合。目前,图书馆学位论文读者服务工作的发展趋势可分为以下几个层面。

(1)实行用户导向性的学位论文资源整合与建设

①促进学位论文电子化进程

为提升读者(用户)在网络环境下对学位论文资源的利用率,图书馆正不断强化电子学位论文(ETD)建设。加大纸质资源数字化力度,逐步建立电子学位论文机构库,提供本地(馆)读者使用,同时与不同图书馆系统间基于 OAI 的数据对接、交换,从而有助于学术资源的流通,为研究型读者的科研工作带来极大的便利。

②建立功能多样化的学位论文门户网站

学位论文门户网站是学位论文收藏单位运用网络、计算机、数据库、信息传输等新技术搭建的网络服务平台,能够提供全方位的学位论文服务。它既是学位论文作者提交研究成果与使用授权的窗口,又是学位论文读者获取文献以及附加服务的"知识仓储"。在门户网站的功能设置方面,除提供相关索引与全文服务(学位论文文摘、目次与全文的阅读与下载)以及文献的远程传递服务外,还应在特色化与个性化服务层面进行创新,使读者不受时空、地域的限制,最大程度地享受图书馆学位论文的服务。例如:

A. 开展多元化浏览导航。读者可通过学科、名称规范(导师、学位授予单位)以及年代进行文献的浏览与选择;学科导航应突出层次性与系统性。

B. 优化网络检索界面。帮助读者简单方便地检索所需的学位论文。

C. 建立"个人藏书架"功能。包括读者的学位论文下载清单、检索历史、研究领域、查询网页设定等。

D. 设置"用户电邮通知"。定期向读者发送电邮告知其近期新上线的电子学位论文。

(2)创建开放交互式馆员—读者联络平台

开放交互式馆员—读者联络平台,指通过 Web2.0 提供的各种技术手段实现学科参考咨询的开放性与互动性,这也是现代图书馆学位论文咨询服务新的发展趋势。

①创建博客(Blog)系统。鼓励咨询馆员、知名教授和一些比较活跃的研究生在该系统中建立 Blog,介绍各个学科的最新发展动态、各学科馆员和知名教授关注的研究方向以及学生在学习过程中遇到的问题等。

②创建 RSS 系统(新闻聚合系统)。即利用 RSS 信息聚合功能,按学科分类将 Blog 系统的各个学科 Blog 信息聚合起来,使这些杂乱的信息有序化,实现外部信

息的聚合和自身资源的标准化发布,以满足读者(用户)快速、准确地找到所需信息的需要。在此基础上,还可以广泛收集各个学科知名学者的 Blog,并将其聚合到 RSS 系统。

③创建 Wiki(维基百科)系统。为防止 RSS 系统中一些有价值的学术信息湮没在庞大的信息海洋中,需要一个平台去整合杂乱的信息并系统地显示出来。Wiki 系统的创立为用户提供了一个可以共同创作的百科全书平台。由咨询馆员引导,众多读者(用户)共同参与,把学科 Blog 中有价值的学术信息、学术观点按照百科全书式的条目整理到 Wiki 系统中,并对这些信息加以提炼、创新。

应该指出,上述系统的应用与门户网站的读者服务不是相互隔离的,须形成一个在线服务的有机体(如:通过链接的形式)。

(3)开展对读者科研、教学活动的主动性渗透

学位论文作者本身也是潜在的图书馆读者。随着各学科、领域的发展不断走向深入、细化,图书馆的学位论文服务应延伸至学位论文的产生过程及其他相关的科研与教学活动中,从而拉近服务馆员与科研工作者的关系,直接满足用户的信息需求。从国外图书馆服务的发展趋势来看,主要有以下两种"渗透"行为:

①融入科研活动全过程。学科馆员参与到科研活动的全周期。例如,科研筹备阶段促进跨学科合作研究、提供基金申请咨询与支持;科研进行阶段提供深度学科咨询和各种科研工具的应用;科研成果产出阶段提供学术出版传播和数字化服务;科研结束阶段提供数据监管与存档服务等。

②参与课程教学环节。学科馆员参与教学培训,包括开设内容丰富的讲座,从事与课程相关的合作教学,针对学科或课程制作网络指南,提供信息素养教育咨询等。此类行为的主旨是针对不同学科与各类读者需求,将信息素养教育整合到大学教学环节之中。

4.4 图书馆对从事学位论文工作人员的岗位要求

4.4.1 自觉的奉献精神

图书馆是社会文化教育机构,为全社会人服务当属图书馆人的天职,每一个从业者务必树立"我为人人"精神,自觉奉献,建功立业;图书馆又是公益事业,不计成本,不讲赢利,唯以出色的奉献,才能取得"人人为我(图书馆)"服务的支持与肯定。为此,学位论文工作人员(以下简称馆员)应提倡"君子安贫,达人乐道"精神,即品德高尚者舍得清贫、艰苦;通达事理人,明白自己的职业使命。对学位论文工

作的自觉奉献，首先表现在热爱职业。鉴于学位论文工作集学术、技术、事务于一体，往往繁琐、复杂、重复，必须不厌其烦，不畏其苦，从中培育乐趣，持之以恒，进而执著职业，守望岗位，方能事业有成，充分体现自己的人生价值。

4.4.2 合理的知识结构

馆员自身的知识结构对学位论文的建设与服务工作的开展起着至关重要的作用，既包括良好的图书馆学、情报学的专业知识，又要有广博的知识视野，对各门学科知识有综合性、全面性的了解与掌握。

(1)对采访馆员

应掌握图书馆学基本知识，尤其要了解有关藏书建设方面的基础知识，对本馆的性质、任务与服务对象等有全方位的了解；还必须熟悉服务对象相关的学科专业知识，跟踪各个学科专业的发展，并掌握学位论文产出的动态，这就需要不断完善自己的学科知识结构，方能从林林总总的信息中加以梳理，进而寻访、觅取。

(2)对编目馆员

不仅要具有扎实的文献学、目录学、主题法、分类法等图书馆学基础知识，还需要具有计算机科学、信息科学等相关学科知识，以及地理、历史、法律、文学等一般知识。只有具备了完善的知识结构与广博的知识面，才能启迪思路，对学位论文内容进行分析、判断、正确揭示，对各个学科与专业领域的学位论文进行准确的著录与标引。

(3)对参考咨询馆员

应具有某一学科的专业知识，达到学科馆员水平，并掌握信息服务的相关知识，方可胜任参考咨询工作。参考咨询馆员的专业知识，不仅要靠自身不断的积累，更要靠掌握多种检索手段，这是参考咨询馆员的基本功。熟练掌握信息检索工具，包括联机目录、搜索引擎、数据库、网络资源、印刷版和电子版的参考工具书等；还应熟悉读者的初级信息搜索模式和行为，以及与读者亲身或通过其他渠道沟通的公关知识、版权与知识产权知识等。鉴于未来学位论文服务的核心是针对学科或研究领域的个性化服务，参考咨询馆员的学科专业背景直接影响到其对读者信息需求的理解以及对学科信息的捕捉与甄别，这就要求参考咨询馆员除了拥有某一学科（专业）的知识以外，对于其他学科领域的知识也要有所了解，能从事各类学科信息资源的服务工作，为读者提供主动、有针对性的服务。

4.4.3 良好的信息素养

人类进入信息社会以来，信息、知识、智慧、创新在社会经济和社会生活中的重要性比以往任何时候都要突出。有诗云:智慧在何处/我们是否在知识中失去了智慧/知识在何处/我们是否在信息中失去了知识。在智慧 - 知识 - 信息的链条中,信息是基础,知识是核心,文献则是信息与知识的载体。一个图书馆员应具备良好的信息素养,善于捕捉信息、组织信息、加工信息、利用信息。正如美国图书馆协会(ALA)提出:具有信息素质能力的人,能够充分地认识到何时需要信息,并能有效地检索、评价和利用信息。对于从事学位论文工作的馆员来说,信息素养的构成主要包括:①信息意识——应对学位论文中所承载的学术信息的价值有自觉的敏感性和洞察力,能作出准确的评价;②信息能力——利用信息技术获取、识别以及创造和交流有价值文献信息的能力,即善于分析信息中的知识含量,从中去粗取精,去伪存真,进而开发自己的智慧潜能,进行改革创新;③信息道德——获取信息资源过程中应遵守的信息伦理与信息道德。

4.4.4 较高的计算机与外语水平

计算机在图书馆文献工作中已经得到广泛应用,从事学位论文工作的馆员必须具备一定的计算机操作技能,熟练掌握计算机采访、编目与流通系统的各项功能,掌握网络资源检索与组织利用技术,才能满足网络环境下学位论文资源建设与读者服务的需要。例如,基于 XML 的数字图书馆编码语言与 MARC、DC、MODS 应用的结合;为实现不同编目模式的数字图书馆数据交换与资源共享的 RDF 资源描述框架的运用;通过 URL Links 实现学位论文电子资源与传统图书馆资源集成,并将网络资源集成到在线学位论文的 OPAC 系统中,进而扩展成为学位论文信息门户等。

在全球化、网络化空前发展的今天,随着读者对国外学术资源需求的加大,图书馆以及信息机构都在不断扩大国外学位论文资源的采集力度,馆员需要跟踪、了解、采集国际上科学技术发展前沿的最新动态与信息(图书馆学相关以及服务对象的学科专业相关),对于相关语言特征的掌握是必不可少的,应做到精通一门外语,同时最好能兼顾第二、第三外语,才能保证学位论文的采访与编目质量,有效地为科研工作者提供信息与知识服务。

4.4.5 熟练的工作技能与能力

(1)科学的采集能力

学位论文的采集能力主要表现在四个方面:①具有前瞻性和预见性的战略思维,善于发现有潜在收藏与使用价值的学位论文资源,使馆藏信息资源建设具有超前性。②利用现代化的搜索手段，在浩如烟海、杂乱无章的信息中敏锐地捕捉、筛选出读者所需的学术信息。③公关与协调能力。学位论文采访工作需要调研、访求，经常与学位授予单位打交道，采访馆员良好的沟通与协调能力将有助于学位论文及时、完整的获得。

(2)现代化的编目技能

数字时代的发展对编目员的知识结构与专业技能提出了更高的要求。学位论文编目员不仅要熟练掌握《国际标准书目著录》(ISBD)、《英美编目条例》(AACR)、《中国文献编目规则》、《中国机读目录格式》、《中国图书馆分类法》、《中国分类主题词表》等编目工具，并能灵活自如地运用这些工具与规则对学位论文进行著录与标引。还要了解编目行业的发展前沿，关注国际国内编目的发展动态，不断掌握先进的编目思想与技能，如：FRBR 化的理念，从 AACR2 到 RDA 的转变等，以全面提升自身的职业竞争力。特别是要了解世界范围内电子学位论文编目与数据库共建共享的标准与发展趋势。

(3)信息开发能力

学位论文的服务工作不能只满足于整体文献的提供，还应由表及里挖掘其中的重要信息，如制作学位论文文摘、提要、专题索引等。既要主动搜集、整理与管理信息(包括政府信息、科技信息、市场信息、社会资源信息等)，又能根据读者的需求，有针对性地开展文献的深加工，对学位论文内容加以揭示。在参考咨询服务中，要对文献的内容进行综合分析，具有正反两方面的思维能力，并提出相应的咨询建议，以利于读者获得较为圆满的咨询结果。

(4)科研能力

学位论文的服务工作是智能化的信息与知识活动，是一种创造性的科学劳动。一个合格的馆员必须具备较强的科学研究与服务创新能力，掌握实证研究(通过调研取得数据，以事实证明)与思辨研究(思维观点论述)的方法，不断提高工作效率、服务质量。为取得学位论文读者(用户)满意度、信任度，馆员要利用丰富扎实的图书情报学专业理论与广博的基础知识，不断探索、查询、扫描本行业及相关行业的发展方向，随时掌握最新科研动态，对科研课题进行科学的预测；要善于捕捉信息、挖掘信息，并通过对信息的分析与综合、归纳与演绎，作出前瞻性的分析，为用户提供专业的服务。

(5)知识更新能力

鉴于学科发展迅猛，知识不断新生、微分，专业数量越来越多，而知识的老化比人类还要快。据统计资料显示，19 世纪至 20 世纪，知识老化期为 30 年，近 50 年来已缩短为 15 年，当今图书馆的发展日新月异，从事学位论文工作的馆员应紧跟世界发展潮流，与时俱进，既温故又知新，才能适应21世纪知识经济时代的学位论文资源建设与读者服务工作的需要。为此，必须通过自觉接受继续教育，主动学习新知识，不断提升追踪与充实新知识、新技术的能力，以获得更多的知识积累与更新。

（6）协作能力

图书馆工作采、编、阅、藏等“一条龙”，环环相扣，务必组成和谐共进的团队。各业务环节人员彼此配合，分工协作，团结互助，唯有形成旺盛的团队人气，才能促进、提升读者服务人气。图书馆之间应该营建联盟体，协同一致为全社会服务，公共图书馆、专业组织、信息机构和团体应开展交流互动，共享资源，互通有无，确保读者以最便捷的方式获取所需的学位论文服务（如学位论文资源的馆际互借、区域性学位论文资源共享等），这就需要馆员克服以邻为壑、单打独干的封闭行业作风，具备良好的内外协作与共谋发展能力。

4.4.6 较强的法律意识

图书馆服务方式和服务内容必须顺应网络环境，重视著作权人的知识产权保护问题。凡从事学位论文工作的馆员都应加强著作权法的学习和研究，提高法律意识，努力规避相关的法律风险。学位论文资源建设与服务涉及的知识产权问题一般包括三个方面。

（1）学位论文采集过程中的知识产权问题

数字资源的采集是学位论文资源建设的基础，通常有两种渠道：一是电子版学位论文的采集，包括软盘、光盘、网络版等；二是大型数据库的采集，包括书目数据库、文摘数据库、全文数据库等。其中可能涉及知识产权问题有两个方面：即原生学位论文作者的著作权保护与学位论文全文数据库出版商的版权保护。如未经著作权人许可，采集或加工学位论文数字资源，将有可能引起知识产权风险。

（2）学位论文数字化过程中的知识产权问题

各图书馆对馆藏学位论文（印刷型、缩微型等）数字化，只在于载体形态进行数字化转换，这种转换过程由机器完成，不具有人的创造性劳动，也未产生新的作品，只是一种复制行为，知识产权仍属于原著作权人。然而，复制权是著作权中最核心的权利，是著作权人的专有权利，一般读者未经著作权人许可，对其享有著作权的著作进行数字化处理，将有可能侵犯著作权人的复制权（视其利用目的及复制数量）。

（3）学位论文传播过程中的知识产权问题

经过数字化处理后的学位论文，通过互联网络传播为社会公众服务，为著作权法规定的使用作品方式，属于著作权人合法权益的组成部分。学位论文的著作权人有权决定其学位论文是否上传至网络，以及何时何地上传至网络，提供给社会公众获取该学位论文。未经著作权人的许可或授权，擅自将属于权益人的学位论文上传至服务器进行网络传播，将构成侵犯学位论文著作权人传播权的风险。

学位论文工作人员应提高法制观念和服务意识，坚持“以人为本，利用为先”原则，既尊重作者的知识产权，又要维护读者正当的获取知识、信息的权益，求取作者与读者的利益平衡，注意构建阅读和谐，充分发挥学位论文的社会作用。特别在网络环境下，为顺利开展图书馆信息资源建设，应努力处理好数字化建设中合理使用与著作权之间的矛盾关系及利益平衡。

参考文献

专著:

[1]北京师范大学外国教育研究所. 国外学位制度[M]. 北京:地震出版社,1981

[2](意)利玛窦,金尼阁. 利玛窦中国札记[M]. 北京:中华书局,1983

[3]刘晖,侯春山. 中国研究生教育和学位制度[M]. 北京:教育科学出版社,1988

[4]国务院学位委员会办公室,国家教育委员会研究生司. 学位与研究生工作文件选编[M]. 北京:北京航空航天大学出版社,1988

[5]北京图书馆《中国机读目录格式使用手册》编委会. 中国机读目录格式使用手册[M]. 北京:华艺出版社,1995:262

[6]中国文献编目规则编撰小组. 中国文献编目规则[M]. 广州:广东人民出版社,1996:51 - 65

[7]国家图书馆. 新版中国机读目录格式使用手册[M]. 北京:北京图书馆出版社,2004:236 - 237

[8]国家图书馆《中国文献编目规则》修订组. 中国文献编目规则(第二版)[M]. 北京:北京图书馆出版社,2005:52 - 72

[9]康翠萍. 学位论[M]. 北京:人民教育出版社,2005

[10]黄俊贵,邓以宁. 社会阅读与图书馆服务[M]. 合肥:安徽大学出版社,2010

[11]杨建邺. 20 世纪诺贝尔奖获奖者辞典[M]. 武汉:武汉出版社,2001

[12]顾敏. 图书馆采访学[M]. 台北:台湾学生书局,1979

[13]杨肥生. 文献采访决策概要[M]. 合肥:中国科学技术大学出版社,2006

[14]陈珂,张进发. 图书馆采访工作手册[M]. 天津:百花文艺出版社,1994

[15]金沛霖. 图书馆岗位培训系列教材. 第三卷,基础理论与技术方法卷,文献采访[M]. 北京:文津出版社,1992

[16]李德跃. 中文图书采访工作手册. [M]. 北京:北京图书馆出版社,2004

[17]万跃华,张根彬. 图书馆采访理论与实践[M]. 北京:书目文献出版社,1994

[18]刘祯臣. 文献采访理论与实践[M]. 济南:山东大学出版社,1990

[19]李国玲. 高校图书馆读者工作研究[M]. 北京:中国商务出版社,2010

[20]陈庭生. 图书馆读者工作理论与实践[M]. 南昌:江西科学技术出版社,2010

[21]张素杰,刘文慧. 现代图书馆读者工作[M]. 呼和浩特:内蒙古人民出版社,2008

[22]赵子夫,高月起.图书馆读者工作研究[M].沈阳:辽海出版社,2007
[23]刘久昌.读者工作[M].北京:北京图书馆出版社,2001
[24]金沛霖.图书馆岗位培训系列教材.第二卷,服务卷[M].北京:文津出版社,1992
[25]沈继武,肖希明,袁琳.藏书建设与读者工作教学参考文选[M].武汉:武汉大学出版社,1987
[26]沈继武.藏书建设与读者工作学习指导书[M].武汉:武汉大学出版社,1987
[27]浦保清.图书馆读者工作[M].南宁:广西教育出版社,1988
[28](苏)萨哈罗夫.图书馆读者工作(增订第三版)[M].沈阳:辽宁人民出版社,1988
[29]赵世良,贺达.图书馆读者工作[M].北京:学苑出版社,1988
[30]张树华,等.图书馆读者工作教程[M].北京:北京大学出版社,1986
[31]全国读者工作研讨班.读者工作经验汇编[M].杭州:杭州人民出版社,1983
[32]臧鸿妹.高校图书馆读者服务新探[M].合肥:安徽大学出版社,2009
[33]罗彩冬.图书馆参考咨询服务[M].北京:海洋出版社,2009
[34]姚蓉,方怡.学位论文编目实用指南[M].北京:北京图书馆出版社,2007

期刊:

[1]刘重来.中国古代的博士、硕士、学士[J].百科知识,1982(5)
[2]吴琉璃.台湾地区图书馆的分类编目工作[J].图书馆论坛,1994(1):13-16
[3]王战军,林梦泉,李恒金.评选全国优秀博士学位论文是提高博士生培养质量的有效措施[J].中国高教研究,2002(4)
[4]肖秋惠,李明杰.当前俄罗斯公共图书馆活动中的著作权问题研究[J].情报理论与实践,2002(5):395-397
[5]姚蓉.台湾和大陆学位论文数字资源建设述略[J].中国研究生,2005(3):41-43
[6]赵阳,姜爱蓉."CALIS学位论文全文数据库"的建设实践[J].大学图书馆学报,2006(4):48-52
[7]王曼.社会科学学位论文的收藏与管理[J].情报资料工作,2007(4):65-67
[8]蒋培红,张朝然.德国高校的学位制度改革述评[J].学位与研究生教育,2007(5):69-72
[9]王林军.德国的电子学位论文图书馆探析[J].图书馆理论与实践,2007(6):100-101
[10]王林军.俄罗斯国立图书馆的学位论文数据库[J].大学图书馆学报,2007(6):87-90
[11]王林军.俄罗斯国立图书馆的电子学位论文图书馆介绍[J].图书馆建设,2008(7):50-51
[12]刘兴华.俄罗斯的数字图书馆建设[J].西伯利亚研究,2007,6(3):73-74
[13]袁晓川.台湾地区学位论文数字化的建设及特色[J].新世纪图书馆,2008(4):53-55
[14]刘亚俊,王黎明,覃孟扬.科学家之路:从博士研究生到诺贝尔物理学奖得主[J].大学物理,2008(7)
[15]罗博,吴丹.德国电子学位论文元数据XMetaDiss及对我国的启示[J].大学图书馆学报,

2010(3):85－90
[16]吴鸣,徐伟.CALIS高校学位论文数据库的建设及使用情况分析[J].科技情报开发与经济,2010,20(10):187－188
[17]陈晓剑,李峰,刘天卓.基础研究拔尖人才的关键成长路径研究[J].科学学研究,2011(1)
[18]张学福.我国国家博硕士电子学位论文全文服务研究[J].图书情报工作,2005(11):97－101
[19]庞恩旭.中美文献采访思想比较研究[J].津图学刊,2004(5):2－5
[20]刘建明,虞春萍.文献采购方式比较研究[J].图书情报工作,2006(增刊):105－108
[21]王娜.谈高校图书馆非书资料的采访[J].科技情报开发与经济,2007(29):96－97
[22]龙利方.浅谈涉密学位论文的采访工作[J].情报探索,2009(12):104－105
[23]张淑坤.高校院系资料室图书采访工作探讨[J].辽宁教育行政学院学报,2006(10):137－138
[24]方怡,王磊.国家图书馆学位论文采集工作研究[J].情报探索,2011(6):102－103
[25]金毅,王绍平.元数据在电子化学位论文中的应用探讨[J].大学图书馆学报,2002(2):71－74
[26]曾蕾.元数据与专业置标语言在数字图书馆中知识表述方面的功能[J].图书情报工作,2002(10):14－22
[27]石仙鹤,郑巧英.用JAVA实现MARC元数据向DC元数据的转换[J].科技情报开发与经济,2009(21):103－105
[28]姚蓉,方怡.学位论文编目的实践与探索[J].大学图书馆学报,2008(2):68－73
[29]游丽华.我国文献编目的历史进程和发展趋势[J].情报资料工作,2004(1):79－80
[30]王汉元.MARC与DC的比较研究[J].现代情报,2005(1):164－165
[31]陈晓波.标记语言环境下的元数据发展[J].科技文献信息管理,2004(1):25－28
[32]高嵩.MODS与MARC的互操作分析[J].现代图书情报技术,2006(2):72－75
[33]刘圆圆,殷荣.DC元数据与MODS元数据的对比分析[J].图书馆论坛,2009(2):74－76
[34]阮向华.关于图书馆学科信息服务的几点思考[J].科技信息,2012(1):414,427
[35]熊欣欣.中美高校图书馆数字化学科服务比较分析[J].图书情报工作,2011(13):130－134
[36]张艳霞.合理使用在图书馆复制服务中的适用研究[J].科技情报开发与经济,2007,17(7):11－12
[37]韩娟芳.图书馆特色文献与特色服务之间的关系浅议[J].图书与情报,2010(3):133－135
[38]李文.Web 2.0在高校图书馆学科化服务中的应用研究[J].高校图书情报论坛,2011,10(1):40－42
[39]李昊青,赵民志,王英.基于现代图书馆理念的高校图书馆学科馆员价值定位与制度建设[J].图书情报工作,2011(9):40－44
[40]方春艳,吴英梅.学位论文电子文本的收缴与服务——以北京师范大学图书馆为例[J].现

代情报,2009,29(8):122－124
[41]姚蓉,方怡.试论博硕士论文资源建设中的知识产权问题[J].现代情报,2010(7)

报纸:

[1]李玉兰.九十年:北大不断创新研究生教育[N].光明日报,2008－1－16(010)

电子资源:

[1]全国优秀博士学位论文评选[EB/OL].[2011－06－10].http://www.chinadegrees.cn/xwyyjsjyxx/zlpj/yblwpm
[2]名誉博士学位批准、授予名单[EB/OL].[2011－06－10].http://www.cdgdc.edu.cn/xwyyjsjyxx/dwjl/mybs
[3]中国学位30年[EB/OL].[2012－03－10].http://www.chinadegrees.cn/xwyyjsjyxx/xw30/index.shtml
[4]中华人民共和国学位条例[EB/OL].[2011－06－03].http://www.moe.edu.cn/publicfiles/business/htmlfiles/moe/moe_817/200407/1315.html
[5]国务院批转国务院学位委员会《关于国务院学位委员会第一次(扩大)会议的报告和中华人民共和国学位条例暂行实施办法》的通知[EB/OL].[2011－06－03].http://www.moe.gov.cn/publicfiles/business/htmlfiles/moe/moe_817/200410/4081.html
[6]2009年教育统计数据[EB/OL].[2011－06－03].http://www.moe.edu.cn/publicfiles/business/htmlfiles/moe/s4958/list.html
[7]廖恒.韩国高校图书馆电子图书联盟模式的研究[EB/OL].(2008－09－10)[2011－11－05].http://162.105.140.111/courseInfoView.html;jsessionid=9B4611DEB42C34ED01F6694755078B8D?courseInfoId=416
[8]Российская государственная библиотека: Фонд диссертаций[EB/OL].[2011－05－25].http://www.rsl.ru/ru/s2/d104
[9]Duke Graduate School: Availability of Your Electronic Dissertation[EB/OL].[2011－06－09].http://gradschool.duke.edu/academics/theses/availability.php
[10]Obtaining theses in the Humanities Reading Room[EB/OL].[2011－06－06].http://www.bl.uk/reshelp/findhelprestype/theses/hrrtheses/theses.html
[11]Digital Resources for Korean Studies[EB/OL].[2011－11－01].http://hcl.harvard.edu/research/guides/korean/part3.html
[12]Gesetz über die Deutsche Bibliothek (DBiblG)[EB/OL].[2012－03－21].http://www.buzer.de/gesetz/4517/index.htm
[13]Gesetz über die Deutsche Nationalbibliothek (DNBG)[EB/OL].[2012－03－21].http://

www. gesetze-im-internet. de/dnbg/BJNR133800006. html

[14] Australasian Digital Theses program (ADT) [EB/OL]. (2011 - 01 - 05) [2012 - 02 - 21]. http://www. caul. edu. au/caul-programs/australasian-digital-theses

[15] Arrêté du 7 août 2006 relatif aux modalités de dépôt, de signalement, de reproduction, de diffusion et de conservation des thèses ou des travaux présentés en soutenance en vue du doctorat [EB/OL]. (2006 - 08 - 24) [2011 - 11 - 01]. http://www. legifrance. gouv. fr/affichTexte. do? cidTexte = JORFTEXT000000635069&dateTexte =

[16] Paillassard P, et al. Dissemination and preservation of French print and electronic theses [J/OL]. The Grey Journal, 2007, 3(2): 77 - 93 [2011 - 11 - 23]. http://archivesic. ccsd. cnrs. fr/docs/00/38/04/88/PDF/French_theses_rev2007_v5_1. pdf

[17] Southwick S B. The Brazilian electronic theses and dissertations digital library: providing open access for scholarly information [J/OL]. Ciência da Informação, 2006, 35(2) [2011 - 11 - 23]. http://www. scielo. br/scielo. php? script = sci_arttext&pid = S0100 - 19652006000200011

[18] Ackermann U. First a trial balloon, now an established workflow: collecting electronic theses at the German National Library [R/OL]. Proceedings of the 14th International Symposium on Electronic Theses and Dissertations, Cape Town, South Africa, 13 - 17 September 2011 [2011 - 12 - 23]. http://dl. cs. uct. ac. za/conferences/etd2011/papers/etd2011_ackermann. pdf

[19] Zhlobinskaya O. Implementing UNIMARC in Russia [R/OL]. UNIMARC & Friends: charting the new landscape of library standards: proceedings of the international conference held in Lisbon, 20 - 21 March 2006 [2012 - 03 - 23]. http://www. rusmarc. ru/publish/UNIMARC_Russia. pdf

[20] Harlan A. Texas Digital Library's (TDL) Electronic Theses and Dissertations (ETDs) Descriptive Metadata Guidelines & Vireo ETD Submission System [R/OL]. ALA Annual Conference, Washington DC, 24 - 29 June, 2010 [2012 - 04 - 23]. http://presentations. ala. org/images/3/31/Harlan. pdf

[21] Reeves S. The Canada national thesis program [R/OL]. [2012 - 04 - 27]. http://www. absolustudio. com/demo_aura/images/stories/journee/pdf/03. pdf

[22] Prasad A R D. An analysis of ETDMS, UKETD-DC and Sodhganga metadata schema [R/OL]. National Seminar on Managing Electronic Theses and Dissertations (ETDs), JNU, New Delhi, India, 22 - 23 March 2012 [2012 - 04 - 15]. http://www. jnu. ac. in/library/ETDsPapers/Dr_A_R_D_Prasad_I. pps

[23] Chachra V. Managing electronic theses and dissertations (ETDs) (keynote address) [R/OL]. National Seminar on Managing Electronic Theses and Dissertations (ETDs), JNU, New Delhi, India, 22 - 23 March 2012 [2012 - 04 - 15]. http://www. jnu. ac. in/library/ETDsPapers/Dr_Vinod_Chachra. pps

[24] Verheul I. Networking for digital preservation: current practice in 15 national libraries [M/OL].

München: K. G. Saur Verlag, 2006 [2011 - 12 - 23]. http://www. ifla. org/files/hq/publications/ifla-publications-series-119. pdf

[25] Texas Digital Library. Texas Digital Library Descriptive Metadata Guidelines for Electronic Theses and Dissertations, Version 1.0[S/OL]. (2008 - 06) [2012 - 04 - 23]. http://www. tdl. org/wp-content/uploads/2009/04/tdl-descriptive-metadata-guidelines-for-etd-v1. pdf

[26] NDLTD. ETD-MS v1. 1: an Interoperability Metadata Standard for Electronic Theses and Dissertations[S/OL]. (2010 - 08 - 18) [2012 - 03 - 27]. http://www. ndltd. org/standards/metadata/etd-ms-v1. 1. html

[27] DCMI. Dublin Core Metadata Element Set, Version 1.1[S/OL]. (2010 - 10 - 11) [2012 - 02 - 23]. http://dublincore. org/documents/dces

[28] Library of Congress. MARC 21 Format for Bibliographic Data, 1999 edition[S/OL]. (2012 - 04) [2012 - 04 - 15]. http://www. loc. gov/marc/bibliographic

[29] Dissertation Submission Checklist [Z/OL]. [2011 - 06 - 01]. http://www. yale. edu/graduateschool/academics/forms/dissertationChecklist. pdf

[30] 台湾广域数位图书馆[DB/OL]. [2011 - 06 - 03]. http://www. ncl. edu. tw

[31] 台湾博硕士论文知识加值系统[DB/OL]. [2011 - 06 - 03]. http://ndltd. ncl. edu. tw

[32] 中国科学技术信息研究所—国家工程技术数字图书馆[DB/OL]. [2011 - 05 - 30]. http://www. istic. ac. cn

[33] 中国大百科全书编委会. 中国大百科全书·图书馆学卷(网络版)[DB/OL]. [2012 - 03 - 23]. http://ecph. cnki. net

[34] 文津搜索[DB/OL]. [2011 - 06 - 03]. http://dportal. nlc. gov. cn:8332/nlcdrss/database/sjk_lb. htm

[35] Database Navigation Service (National Diet Library, Japan)[DB/OL]. [2011 - 06 - 15]. http://dnavi. ndl. go. jp

[36] British Library EThOS[DB/OL]. [2012 - 05 - 01]. http://ethos. bl. uk/Home. do

[37] Index to Theses in the United Kingdom and Ireland[DB/OL]. [2011 - 06 - 06]. http://www. theses. com

[38] Theses Canada portal [DB/OL]. [2011 - 06 - 10]. http://www. collectionscanada. gc. ca/thesescanada

[39] RISS International[DB/OL]. [2011 - 11 - 30]. http://intl. riss. kr

[40] DART-Europe E-theses portal[DB/OL]. [2012 - 05 - 01]. http://www. dart-europe. eu/basic-search. php

[41] National Diet Library Online Public Access[DB/OL]. [2012 - 05 - 01]. https://ndlopac. ndl. go. jp/

[42] Trove[DB/OL]. [2012 - 02 - 01]. http://trove. nla. gov. au

[43] Système Universitaire de Documentation (SUDOC) [DB/OL]. [2011-11-01]. http://corail.sudoc.abes.fr

[44] Japanese Institutional Repositories Online (JAIRO) [DB/OL]. [2011-06-11]. http://jairo.nii.ac.jp

[45] Katalog der Deutschen Nationalbibliothek [DB/OL]. [2012-03-12]. https://portal.dnb.de

[46] DissOnline portal [DB/OL]. [2011-06-12]. http://www.dissonline.de/index.htm

[47] Digital Dissertation Library of the Russian State Library [DB/OL]. [2012-05-01]. http://diss.rsl.ru

[48] AMICUS, the Canadian national catalogue [DB/OL]. [2012-03-16]. http://amicus.collectionscanada.gc.ca/aaweb/aalogine.htm

[49] Russian State Library catalogue [DB/OL]. [2012-03-12]. http://aleph.rsl.ru/F/-? func=file&file_name=find-a

[50] TEL (thèses-en-ligne) [DB/OL]. [2012-05-01]. http://tel.archives-ouvertes.fr

[51] theses.fr portal [DB/OL]. [2011-11-21]. http://www.theses.fr/

[52] ProQuest Dissertations & Theses A&I [DB/OL]. [2011-06-21]. http://search.proquest.com/dissertations

[53] Biblioteca Digital Brasileira de Teses e Disserta?? es [DB/OL]. [2012-05-01]. http://bdtd.ibict.br

[54] Deutsche Nationalbibliothek [2012-03-01]. http://www.dnb.de/DE/Home/home_node.html

[55] Федеральное государственное научное учреждение ? Центр информационных технологий и систем органов исполнительной власти. [2011-05-25]. http://www.rntd.citis.ru/index.php

[56] ЮРИДИЧЕСКАЯ РОССИЯ - образовательный правовой портал. [2011-05-25]. http://law.edu.ru/

[57] Networked Digital Library of Theses and Dissertations (NDLTD). [2012-05-01]. http://www.ndltd.org

[58] Library and Archives Canada. [2011-06-10]. http://www.collectionscanada.gc.ca

[59] Library of Congress. [2011-06-05]. http://www.loc.gov

[60] National Diet Library. [2011-06-15]. http://www.ndl.go.jp

[61] British Library. [2011-06-05]. http://www.bl.uk

[62] ProQuest LLC. [2011-06-05]. http://www.proquest.asia/zh-CN/, http://www.proquest.com/en-US

[63] National Library of Korea. [2011-11-05]. http://www.nl.go.kr/nl/index.jsp

[64] KERIS RISS. [2011-11-05]. http://www.riss.kr/index.do

[65] National Assembly Library. [2011-11-05]. http://www.nanet.go.kr/main.jsp

附录1　学科专业目录

1. 学位授予和人才培养学科目录(2011年)

代码	学科名称	代码	学科名称
01	学科门类:哲学	0822	轻工技术与工程
0101	哲学	0823	交通运输工程
		0824	船舶与海洋工程
02	学科门类:经济学	0825	航空宇航科学与技术
0201	理论经济学	0826	兵器科学与技术
0202	应用经济学	0827	核科学与技术
		0828	农业工程
03	学科门类:法学	0829	林业工程
0301	法学	0830	环境科学与工程(可授工学、理学、农学学位)
0302	政治学	0831	生物医学工程(可授工学、理学、医学学位)
0303	社会学	0832	食品科学与工程(可授工学、农学学位)
0304	民族学	0833	城乡规划学
0305	马克思主义理论	0834	风景园林学(可授工学、农学学位)
0306	公安学	0835	软件工程
		0836	生物工程
04	学科门类:教育学	0837	安全科学与工程
0401	教育学	0838	公安技术
0402	心理学(可授教育学、理学学位)		
0403	体育学	09	学科门类:农学
		0901	作物学
05	学科门类:文学	0902	园艺学
0501	中国语言文学	0903	农业资源与环境
0502	外国语言文学	0904	植物保护
0503	新闻传播学	0905	畜牧学

代码	学科名称	代码	学科名称
		0906	兽医学
06	学科门类:历史学	0907	林学
0601	考古学	0908	水产
0602	中国史	0909	草学
0603	世界史		
		10	学科门类:医学
07	学科门类:理学	1001	基础医学(可授医学、理学学位)
0701	数学	1002	临床医学
0702	物理学	1003	口腔医学
0703	化学	1004	公共卫生与预防医学(可授医学、理学学位)
0704	天文学	1005	中医学
0705	地理学	1006	中西医结合
0706	大气科学	1007	药学(可授医学、理学学位)
0707	海洋科学	1008	中药学(可授医学、理学学位)
0708	地球物理学	1009	特种医学
0709	地质学	1010	医学技术(可授医学、理学学位)
0710	生物学	1011	护理学(可授医学、理学学位)
0711	系统科学		
0712	科学技术史(分学科,可授理学、工学、农学、医学学位)	11	学科门类:军事学
0713	生态学	1101	军事思想及军事历史
0714	统计学(可授理学、经济学学位)	1102	战略学
		1103	战役学
08	学科门类:工学	1104	战术学
0801	力学(可授工学、理学学位)	1105	军队指挥学
0802	机械工程	1106	军制学
0803	光学工程	1107	军队政治工作学
0804	仪器科学与技术	1108	军事后勤学
0805	材料科学与工程(可授工学、理学学位)	1109	军事装备学
0806	冶金工程	1110	军事训练学
0807	动力工程及工程热物理		

代码	学科名称	代码	学科名称
0808	电气工程	12	学科门类:管理学
0809	电子科学与技术(可授工学、理学学位)	1201	管理科学与工程(可授管理学、工学学位)
0810	信息与通信工程	1202	工商管理
0811	控制科学与工程	1203	农林经济管理
0812	计算机科学与技术(可授工学、理学学位)	1204	公共管理
0813	建筑学	1205	图书情报与档案管理
0814	土木工程		
0815	水利工程	13	学科门类:艺术学
0816	测绘科学与技术	1301	艺术学理论
0817	化学工程与技术	1302	音乐与舞蹈学
0818	地质资源与地质工程	1303	戏剧与影视学
0819	矿业工程	1304	美术学
0820	石油与天然气工程	1305	设计学(可授艺术学、工学学位)
0821	纺织科学与工程		

资料来源:教育部门户网站

2. 专业学位授予和人才培养目录(2011 年)

代码	专业学位名称	代码	专业学位名称
0251	金融	0853	城市规划
0252	应用统计	0951	农业推广
0253	税务	0952	*兽医
0254	国际商务	0953	风景园林
0255	保险	0954	林业
0256	资产评估	1051	*临床医学
0257	审计	1052	*口腔医学
0351	法律	1053	公共卫生
0352	社会工作	1054	护理
0353	警务	1055	药学
0451	*教育	1056	中药学
0452	体育	1151	军事

代码	专业学位名称	代码	专业学位名称
0453	汉语国际教育	1251	工商管理
0454	应用心理	1252	公共管理
0551	翻译	1253	会计
0552	新闻与传播	1254	旅游管理
0553	出版	1255	图书情报
0651	文物与博物馆	1256	工程管理
0851	建筑学	1351	艺术
0852	*工程		
注:名称前加“*”的可授予硕士、博士专业学位;“建筑学”可授予学士、硕士专业学位;其它授予硕士专业学位。			

资料来源:教育部门户网站

附录2　学位论文相关文件汇编

1、中华人民共和国学位条例

2、中华人民共和国学位条例暂行实施办法

3、关于做好报送博士学位论文工作的通知

4、专业学位设置审批暂行办法

1、中华人民共和国学位条例

（1980年2月12日第五届全国人民代表大会常务委员会第十三次会议通过 根据2004年8月28日第十届全国人民代表大会常务委员会第十一次会议《关于修改〈中华人民共和国学位条例〉的决定》修正）

第一条　为了促进我国科学专门人才的成长，促进各门学科学术水平的提高和教育、科学事业的发展，以适应社会主义现代化建设的需要，特制定本条例。

第二条　凡是拥护中国共产党的领导、拥护社会主义制度，具有一定学术水平的公民，都可以按照本条例的规定申请相应的学位。

第三条　学位分学士、硕士、博士三级。

第四条　高等学校本科毕业生，成绩优良，达到下述学术水平者，授予学士学位：

（一）较好地掌握本门学科的基础理论、专门知识和基本技能；

（二）具有从事科学研究工作或担负专门技术工作的初步能力。

第五条　高等学校和科学研究机构的研究生，或具有研究生毕业同等学力的人员，通过硕士学位的课程考试和论文答辩，成绩合格，达到下述学术水平者，授予硕士学位：

（一）在本门学科上掌握坚实的基础理论和系统的专门知识；

（二）具有从事科学研究工作或独立担负专门技术工作的能力。

第六条　高等学校和科学研究机构的研究生，或具有研究生毕业同等学力的人员，通过博士学位的课程考试和论文答辩，成绩合格，达到下述学术水平者，授予博士学位：

（一）在本门学科上掌握坚实宽广的基础理论和系统深入的专门知识；

（二）具有独立从事科学研究工作的能力；

（三）在科学或专门技术上做出创造性的成果。

第七条　国务院设立学位委员会，负责领导全国学位授予工作。学位委员会设主任委员一人，副主任委员和委员若干人。主任委员、副主任委员和委员由国务院任免。

第八条　学士学位，由国务院授权的高等学校授予；硕士学位、博士学位，由国务院授权的高等学校和科学研究机构授予。

授予学位的高等学校和科学研究机构（以下简称学位授予单位）及其可以授

予学位的学科名单，由国务院学位委员会提出，经国务院批准公布。

第九条　学位授予单位，应当设立学位评定委员会，并组织有关学科的学位论文答辩委员会。

学位论文答辩委员会必须有外单位的有关专家参加，其组成人员由学位授予单位遴选决定。学位评定委员会组成人员名单由学位授予单位确定，报国务院有关部门和国务院学位委员会备案。

第十条　学位论文答辩委员会负责审查硕士和博士学位论文、组织答辩，就是否授予硕士学位或博士学位作出决议。决议以不记名投票方式，经全体成员三分之二以上通过，报学位评定委员会。

学位评定委员会负责审查通过学士学位获得者的名单；负责对学位论文答辩委员会报请授予硕士学位或博士学位的决议，作出是否批准的决定。决定以不记名投票方式，经全体成员过半数通过。决定授予硕士学位或博士学位的名单，报国务院学位委员会备案。

第十一条　学位授予单位，在学位评定委员会作出授予学位的决议后，发给学位获得者相应的学位证书。

第十二条　非学位授予单位应届毕业的研究生，由原单位推荐，可以就近向学位授予单位申请学位。经学位授予单位审查同意，通过论文答辩，达到本条例规定的学术水平者，授予相应的学位。

第十三条　对于在科学或专门技术上有重要的著作、发明、发现或发展者，经有关专家推荐，学位授予单位同意，可以免除考试，直接参加博士学位论文答辩。对于通过论文答辩者，授予博士学位。

第十四条　对于国内外卓越的学者或著名的社会活动家，经学位授予单位提名，国务院学位委员会批准，可以授予名誉博士学位。

第十五条　在我国学习的外国留学生和从事研究工作的外国学者，可以向学位授予单位申请学位。对于具有本条例规定的学术水平者，授予相应的学位。

第十六条　非学位授予单位和学术团体对于授予学位的决议和决定持有不同意见时，可以向学位授予单位或国务院学位委员会提出异议。学位授予单位和国务院学位委员会应当对提出的异议进行研究和处理。

第十七条　学位授予单位对于已经授予的学位，如发现有舞弊作伪等严重违反本条例规定的情况，经学位评定委员会复议，可以撤销。

第十八条　国务院对于已经批准授予学位的单位，在确认其不能保证所授学位的学术水平时，可以停止或撤销其授予学位的资格。

第十九条　本条例的实施办法,由国务院学位委员会制定,报国务院批准。

第二十条　本条例自 1981 年 1 月 1 日起施行。

2、中华人民共和国学位条例暂行实施办法
（1981 年 5 月 20 日国务院批准实施）

第一条　根据中华人民共和国学位条例，制定本暂行实施办法。

第二条　学位按下列学科的门类授予：哲学、经济学、法学、教育学、文学、历史学、理学、工学、农学、医学。

学士学位

第三条　学士学位由国务院授权的高等学校授予。

高等学校本科学生完成教学计划的各项要求，经审核准予毕业，其课程学习和毕业论文（毕业设计或其他毕业实践环节）的成绩，表明确已较好地掌握本门学科的基础理论、专门知识和基本技能，并且有从事科学研究工作或担负专门技术工作的初步能力的，授予学士学位。

第四条　授予学士学位的高等学校，应当由系逐个审核本科毕业生的成绩和毕业鉴定等材料，对符合本暂行办法第三条及有关规定的，可向学校学位评定委员会提名，列入学士学位获得者的名单。

非授予学士学位的高等学校，对达到学士学术水平的本科毕业生，应当由系向学校提出名单，经学校同意后，由学校就近向本系统、本地区的授予学士学位的高等学校推荐。授予学士学位的高等学校有关的系，对非授予学士学位的高等学校推荐的本科毕业生进行审查考核，认为符合本暂行办法第三条及有关规定的，可向学校学位评定委员会提名，列入学士学位获得者的名单。

第五条　学士学位获得者的名单，经授予学士学位的高等学校学位评定委员会审查通过，由授予学士学位的高等学校授予学士学位。

硕士学位

第六条　硕士学位由国务院授权的高等学校和科学研究机构授予。

申请硕士学位人员应当在学位授予单位规定的期限内，向学位授予单位提交申请书和申请硕士学位的学术论文等材料。学位授予单位应当在申请日期截止后两个月内进行审查，决定是否同意申请，并将结果通知申请人及其所在单位。

非学位授予单位应届毕业的研究生申请时，应当送交本单位关于申请硕士学位的推荐书。

同等学力人员申请时，应当送交两位副教授、教授或相当职称的专家的推荐书。学位授予单位对未具有大学毕业学历的申请人员，可以在接受申请前，采取适

当方式，考核其某些大学课程。

申请人员不得同时向两个学位授予单位提出申请。

第七条　硕士学位的考试课程和要求：

1. 马克思主义理论课。要求掌握马克思主义的基本理论。

2. 基础理论课和专业课，一般为三至四门。要求掌握坚实的基础理论和系统的专门知识。

3. 一门外国语。要求比较熟练地阅读本专业的外文资料。

学位授予单位研究生的硕士学位课程考试，可按上述的课程要求，结合培养计划安排进行。

非学位授予单位研究生的硕士学位课程考试，由学位授予单位组织进行。凡经学位授予单位审核，认为其在原单位的课程考试内容和成绩合格的，可以免除部分或全部课程考试。

同等学力人员的硕士学位课程考试，由学位授予单位组织进行。

申请硕士学位人员必须通过规定的课程考试，成绩合格，方可参加论文答辩。规定考试的课程中，如有一门不及格，可在半年内申请补考一次，补考不及格的，不能参加论文答辩。

试行学分制的学位授予单位，应当按上述的课程要求，规定授予硕士学位所应取得的课程学分。申请硕士学位人员必须取得规定的学分后，方可参加论文答辩。

第八条　硕士学位论文对所研究地课题应当有新的见解，表明作者具有从事科学研究工作或独立担负专门技术工作的能力。

学位授予单位应当聘请一至二位与论文有关学科的专家评阅论文。评阅人应当对论文写出详细的学术评语，供论文答辩委员会参考。

硕士学位论文答辩委员会由三至五人组成。成员中一般应当有外单位的专家。论文答辩委员会主席由副教授、教授或相当职称的专家担任。

论文答辩委员会根据答辩的情况，就是否授予硕士学位作出决议。决议采取不记名投票方式，经全体成员三分之二以上同意，方得通过。决议经论文答辩委员会主席签字后，报送学位评定委员会。会议应当有记录。

硕士学位论文答辩不合格的，经论文答辩委员会同意，可在一年内修改论文，重新答辩一次。

第九条　硕士学位论文答辩委员会多数成员如认为申请人的论文已相当于博士学位的学术水平，除作出授予硕士学位的决议外，可向授予博士学位的单位提出建议，由授予博士学位的单位按本暂行办法博士学位部分中有关规定办理。

博士学位

第十条　博士学位由国务院授权的高等学校和科学研究机构授予。

申请博士学位人员应当在学位授予单位规定的期限内,向学位授予单位提交申请书和申请博士学位的学术论文等材料。学位授予单位应当在申请日期截止后两个月内进行审查,决定是否同意申请,并将结果通知申请人及其所在单位。

同等学力人员申请时,应当送交两位教授或相当职称的专家的推荐书。学位授予单位对未获得硕士学位的申请人员,可以在接受申请前,采取适当方式,考核其某些硕士学位的基础理论课和专业课。

申请人员不得同时向两个学位授予单位提出申请。

第十一条　博士学位的考试课程和要求:

1. 马克思主义理论课。要求较好地掌握马克思主义的基本理论。

2. 基础理论课和专业课。要求掌握坚实宽广的基础理论和系统深入的专门知识。考试范围由学位授予单位的学位评定委员会审定。基础理论课和专业课的考试,由学位授予单位学位评定委员会指定三位专家组成的考试委员会主持,考试委员会主席必须由教授、副教授或相当职称的专家担任。

3. 两门外国语。第一外语要求熟练地阅读本专业的外文资料,并具有一定的写作能力,第二外国语要求有阅读本专业外文资料的初步能力。个别学科、专业,经学位授予单位的学位评定委员会审定,可只考第一外国语。

攻读博士学位研究生的课程考试.可按上述的课程要求,结合培养计划安排进行。

第十二条　申请博士学位人员必须通过博士学位的课程考试,成绩合格,方可参加博士学位论文答辩。

申请博士学位人员在科学或专门技术上有重要著作、发明、发现或发展的,应当向学位授予单位提交有关的出版著作、发明的鉴定或证明书等材料,经两位教授或相当职称的专家推荐,学位授予单位按本暂行办法第十一条审查同意,可以免除部分或全部课程考试。

第十三条　博士学位论文应当表明作者具有独立从事科学研究工作的能力,并在科学或专门技术上做出创造性的成果。博士学位论文或摘要,应当在答辩前三个月印送有关单位,并经同行评议。

学位授予单位应当聘请两位与论文有关学科的专家评阅论文,其中一位应当是外单位的专家。评阅人应当对论文写出详细的学术评语,供论文答辩委员会参考。

第十四条　博士学位论文答辩委员会由五至七人组成。成员的半数以上应当是教授或相当职称的专家。成员中必须包括二至三位外单位的专家。论文答辩委员会主席一般应当由教授或相当职称的专家担任。

论文答辩委员会根据答辩的情况,就是否授予博士学位作出决议。决议采取不记名投票方式,经全体成员三分之二以上同意,方得通过。决议经论文答辩委员会主席签字后,报送学位评定委员会。会议应当有记录。

博士学位的论文答辩一般应当公开举行;已经通过的博士学位论文或摘要应当公开发表(保密专业除外)。

博士学位论文答辩不合格的,经论文答辩委员会同意,可在两年内修改论文,重新答辩一次。

第十五条　博士学位论文答辩委员会认为申请人的论文虽未达到博士学位的学术水平,但已达到硕士学位的学术水平,而且申请人尚未获得过该学科硕士学位的,可作出授予硕士学位的决议,报送学位评定委员会。

名誉博士学位

第十六条　名誉博士学位由国务院授权授予博士学位的单位授予。

第十七条　授予名誉博士学位须经学位授予单位的学位评定委员会讨论通过,由学位授予单位报国务院学位委员会批准后授予。

学位评定委员会

第十八条　学位授予单位的学位评定委员会根据国务院批准的授予学位的权限.分别履行以下职责:

(一)审查通过接受申请硕士学位和博士学位的人员名单;

(二)确定硕士学位的考试科目、门数和博士学位基础理论课和专业课的考试范围;审批主考人和论文答辩委员会成员名单,

(三)通过学士学位获得者的名单;

(四)作出授予硕士学位的决定;

(五)审批申请博士学位人员免除部分或全部课程考试的名单;

(六)作出授予博士学位的决定。

(七)通过授予名誉博士学位的人员名单,

(八)作出撤销违反规定而授予学位的决定;

(九)研究和处理授予学位的争议和其他事项。

第十九条　学位授予单位的学位评定委员会由九至二十五人组成,任期二至三年。成员应当包括学位授予单位主要负责人和教学、研究人员。

授予学士学位的高等学校，参加学位评定委员会的教学人员应当从本校讲师以上教师中遴选。授予学士学位、硕士学位和博士学位的单位，参加学位评定委员会的教学、研究人员主要应当从本单位副教授、教授或相当职称的专家中遴选。授予博士学位的单位，学位评定委员会中至少应当有半数以上的教授或相当职称的专家。

学位评定委员会主席由学位授予单位具有教授、副教授或相当职称的主要负责人（高等学校校长，主管教学、科学研究和研究生工作的副校长，或科学研究机构相当职称的人员）担任。

学位评定委员会可以按学位的学科门类，设置若干分委员会。各由七至十五人组成，任期二至三年。分委员会主席必须由学位评定委员会委员担任。分委员会协助学位评定委员会工作。学位评定委员会成员名单，应当由各学位授予单位报主管部门批准，主管部门转报国务院学位委员会备案。

学位评定委员会可根据需要，配备必要的专职或兼职的工作人员，处理日常工作。

第二十条　学位授予单位每年应当将授予学士学位的人数、授予硕士学位和博士学位的名单及有关材料，分别报主管部门和国务院学位委员会备案。

其他规定

第二十一条　在我国学习的外国留学生申请学士学位，参照本暂行办法第三条及有关规定办理。

在我国学习的外国留学生和从事研究或教学工作的外国学者申请硕士学位或博上学位，参照本暂行办法的有关规定办理。

第二十二条　学士学位的证书格式.由教育部制定。硕士学位和博士学位的证书格式，由国务院学位委员会制定。学位获得者的学位证书，由学位授予单位发给。

第二十三条　已经通过的硕士学位和博士学位的论文，应当交存学位授予单位图书馆一份，已经通过的博士学位论文，还应当交存北京图书馆和有关的专业图书馆各一份。

第二十四条　在职人员申请硕士学位或博士学位，经学位授予单位审核同意参加课程考试和论文答辩后，准备参加考试或答辩，可享有不超过两个月的假期。

第二十五条　学位授予单位可根据本暂行实施办法，制定本单位授予学位的工作细则。

3、关于做好报送博士学位论文工作的通知

(88)学位办字006号

博士学位授予单位：

《中华人民共和国学位条例暂行实施办法》第二十三条规定，各学位授予单位应将已通过的博士学位论文交存北京图书馆。据北京图书馆反映，实行以来，总的情况是好的。一九八七年起该馆已将收藏的博士学位论文向社会提供阅览，受到读者的欢迎。最近，北京图书馆将入藏的博士学位论文进行了核查，发现一些单位报的不全，少数单位甚至从未送交。现该馆拟将博士学位论文收入国家书目，及时向社会提供查阅，并与国外进行交流。为了进一步做好这一工作，现通知如下：

一、请各单位每半年（或一年）一次将已通过的博士学位论文寄送北京图书馆（北京白石桥路三十九号北京图书馆国内资料组，邮政编码100081）。寄送时请协助填写《报送博士学位论文简况表》（见附件一）。

二、请按国家标准局《科学技术报告、学位论文和学术论文编写格式》的封面（见附件二）要求，印制博士学位论文封面，尽量提供精装封面以利开架借阅和长期收藏。论文与摘要（中、外文）请一并装订。

附件：一、报送博士学位论文简况表

二、学位论文封面格式

国务院学位委员会办公室

一九八八年五月九日

4、专业学位设置审批暂行办法

第一条:为完善我国学位制度,加速培养经济建设和社会发展所需要的高层次应用型专业人才,促进专业学位的设置和管理,特制定本办法。

第二条:专业学位作为具有职业背景的一种学位,为培养特定职业高层次专门人才而设置。

第三条:专业学位分为学士、硕士和博士三级,但一般只设置硕士一级。各级专业学位与对应的我国现行各级学位处于同一层次。专业学位的名称表示为"XX(职业领域)硕士(学士、博士)专业学位"。

第四条:各种专业学位的设置,应本着积极稳妥的方针进行,经过试点,积累经验,保证质量,逐步推广,健康发展。

第五条:由有关行业主管部门或高等学校联合行业主管部门提出专业学位的设置,由国务院学位委员会办公室会同有关单位组织专家进行论证,报国务院学位委员会审批。

第六条:批准设置的专业学位,由国务院学位委员会办公室负责组织实施,并协调有关行业、部门成立全国性的专业学位教育指导委员会,制定培养方案和评估标准。

第七条:授予专业学位的高等学校,与专业学位相关的学科、专业应有相应的学位授予权,有较高的教学水平和良好的办学基础,有长期稳定的专业实践场所。

第八条:申请授予专业学位的高等学校经本单位学位评定委员会讨论通过以及本单位主管部门批准后,向国务院学位委员会办公室报送有关材料。根据本办法和有关规定,国务院学位委员会办公室组织有关方面的专家对申请单位的教学水平、办学条件、管理工作等方面进行评估。符合条件的高等学校由国务院学位委员会办公室批准进行试点。

第九条:经批准可授予专业学位的有关高等学校须接受相应专业学位教育指导委员会的指导,在招生、培养和学位授予等方面执行国家有关规定,切实保证学位授予质量,并定期接受检查和评估。对于学位授予质量达不到标准的单位,国务院学位委员会办公室将停止该单位进行此项工作。

第十条:各专业学位所涉及的有关行业部门应逐步把专业学位作为相应职业岗位(职位)任职资格优先考虑的条件之一。

第十一条:专业学位证书格式由国务院学位委员会办公室统一制定,学位获得者的证书由学位授予单位颁发。

第十二条:未经国务院学位委员会办公室批准,任何单位不得进行专业学位教育工作,或在招生与学位授予中使用有关专业学位的名称。对于违反规定的单位,将给予相应的处罚。

第十三条:本办法自发布之日起实施。解释权在国务院学位委员会办公室。

一九九六年七月二十二日